本书是国家社科基金"十一五"规划教育学2007年度国家重点课题"现代性与大学"（BIA070029）和教育部人文社会科学研究2007年度课题"转型期中国大学制度变迁的社会学分析"（07JA88010）的结题成果。

现代性与大学

——社会转型期中国大学制度的变迁

朴雪涛　著

人民出版社

责任编辑：李之美

图书在版编目（CIP）数据

现代性与大学：社会转型期中国大学制度的变迁／朴雪涛 著．
　– 北京：人民出版社，2012.12
ISBN 978 – 7 – 01 – 011012 – 7

I. ①现…　II. ①朴…　III. ①社会转型 – 大学制度 – 研究 – 中国
　IV. ① G621

中国版本图书馆 CIP 数据核字（2012）第 142770 号

现代性与大学
XIANDAIXING YU DAXUE
——社会转型期中国大学制度的变迁

朴雪涛　著

人民出版社 出版发行
（100706　北京市东城区隆福寺街 99 号）

北京瑞古冠中印刷厂印刷　新华书店经销

2012 年 12 月第 1 版　2012 年 12 月北京第 1 次印刷
开本：710 毫米 × 1000 毫米 1/16　印张：17.25
字数：250 千字　印数：0,001 – 3,000 册

ISBN 978 – 7 – 01 – 011012 – 7　定价：37.00 元

邮购地址 100706　北京市东城区隆福寺街 99 号
人民东方图书销售中心　电话（010）65250042　65289539

目　　录

表格目录

前　言

一、问题提出

关于"现代性"（modernity）的讨论发轫于 18 世纪后期的欧洲，并且长期以来一直是西方学术界关注的基本问题。随着世界一体化趋势的不断发展，现代性的讨论早已超出了西方社会的范围，成为一个全球性的公共话题。现代性在西方社会的发育过程，也是西方大学从古典形态向现代形态转变的过程，两者之间互为因果，相互锁定。

"大学制度"，在目前中国学术界是一个被广泛使用的概念，但是对其内涵的理解非常模糊，并且存在相当大的分歧。笔者在分析诸多学者关于大学制度的定义和在实际生活中人们是如何理解大学制度的基础上，提出了一个如下新的定义："大学制度是在特定大学理念引领下形成的大学治理机构与规则的统称。"按照这个定义，大学制度可以分为大学的理念系统、大学的组织系统和大学的规则系统。大学制度所包含的三个系统作用各不相同，表现形态也不一样，但三者具有内在的一致性。理念是组织建构的前提，规则是组织运行的保障，而组织又是理念和制度发挥作用的载体，三者共同构成大学制度的基本要素。本书所指称的大学制度变迁就是在理念系统、组织系统和规则系统这三个维度上展开的。

近代以来，在西方现代性全球化流动的大潮中，西方大学制度作为一种普适性的知识生产模式逐渐被引入到非西方国家中，成为这些国家社会转型的重要条件。由于受到非西方国家学术传统的影响，西方大学制度在全球化流动中也发生了一定程度的变形。这种现象在中国近现代大学制度建构中表现得尤为突出。中国一个多世纪以来形成的独特现代性，衍生出了世界上独一无二的大学制度。

19世纪末20世纪初，危机四伏的中国为了救亡图存开始引入西方大学文明。1949年中国社会主义革命取得胜利之前，中国大学制度主要是通过仿效美国大学的设计理念和制度安排建立起来的。1949年中国社会主义革命取得胜利之后，美式大学遭到批判，苏联大学制度成为新中国大学变革的样板。这两次大学制度变迁的动力主要是外部逻辑，社会变迁是大学制度变迁的根据；两次大学制度变迁都属于颠覆性的制度变迁，是新的结构和规范替代旧的制度的过程；两次大学制度变迁的目标制度均来自域外，制度创新的路径都是移植式的。20世纪50年代末，我国开始"教育革命"，旨在改变苏联模式，探索中国式的大学制度。20世纪60年代初，随着国家发展方式的调整，在"大跃进"背景下发起的教育革命没能走得更远，但是教育革命的"成果"或多或少的被保留下来，这一时期的大学制度实际上是"苏式大学"模式和"教育革命"新成果相互妥协的产物。1966年发动并历经10年之久的"文化大革命"，从根本上颠覆了前几次制度变迁的成果。1976年"文化大革命"结束后，中国社会开始"拨乱反正"，20世纪60年代初期大学制度的设计理念和制度安排重新被采用。

以1978年中国共产党十一届三中全会为标志，中国社会的现代化进程又进入一个新时代。本书所说的"转型期"，特指改革开放以来中国社会观念创新和体制转轨的一个动态发展过程，或者说是中国社会为了建构自身的现代性而采取的结构性调整过程。

当代中国社会转型的独特机制对中国大学制度变迁产生了直接和深刻的影响。其主要表现为：一方面，政治体制的连续性决定了中国大学，不可能像西方大学那样成为一个相对自治的学术机构、一个倚重学术自由的知识制度，社会转型期中国大学制度变迁主要是自上而下的政府主导性改革；另一方面，改革开放所引发的现代化转向又决定了中国大学必须依据大学的内部逻辑和市场的法则重构自己的价值、结构和规则，自下而上的大学制度创新也经常在政府的权限之外发生。特殊的制度环境决定了社会转型期的中国大学，必须在不同的规则系统之间游走，主流的意识形态、西方的大学理念、中国的人文传统、象牙塔的精神和市场的逻辑共同支配着大学的价值取向和制度架构。

这种特殊的现代性追求，导致了改革开放以来中国大学制度设计过程中存在严重的全球认知和本土认知、国家治理和地方治理、外部治理和内部治理、学术治理与行政治理、刚性的管理制度和知识分子的精神气质之间，大学各利益相关者之间的认知分歧和价值冲突。为了解决大学发展中的多重矛盾和利益冲突，制度的设计者通常采取一种折中的方法和不争论的策略，有些事情说了不干，有些事情干了不说。一些看似没有变化的正式制度，已经在实践中以变通的方式确立了新的结构；一些看似失势的制度，在实践中还在以"潜规则"的形式继续主导着大学的运行。此种格局不仅令西方学者在审视当下中国大学制度时有雾里看花的感觉，也令许多中国高等教育的局内人难解其中的奥秘。① 也正因为如此，尽管"后现代大学"的概念在 20 世纪末就开始在西方学术界出现，但对于中国大学而言，现代性无疑还是一个未完成的命题。

基于以上分析，本书将通过梳理改革开放以来中国大学制度变迁的政策文本和典型事件，较为系统地讨论改革开放三十多年来中国大学制度变迁的意义、动因、内容、机制和逻辑等问题，从而展现社会转型与中国大学制度变迁的内在关联，发掘和总结社会转型期中国大学制度变迁的内在规定性。

本书具有重要的学术价值。中国大学制度经过三十多年的发展已经成为世界高等教育体系中的重要组成部分，本书主要目的就是分析社会转型期中国大学发展的特殊现代性，进而总结和提升中国本土的大学改革经

---

① 笔者曾就此课题请教中国高等教育研究领域两位资深专家，其中一位认为中国大学制度在改革开放以来没有太大的变化，因此研究本课题有一定的困难，如果研究高等教育的投资体制和办学体制等问题则更容易些。还有一位专家也认为，改革开放以来中国大学制度虽然发生了一些变化，但是主体制度没有变化。笔者认为，这两位学者之所以持有这样的观点有两个原因：其一，对大学制度这个经常使用的概念存在不同的理解；其二，中国大学制度的变化更多地表现为一种"实践状态"和以"隐形运行"的形式存在。

验。这种尝试可以丰富高等教育研究的领域和内容，改变高等教育研究问题及思维方式中存在的西方中心主义倾向。梳理和分析1978年以来基于现代性转向的中国大学制度变迁，除了可以为高等教育研究提供新的论域和话题，也有助于创新高等教育研究的视角和方法论。

本书具有重要的现实意义。为了建设世界高等教育强国，中国政府和学术界都开始更加关注现代大学制度建设问题。笔者以为，在向高等教育强国目标作急行军的中国大学不仅缺乏经费和经验，也缺失反思的能力和正视过去的勇气。如果我们对当下中国大学制度设计中存在的"两难问题"不能给予正确地解释，对中国大学制度变迁的独特性不能充分地认知，所谓建设现代大学制度的努力很有可能播下的是"龙种"，收获的却是"跳蚤"。探讨社会转型期中国大学制度变迁的意义不仅在于提供和解释了一段历史事件，而且也是当下中国大学发展的现实需要。正如英国学者哈罗德·珀金（Harold J.Perkin）所言："真正的历史学并不是一味按照年代顺序挖掘整理史实材料的一门学科，而是一门解决问题的学科，它向现实（或一度是现实的）世界提出种种问题，并努力探寻问题的答案。"①

二、文献分析

1. 文献的构成

本书的展开主要基于以下三类文献：

其一，关于改革开放以来中国社会转型的研究成果，其中包含从转型的视角研究中国教育的成果。大学制度从来都是社会制度的一个组成部分，我国改革开放以来大学制度的变迁是在整个社会转型的大背景下展开的，社会的变迁一方面为大学制度变迁提供了动力，另一方面也主导着大学制度变迁的样态和结果。因此，研究中国改革开放以来大学制度的变迁不能离开中国社会转型的制度环境，不能不研究中国社会转型的基本走势

---

① [美] 伯顿·克拉克：《高等教育新论——多学科的研究》，浙江教育出版社2001年版，第23页。

和特殊规律。这方面代表性的成果有：《"另一只看不见的手"：社会结构转型》（李培林，1992）；《现代化与社会转型》（孙立平，2005）；《转型与断裂：改革以来中国社会结构的变迁》（孙立平，2004）；《社会转型与当代知识分子》（陶东风，1999）；《中国的单位组织：资源、权力与交换》（李路路等，2000）；《服务型政府的构建》（吴声功，2006）；《全球化：西方与中国》（王宁，2002）；《转型时期与中国社会教育》（刘精明，2004）；《社会转型与教育的重新定位》（劳凯生，2002）。

　　其二，研究"大学制度"的相关成果，特别是关于中国大学制度方面的研究成果。需要说明的是，"大学制度"这一概念，在 2000 年以前的学术话语中极为罕见，但是这并不意味着学术界对大学制度没有研究，只不过"大学制度"是以其他的措辞形式出现的，比如"教育制度"、"高等教育系统"、"高等教育体制和机制"、"高等教育管理制度"等。这方面代表性的成果有：《走向社会中心的大学需要建立现代制度》（潘懋元，2001）；《教育制度变迁与中国教育现代化进程》（田正平，2002）；《高等教育系统的重构及其前景——1990 年代以来中国高等教育管理制度的改革》（陈学飞，2003）；《我国高等学校内部管理体制的变迁》（张斌贤，2005）；《"国家控制的模式"向"国家监督的模式"转变——大学与政府关系发展的基本走向》（胡建华，2003）；《论我国大学制度变迁的"路径依赖"》（李江源，2004）；《精英主义与单位制度——对大学组织与管理的个案研究》（赵炬明，2006）；《我国现代大学制度探析》（别敦荣，2004）；《知识制度视野中的大学发展》（朴雪涛，2007）；《从单位制到契约制的高教制度变迁研究——以广西高校为例》（欧永美，2002）；《我国公立大学治理结构研究》（张玲，2006）；《中国高等教育的管理体制改革与组织变革》（大塚丰，1997）；《中国教育改革的障碍（*Obstacles to Education Reform in China*）》（Stanley Rosen，1982）；《高等教育在中国创新体系中的作用（*The Role of the Higher Education Sector in China's Research and Development System*）》（R.J. Conroy，1989）；《中国的大学：在社会主义民主和行政改革背景下的新的实验（*China's University：New Experiments in Socialist Democracy and Administrative Reform*）》（Suzanne Pepper，1991）。

其三，研究中国当代教育发展史的相关成果，特别是其中涉及大学制度变迁问题的成果。集中研究中国改革开放以来高等教育发展史的论著还非常少见，但是很多研究中国高等教育史的专著在时间跨度上延伸到了20 世纪 90 年代。比如，《中国高等教育史》（余立，1994）；《20 世纪的中国高等教育（体制卷)》（蔡克勇，2003）；《中国大学（1898—1995）：一个文化冲突的世纪》（许美德，2000）；《高等教育史（中华人民共和国教育史专题丛书)》（郝维谦、龙正中，2000）；《中国高等教育思想史》（高奇，2001）；《中国一个世纪的教育改革（*Century of Educational Reform in China*)》（Deborah Davis—Friedman，1986）；《中国高等教育课程的改革：历史的观点（*China's Higher Curricular Reform in Historical Perspective*)》（Ruth E. S. Hayhoe，1979）；《中国高等教育：十年的改革和发展 1978—1988（*Chinese Higher Education：A Decade of Reform and Development 1978—1988*)》（DU Rui Qing，1992）。

2．文献综述

上述文献具体研究的问题和成果也相应地分为三类：

（1）关于中国社会转型的研究及其对教育的影响。

李培林是我国较早地探讨"社会转型"有关理论问题的学者。他认为，社会转型是一种整体性发展，也是一种特殊的结构性变动，又是一种数量关系的分析框架。[①] 这种观点具有一定的代表性，很多学者都认为"社会转型"已成为描述和解释中国改革开放以来社会结构变迁的重要理论范式，同时也成为其他学科经常使用的分析框架[②] 这种评价符合中国社会发展和学术研究的实际，因为中国从经济体制开始的社会改革已经延伸到社会生活的各个领域。李钢认为，中国的改革已会同发展中国家的现代化进程一道融入了世界范围内的"后发"国家的社会转型潮流之中，是一场全面、整体性的社会结构变革。它不仅是一场经济领域的变革，而且是

---

① 参见李培林：《"另一只看不见的手"：社会结构转型》，《中国社会科学》1992 年第 5 期。

② 参见王雅林：《社会转型理论的再构与创新发展》，《江苏社会科学》2000 年第 2 期。

一场全社会、全民族思想、文化、政治、心理等各方面的"革命"。① 孙立平是近年来学术界研究社会转型最为活跃的学者之一，他认为"社会转型"是一种特殊的发展理论，转型理论的提出是对现代化理论等发展社会学理论传统范式的一个超越，和现代化相比较，转型过程是"一个更为复杂的社会变迁过程"。孙立平在分析社会主义国家转型共同特点的基础上，特别强调了中国社会转型的特殊性，提出许多富有启迪意义的见解，比如中国社会转型中政体和意识形态的连续性，重要的改革和转型过程是以变通的方式进行的，新的制度因素往往是以非正式的方式出现和传播的，非正式体制的生长和发育往往发生在体制的运作过程中，等等。孙立平基于他对中国社会转型特殊性的认知，提出研究中国社会转型要更加重视转型的实践层面，并进一步提出了分析中国社会转型的"实践社会学"的视角。这个视角可以概括为：通过研究流动的社会现象分析社会转型过程中的结构与制度问题，进而透视社会变迁的规律，总结社会转型的过程、逻辑、机制和技术。②

由于教育改革是中国当代社会转型的一个重要组成部分，也有很多学者对转型期中国教育问题进行了探讨。劳凯生认为，每一次大的社会变迁，教育都面临着如何定位的问题。改革开放之初的教育本质大讨论，其实质就是研究教育定位问题，三十多年以后的今天，中国教育需要再度定位，并且教育的重新定位已经深刻地触及了制度层面。③ 刘精明则从教育发展和社会分层互动关系的视角研究恢复高考招生以来中国教育改革的问题。他认为，中国教育变革区别于其他国家教育改革的一个重要特点是，它一直处在中国社会内部急剧变迁和社会转型的影响之下。社会主义市场经济建设、现代化过程和社会体制改革的三重变奏，强烈地引起了教育系统内部的资源和机会条件的变化，并深刻地影响着这些资源和机会的分配方式。

---

① 参见李钢：《中国社会转型与代价选择》，《社会科学辑刊》2000 年第 1 期。
② 参见孙立平：《现代化与社会转型》，北京大学出版社 2005 年版，第 445—448 页。
③ 参见劳凯生：《社会转型与教育的重新定位》，《教育研究》2002 年第 2 期。

（2）关于中国大学制度变迁的研究。

近年来，很多学者对制度在教育特别是高等教育和大学发展中的意义给予了特殊的关注。田正平认为，教育制度是教育现代化变革的关键性因素，教育制度在促进"后发"国家教育发展中的作用更为明显，1978年以来中国教育发展的主要原因，在于形成了有效的教育激励制度，解决了教育现代化的动力问题。[①] 潘懋元提出，中国高等教育在从社会边缘走向中心的过程中必须建立现代大学制度，大学应当在组织结构、决策机制、激励机制、工作机制等方面进行制度创新。[②] 也有学者认为大学制度的本质是知识制度，它可以物化大学理念，调节大学组织二元结构的矛盾，降低大学知识生产中的交易成本。[③]

虽然从纵向的角度集中研究中国改革开放以来大学制度变迁的文献罕见，但是很多研究中国大学制度现实问题和未来改革的成果都或多或少地涉及这一问题。张斌贤在梳理 1950—1998 年间官方文件的基础上，从历史的角度叙述了中国大学内部领导体制演进的过程，其中将改革开放以后的 20 年分为两个不同的阶段，并在此基础上对中国大学内部治理的特征进行了较为深入的分析。[④] 赵炬明在对中国一所大学管理制度进行的个案研究中得出如下结论：单位制度和制度化的精英主义是中国大学的组织与管理的两个突出特点，由于革命的传统和集体主义的文化传统依然存在，这些特征不会迅速发生根本变化。20 世纪 90 年代以后，单位制度受到市场化的挑战而发生了重要变化，但是制度化精英主义却依然如故。[⑤] 罗燕等人运用新制度主义社会学分析的方法对北京大学 2003 年教师聘任和职务晋升进行了研究，她认为北大 2003 年的改革是中国大学制度史上的一

---

① 参见田正平：《教育制度变迁与中国教育现代化进程》，《华东师范大学学报》（教育科学版）2002 年第 3 期。

② 参见潘懋元：《走向社会中心的大学需要建立现代制度》，《现代大学教育》2001 年第 1 期。

③ 参见朴雪涛：《知识制度视野中的大学发展》，人民出版社 2007 年版，第 56—57 页。

④ 参见张斌贤：《我国高等学校内部管理体制的变迁》，《教育学报》2005 年第 2 期。

⑤ 参见赵炬明：《精英主义与单位制度——对中国大学组织与管理的案例研究》，《北京大学教育评论》2006 年第 1 期。

个极其重要的事件，这次改革的意义在于将人们的视线引向了大学学术制度的变革，它无疑是自"扩大办学自主权"运动以来我国大学制度变革的又一重要进展。①

　　有很多学者对中国当下大学制度存在的问题进行了认真反思。别敦荣认为，我国大学制度存在四个方面的问题，即大学的主体地位还没有完全建立起来，大学依然是一个官本位体系；大学的办学仍然按计划体制运行；大学的定位趋于模糊，大学功能的泛化现象越来越严重；大学依然没有形成自身成熟的独特的精神和文化传统。②邓周平、钱志发从中国高等教育大众化发展的视角分析了大学制度存在的问题。他们认为，支配中国现行高等教育制度的理念是英才教育理念、教育控制论、公共产品论。以三论为基础的高教制度理念严重地阻碍着高等教育大众化的进程，必须用新的制度理念取而代之。③毛亚庆认为，我国传统的高等教育制度是一种集中控制和服从模式，它不能为制度创新主体提供必要的制度保证，高等教育主体也因此缺乏创新的动力。④也有学者分析了我国公立大学治理结构存在的问题，表现为：就外部治理而言，大学与政府之间存在严重的依附关系，在办学权方面以政府计划模式为主，在管理权方面主要依靠行政手段、行政命令，大学与其他利益相关者之间的关系冷漠；就内部治理而言，大学的领导机构、执行机构、监督机构权力失衡，校与院系权力分配不合理，学术权力和行政权力失衡。⑤

　　一些学者对中国大学制度变迁的路径和特征进行了较为深入的探讨。陈学飞认为，20世纪90年代以来中国高等教育宏观管理制度改革是一个

---

①　参见罗燕、叶赋桂：《中国大学制度变革：新制度主义社会学分析——以2003年北大教师聘任和职务晋升改革为案例》，《复旦教育论坛》2005年第6期。

②　参见别敦荣：《我国现代大学制度探析》，《江苏高教》2004年第3期。

③　参见邓周平、钱志发：《21世纪中国高等教育制度的价值取向与操作设计》，《清华大学教育研究》2001年第2期。

④　参见毛亚庆：《我国高等教育制度创新乏力分析》，《北京师范大学学报》（社会科学版）1998年第4期。

⑤　参见张玲：《我国公立大学治理结构研究》，河北师范大学学位论文，2006年。

"重组"的过程，重组的原则是"分权"、"分层"、"竞争与合作"①。胡建华在总结大学和政府关系两种不同模式各自特点的基础上，认为中国大学外部的治理正在由"国家控制的模式"向"国家监督的模式"转变，但是高校的自主办学在理论和实践上还没有根本解决。②李江源认为，我国大学制度形成与变迁的路径主要依赖于"延安模式"和"苏联模式"，随着市场经济的发展，大学制度变迁的这一"路径依赖"已逐渐减弱，突破大学制度变迁"路径依赖"的束缚，加快大学制度创新成为一项重要而紧迫的课题。③

中国改革开放后的大学改革同样引起了西方学者的关注，有学者通过比较和访谈等方法分析了中国改革开放后中国大学发生的变化，集中描述了中国大学在人事管理、干部任用制度方面发生的变化，分析了高等学校中的党政分开、高等教育地方自主权的范围和各学校的管理权限等问题。对于中国能否突破苏联的单科性学院为主的高等教育模式，借鉴美国综合大学的办学模式，西方学者也进行了深入地探讨。④

（3）高等教育史研究中涉及改革开放以来中国大学制度变迁的研究成果。

高奇在《中国高等教育思想史》一书中，对 20 世纪 80 年代至 90 年代后期中国高等教育突破"干部"教育的观念，并以此带动教育体系、招生就业制度改革的过程进行了描述。郝维谦等人在《高等教育史》一书中，对高等教育工作拨乱反正的过程进行了系统介绍，对 1985 年颁布的《中共中央关于教育体制改革的决定》、1993 年颁布的《中国教育改革和发展纲要》、1999 年 1 月实施的《中华人民共和国高等教育法》、1999 年

参见陈学飞：《高等教育系统的重构及其前景——1990 年代以来中国高等教育管理制度的改革》，《高等教育研究》2003 年第 4 期。

② 参见胡建华：《由"国家控制的模式"向"国家监督的模式"转变——大学与政府关系发展的基本走向》，《复旦教育论坛》2003 年第 6 期。

③ 参见李江源：《论我国大学制度变迁的"路径依赖"》，《高教探索》2004 年第 2 期。

④ Cf. Suzanne Pepper. China's University: New Experiments in Socialist Democracy and Administrative Reform— A Research Report. *Modern China*, Vol.8, No.2（Apr.,1982），pp.147-204.

1月出台的《面向21世纪教育振兴行动计划》和1999年6月颁布的《中共中央、国务院关于深化教育改革全面推进素质教育的决定》等教育政策出台的过程和主要内容进行了分析，书中有专门章节论述80年代以后中国高等教育管理体制改革。蔡克勇在《20世纪的中国高等教育》（体制卷）一书中，对于改革开放以来中国高等教育办学体制、宏观管理体制、学校内部管理体制改革的过程进行了梳理，由于该书时间跨度是20世纪百年，通过这部文献我们不仅能够了解二十多年中国高等教育体制变迁的情况，而且还能从总体上了解中国高等教育体制演进的过程和趋势。

国外学者对中国改革开放以来大学发展过程也给予了充分关注，加拿大籍学者许美德教授在《中国大学1895—1995：一个文化冲突的世纪（China's University 1895—1995：A century of Cultural Conflict)》中指出，学术自由的价值观和中国本土文化及其他域外文化的冲突构成了中国大学发展的主线。她通过文献分析、实地考察和深度访谈等方法对中国大学近代和现当代的变革进行了深入研究。杜瑞清（音译）博士在麦克米林公司出版著作《中国高等教育：十年的改革和发展1978—1988》，该书利用大量文献资料分析了中国高等教育在结构、课程、教师、学生和公共政策方面的变化。日本学者大塚丰在他研究中国高等教育的系列作品中也对改革开放后中国高等教育体制调整和组织结构改革进行了深入研究。英国学者Shirin M.RAI在对杭州大学和北京大学进行实地考察的基础上于1991年出版专著《抵抗和反应：后毛泽东时代中国大学的政治学（Resistance and Reaction：University Politics in Post—Mao China)》。在这部作品中，作者对1977—1991年中国高等教育的组织结构、中国共产党在大学中的作用、教授职务评聘中的矛盾冲突、学生组织的活动等问题进行了较为系统的分析。

3．文献评论

现有成果在知识上的主要贡献集中体现在如下几个方面：

（1）改革开放以来中国大学制度发生了重要的变化，这种变化是社会转型所引发的；

（2）中国的社会转型具有独特性，所以中国大学制度变迁也同样是一种特殊的探寻教育现代性的尝试；

（3）改革开放以来中国大学制度变迁是政府主导的强制性改革和大学自身为了寻求发展而进行的自主创新共同作用的结果；

（4）改革开放以来中国大学制度变迁原有的"路径依赖"在减弱，大学制度供给的路径开始多元化；

（5）由于受中国社会转型特殊性的制约，改革开放以来中国大学制度依然存在种种问题，这在很大程度上制约了大学知识传播和知识创新功能的有效发挥。

除了知识上的贡献外，现有文献在分析视角、解释框架、研究方法、文献信息等方面，也为我们进一步探讨改革开放以来中国大学制度的变迁奠定了基础。

现有成果也存在如下几个方面的不足之处：

（1）在选题上，从历史的视角和社会转型的背景出发，系统分析改革开放以来中国大学制度变迁的专题研究几乎还没有看到；

（2）在研究内容上，多数涉及中国大学制度的成果几乎都是按照"问题——对策"的线路推进，重视从现象入手分析我国大学制度存在的问题，但对问题根源缺少深度挖掘，因而相关对策也多缺乏连贯性和全局性；

（3）在研究范式上，对中国大学制度研究还未形成自己的核心概念和理论框架，已有成果基本上借用制度经济学的概念和理论，而新制度经济学是在西方社会特殊的背景下发展而成的经济增长理论，以之来解释中国大学制度变迁，需要进一步找到二者的结合点。在研究范式上现有成果还有一个突出的问题，就是热衷于宏大叙事，缺乏对"细节"的描述，并且在理论提升上也显得不足。

通过文献分析，笔者认为，对社会转型期中国大学制度变迁的研究需要在研究方法和研究内容上进行如下新的尝试：

其一，由于中国社会转型和大学制度变迁具有正式制度和非正式制度相互交错的特点，我们在研究过程中不仅需要凭借文献记载的历史，也要关注"口述的历史"；

其二，要力求避免用非此即彼的方式过于留意中国大学制度的利弊得失，而要从多元现代性的角度重新审视转型期中国大学制度变迁的独特机制和特殊价值；

其三，更加关注过去为人们所忽视的细节，从微观的事件入手梳理和阐释中国大学制度变迁的总体趋势。

三、研究方法

1．研究的性质

探讨改革开放以来中国大学制度的变迁，在课题属性上属于典型的历史研究。一般而言，研究历史可以从三个方面切入：一是重新鉴定资料的可信度或真实性；二是重新解释史料或史实；三是将原有的史料或史实重新安排，以产生新的意义、概念或理论。[①] 本书主要着眼于通过重新解释和安排史料，来研究改革开放以来大学制度的变迁。本书也将借鉴社会学研究的理论和范式，这一方面是因为大学制度变迁本身就是中国社会转型的产物；另一方面也因为社会学理论可以弥补历史研究的不足。历史研究相对偏重史料，不能多发议论，社会学理论正好可以弥补这方面的缺陷，用推理去填充历史所遗留的空间。[②]

2．研究的视角

社会学的视角研究大学制度主要有两种途径：一种是正向的视角，将大学制度变迁看成是政治结构、经济结构和文化结构变化的衍生物，从大学外部环境变化出发研究大学制度变迁的各种问题，这是功能主义学派分析问题的范式；另一种是负向的视角，认为大学制度变迁是一种摆脱固有路径依赖的努力、打破既定平衡状态的尝试，是重新整合系统和分配权力的纷争，这是"冲突论"的范式。本书尝试用以上两种视角分析转型期中国大学制度的变迁。

[①]　参见文崇一：《历史社会学——从历史中寻找模式》，三民书局 1995 年版，第 46 页。

[②]　参见同上书，"自序"。

3．分析的路径

在分析中，本书将借鉴中国社会学家提出的"实践社会学"的方法策略。实践社会学是一种本土化的社会学取向，该理论学派主张：真正的社会事实，或真正的逻辑，只有在实践状态或过程中才能呈现出来，因为有些事实和逻辑容易被结构所遮蔽。实践社会学提倡利用"过程——事件分析"作为路径来理解中国当代社会的转型问题，它所关注的基本问题是中国社会转型的过程、机制、技术和逻辑，它改变了过去从静态或结构的角度分析中国社会结构变迁的策略，而是强调从动态的、流动的、个案的角度切入。实践社会学关注的基本问题，即"过程、机制、技术和逻辑"，具有内在的关联。"过程"（或曰事件性的过程）是进入实践状态的切入点，没有对事件性过程的把握就不会逼近逻辑；机制则是逻辑发挥作用的方式，是隐匿于过程中的逻辑的表现形式；技术是社会改造的主体在行动中采取的一系列具有可操作性的方法和策略，技术反映了参与者能动性的发挥作用的过程；逻辑作为社会转型的内在规律，是我们研究的目标所在，对实践状态的社会现象的分析，其目的就是发现实践中的逻辑。[1]

实践社会学的研究视角和分析路径对探讨改革开放以来中国大学制度变迁具有重要的意义。由于当代中国大学改革是政府主导的自上而下的强制性制度变迁和大学发动的自下而上的诱致性制度变迁双重作用的结果，中国大学制度变迁的过程十分复杂。由于政府、大学、社会三者之间在转型期的环境中关系微妙，中国大学改革过程中的许多实质性的举措是通过"变通"的方式，即正式制度非正式运作的方式进行的，这导致制度的正式制定与制度的实际运作或者说文本的制度与作为实践的制度之间具有较大的距离。在这种情况下，如果没有对过程性事件的分析，就难以发现中国当代大学制度变迁的逻辑。

4．资料的收集

主要有四个途径：（1）收集高等教育的公共政策文本和典型性事件的

---

[1] 参见郭于华：《转型社会学的新议程——孙立平"社会断裂的三部曲"的社会学述评》，《社会学研究》2006 年第 6 期。

相关信息；（2）收集个案的档案资料，由于中国大学具有同质性，对个案的分析可以在一定程度上管窥中国大学制度变迁的整体趋势；（3）对"当事人"的访谈，在提纲提示下进行，作正式的访谈记录；（4）笔者对所经历事件的描述。笔者从 20 世纪 80 年代初期开始，先后在 4 所大学读过本科、硕士、博士和博士后，在 2 所大学工作过，到国外多所著名大学进行过实地考察。国内学习和工作的经历使笔者也成为改革开放以来中国大学制度变迁的"局内人"，对中国大学改革中的一些事件有亲身的感受。到国外学习和访问的经历使笔者感知到了不同大学系统的差异，能够以局外人的眼光重新审视中国大学制度的变革。

5. 资料的分析

一般而言，历史研究的主要困难是缺乏文献资料，而研究改革开放以来中国大学制度变迁的过程则不同，政府和各大学的改革文本浩如烟海。为了避免使本书陷入文献的堆砌之中，资料分析中笔者重视理论的概括和提升。改革实际上是利益和资源的再分配过程，大学制度变迁也不例外。在改革中，有些人是改革的受益者，也有些人更多地承担了改革的成本。这种情况下，本书收集到的各种资料，也必然会反映出大学利益相关者不同的价值和态度。由于笔者也是改革的亲历者和利益相关者，笔者对于改革也会有自己的价值取向，而这些都会不同程度地影响研究的客观性。为此，本书将以解释为主要研究立场，尽量不作或少作价值上的判断。

第一章
现代性的转向与中国大学理念重塑

现代大学（University），在中国的出现是传统社会陷入总体性危机之时。作为西学东渐的产物，中国大学是一种"建构的制度"，其人为雕琢的痕迹非常明显，制度构建的功利性色彩浓重。与此相反，西方大学则是在特定的文化土壤中自然生成的，内在逻辑在大学制度发展中起着主导作用。中国移植来的西方大学制度，源于中世纪欧洲大陆的学者行会，但是它的基本架构和文化精神却是西方现代性的产物。由德国思辨叙事和法国启蒙叙事所构成的现代大学理念，是塑造与滋养西方现代大学制度安排的精神元素。由于中国社会结构和文化传统中有很多拒斥现代性的成分，因此现代大学理念在我国长期处于失语状态，使现代大学制度在中国的发育常常陷入"有名无实"的尴尬局面。

改革开放后中国的社会转型，实质上是中国社会总体上对现代性的再度认同和新的探索，转型时期中国大学制度的变迁也同样可以理解为高等教育的现代化转向。西方国家现代化的实践表明，现代制度文明的发展需要现代观念文明的哺育，高度整合的观念文明在制度文明的构建中起到一种"元规则"的作用。西方大学现代性的形成过程也充分体现了理念和制度之间的这种亲密关系。基于此种理由，笔者认为，探讨改革开放三十多年来中国大学制度的变迁，需要首先从梳理大学理念的变革开始。

第一节　大学理念及其意义的阐释

一、分析大学理念的两种范式

在中国高等教育的话语体系中，和"大学理念"相关的概念还有"大学理想"、"高等教育思想"、"高等教育观念"、"大学精神"、"大学文化"等。有学者曾专门探讨这几个概念的区别和联系，而本书没有对这几个概念作严格的区分。原因有两个：一是这几个概念间的联系要远远大于它们的区别，它们之间的区别主要在于措辞的不同，其内涵基本上是一致的；二是由于本书的重点在于通过收集和解释相关史料，来分析社会转型期中国大学理念变化的过程和规律，而不是对大学理念本身进行学理性研究。

社会学家金耀基在《大学之理念》一书中将"大学理念"解释为"大学之目的、大学之内在逻辑、大学存在的最后理由"。[①] 金耀基教授这里基本上沿用了英国学者纽曼的观点，将大学理念看成是大学的"独立本质"。这种观点在国内学术界有很大的影响，也颇具代表性。笔者以为，如果将大学理念仅仅视为大学的内部逻辑，则无法解释民族国家、社会群体和大学消费者等因素在大学发展中的作用，也否认了外在力量在大学理念变革中曾经产生的影响。在笔者看来，大学理念是大学的本体论哲学，它关注的是大学的基本问题，是大学的不同利益相关者对大学"内在属性"与"外在形态"的追问和应答。至于大学的本体论哲学究竟应该关注什么问题，笔者非常同意张斌贤教授的如下观点：

"高等教育哲学所要研究的最基本的问题，是高等教育或高等教育机构应当是什么？而这个问题最典型的表达方式是大学或高等教育的理想

---

① 金耀基：《大学之理念》，生活·读书·新知三联书店 2001 年版，第 188 页。

是什么？从具体的层面看，这一问题涉及高等教育机构的理想状态是什么？高等教育机构与国家、政府、社会之间理想的关系是什么？学者和学生与高等教育机构之间理想的关系是什么？"[1]

和金耀基教授观点不同的是，张斌贤教授在讨论"大学或高等教育的理想"时，将内部逻辑和外在理路联系在了一起。笔者认为，从这种角度理解大学理念，将有助于我们更全面、更深刻、更真实地解释大学的发展历史，特别是现代大学制度的演进过程。大学作为一种文化象征的符号，在东西方文化语境里都指称两件事情：一是特定的知识类型，即知识体系中的高深部分；二是将高深知识制度化的场所，即保留、传递和生产高深知识的组织机构。如此，大学理念也应包含两方面的内容：一是关于"什么知识最有价值"的回答；二是关于"大学功用"的追问。[2]一切哲学都是时代精神的精华，大学的哲学不例外。大学理念作为一个哲学判断，不仅具有解释世界的意义，而且也具有改造世界的功能。近现代以来，几乎所有重要的大学制度变革，在其发生之前，都曾经历了激烈的大学理念之争。从这个意义上说，大学理念也是决定大学如何发展的"标准"，规约大学活动的规则和大学变革的依据。

由于政治、经济、文化结构的差异，更由于大学利益相关者价值取向的不同，大学理念发展中也呈现出多样化的特征。罗纳德·巴奈特在《高等教育理念》一书中将业已存在的大学理念分为6种，即：古希腊时期的大学理念、中世纪的大学理念、纽曼的大学理念、亚斯贝尔斯的大学理念、大众化时代的大学理念以及20世纪后期的大学理念。[3]迄今为止，任何一个时期所产生的大学理念都没有彻底退出历史舞台，因为它们背后的利益主体没有消亡，只是存在着力量的消长。在回顾了西方大学理念的发展的历史后，罗纳德·巴奈特指出："我们研究大学理念，必须从大学

---

[1]　张斌贤、刘慧珍：《西方高等教育哲学》，北京师范大学出版社2007年版，第4页。

[2]　参见朴雪涛：《大学理念：意义的阐释与范式的转换》，《教育研究》2008年第7期。

[3]　Cf. Ronald Barnett. (1997). The Idea of Higher Education. The Society for Research into Higher Education & Open University Press. pp.16-26.

所处的历史和文化出发，并且要充分考虑到大学所代表的社会利益"。①

大学理念虽然林林总总，但是将不同时代和不同利益主体的大学理念进行归纳，我们可以将大学理念粗略地分为两种类型：一种叫做"内在论"的大学理念，一种称为"外在论"的大学理念。内在论的大学理念，在哲学上秉承西方理性主义传统，将大学看成是一个独立的按照自身内部逻辑发展起来的有机体，"大学的观念是为了自身之目的，而不是外在的目的"。② 外在论的大学理念在哲学上则信奉功利主义和工具主义，将大学看成社会结构的一个有机组成部分，大学是实现个体和社会目的的工具。20世纪20年代，美国芝加哥大学校长赫钦斯面对纷繁复杂的大学变革，曾提出了如下供人们思考的问题：

"大学究竟应该服务社会，还是应该批评社会？大学应该是依附的，还是独立的？大学是一面镜子，还是一座灯塔？大学应该解决国家当前的实际需要，还是传递及推广高深文化？"③

赫钦斯的上述问题，也是我们判断两种不同大学理念的依据。同意前者就表明他信奉外在论的大学理念，倾心后者就代表他想标举内在论的大学理念。为了更清楚地说明这两种大学理念的差异，笔者尝试着从9个方面说明这两种大学理念的分野。（参见表1—1）

现代大学诞生之初，内在论大学理念和外在论大学理念之间的争执就已经初露端倪。现代大学制度问世的一百多年里，内外之间的竞赛一直没有结束。有时内在论占主导，有时外在论处上风，有时两者又相互妥协，试图走一条中间道路。中国引进现代大学制度以来，历次较为重要的大学变革，也都伴随着这两种不同大学理念的交锋。19世纪末我们引进西方大学制度，目的是"师夷之长技以制夷"，这是一种典型的"外在论大学理念"；民国以后，以蔡元培等人为代表的一批有着西方学术背景的教育

① Ronald Barnett. *The Idea of Higher Education*. The Society for Research into Higher Education & Open University Press. 1997. p.23.

② ［美］欧文·白璧德：《文学与美国的大学》，北京大学出版社2004年版，第7—8页。

③ 台湾师范大学教育研究所：《西洋教育思想史》，伟文图书出版社有限公司1979年版，第106页。

家，开始有意识地在中国提倡理性主义和新人文主义，竭力宣传和实践内在论的大学理念，今天我们仍然可以从西南联大的学术精神和治校治学方略中强烈地感受到内在论大学理念的影响。1949 年以后，内在论的大学理念失去了生存与发展的空间，而"外在论大学理念"则不断被强化，并在"大跃进"和"文化大革命"运动中达到极盛。1978 年以后，改革开放和社会转型带来的较为宽松的社会环境，又为内在论大学理念的复活提供了土壤。改革开放三十多年来，内在论大学理念在中国不断受到重视，但是由于受政治传统和市场经济等因素的影响，内在论大学理念的发展和实践也不是一帆风顺的。改革开放以来，中国大学理念正经历着一场前所未有的"内外之争"，未来何去何从还有待进一步观察。

表 1—1："内在论"与"外在论"大学理念的分野

理念的类型 主要的观点	内在论的大学理念	外在论的大学理念
大学存在的理论基础	理性主义和人文主义传统，注重内部逻辑，信仰认识论的高等教育哲学。	功利主义、实用主义、工具主义传统，注重外部逻辑，信仰政治论的高等教育哲学。
大学存在的意义	大学是为了发展科学而存在的，大学是学者的社团，学者的闲暇的好奇是学术进步的真正动力。	大学为了社会改造而存在，大学是利益相关者组织，外部需求决定着学术研究的方向和内容。
大学和政府的关系	强调大学自治，认为教师和学生有充分的学术自由，鼓励大学发挥政治的批判功能。	强调政府管理、控制和大学的学术责任，要求大学发挥为现行体制辩护的功能。
大学和社会的关系	强调大学的内部独特性，讴歌象牙塔的精神，要求大学与社会现实保持一定的距离，认为大学的功能在于引领社会。	强调大学的外部性，鼓励大学走向十字街，强调社会参与在大学治理中的作用，把大学视为社会的服务站。

理念的类型 主要的观点	内在论的大学理念	外在论的大学理念
大学内部权力关系	推崇学术权力，重视弹性的学术管理，倡导以教授为代表的学者治校。	信奉行政权力，重视刚性的行政权力，坚持效率优先和行政管理者治校。
教师和学生关系	教师是高深知识的拥有者，教师理应具有专业自主权，强调教师的权威和中心地位，作为初级学者的学生需要在教师的引导下前进。	学生是大学的消费者，大学的目的是促进学生的社会化，大学理应以学生为中心，教师的工作必须以满足学生的需求为基础。
大学为谁服务	大学为少数知识精英服务，因为他们肩负着引领社会大众的责任，学生的知性品质是考查学生入学和毕业的主要依据。大学培养的是社会的领袖。	大学为社会大众服务，上大学并非少数精英的特权，而是所有人的权利，质量标准不应局限于知识本身，应该多样化。大学培养的是社会的公民。
知识的价值观	遵从科学理性，重视基础理论，教学中强调人文知识与古典学科的价值，提倡普通教育。在知识发展上，珍视文化传统，对大学改革持有保守和谨慎的态度。	重视应用科学，教学过程重视科学知识和现代应用学科，强调专业教育。在知识发展上，忽视传统，对大学改革抱乐观和积极的态度。
知识的评价	注重内部评价，信奉同行评估，珍视知识的客观标准和价值无涉性，反对过于考虑知识的外在功用。	注重外部评价，信奉知识评价的社会性标准，认为知识的价值主要反映在满足社会需要的程度上。

从内与外的角度分析大学理念，主要是价值的分析。"内与外"的范式，考量的是大学利益相关者各自的价值取向。在"内与外"这一分析范式之外，我们还可以从大学职能的角度，分析大学理念的历史演变，这是讨论大学理念变革的另一种范式。

18世纪以后，产生于中世纪的古典大学制度面临着越来越严重的危机。其主要原因是大学过于恪守人文教育传统和古典知识，对新兴的科学知识缺少应有的关注和贡献。这种状况在19世纪以后，发生了一定程度的改变，欧洲各国都在酝酿或正在进行大学改革。

　　因为担心大学改革运动会动摇古典大学传统和影响到自身利益，以英国大学教授纽曼等人为代表的人文学者，系统总结和阐发了他们所期望的大学理念。纽曼大学理念的特点是：重视古典人文知识，排斥科学知识，将大学定位成一个提供博雅教育，培养绅士的地方。他认为，大学的功用是"传授学问"，而不是"发展知识"；大学应当主要是一个教学的场所，一个塑造人的"特殊性格"的机构，一个保存文化传统的地方。由于纽曼积极维护中世纪以来形成的大学文化传统，他关于大学职能的系统观点被人们称为"古典大学理念"。率先对古典大学理念提出挑战的是德国新式大学的创建者们，他们在理性主义和新人文主义思想的激荡之下，摆脱了中世纪学术传统的束缚，提出了新的大学理念。它的内容主要有两点：一是"大学的独立性原则"，从制度上保证教师和学生的学术自由；二是教学和研究相统一"的原则，将教师的责任定位在从事"创造性的学问"，而不是"传授知识"。德国新式大学理念的核心是自由和学术，它的问世使经济和文化相对落后的德国先于英法等国建立起了现代大学制度，为德国现代性的发育和民族的复兴创造了有利条件。因此，以洪堡等人为代表的"为科学而科学"的大学理念，被称之为"现代大学理念"。

　　洪堡的大学理念获得了巨大成功，并因此得到其他西方国家的广泛响应。20世纪30年代，美国教育家佛莱克斯纳将德国新式大学重视学术研究的特色和英国古典大学重视人才培养的传统结合起来，将其作为美国研究型大学建设的基本理念和制度，他认为大学之目的在于发展知识和教育人才。

　　第二次世界大战以后，大学理念在美国又一次得到新的发展。19世纪末20世纪初形成的威斯康星思想在战后得到进一步弘扬，美国大学在服务社会的道路上越走越远，并借此创造出了一种"多元巨型大学"（Multiversity）模式。提出这个概念的美国教育家克尔开始用复数的功用（Uses）来形容大学的多样化特征，明确提出当代大学已经从"教学和研究"的领域扩展到"服务"领域。克尔在总结和描述美国大学发展经验时提出的多元巨型大学观，被人们称为"当代大学理念"。

　　大学理念的"内与外"价值论范式与"历史演进"的功能论范式，在我们讨论问题时可以交叉来使用。在大学的三项职能中，每一项职能都可以使用内与外的模式进行分析，不仅人才培养和科学研究在价值上有内外之分，就是大学的社会服务也同样有内外两种不同的取向。比如，弗莱克斯纳就认为大学需要经常给社会一些东西，但是这些东西不是社会自己想要的（Want），而是他们所需要的（Need）。[①] 这种强调大学和社会交往中要起到引领作用的观点，也是内在论大学理念的一种反映。

基于以上分析，笔者认为关于大学理念的讨论可以从两个角度推进：一是价值论的范式，即从分析内在论和外在论这两种大学理念的矛盾入手；二是功能论的范式，即从分析大学教学、研究和服务三项职能的关系入手。需要注意的是，我们在梳理和分析大学理念变革时，应该尽量避免非此即彼的思维方式。在大学实践中，内与外不可能泾渭分明，没有一点联系和融合；大学的三项职能之间，既不可能某个单一职能独占领地，也不可能三项职能平分秋色、不分主次。我们还须认识到，大学理念无论是"人为建构"的结果还是"自然演进"的产物，它们都反映了多元大学主体的利益关系。我们无法明确指出哪一种大学理念是正确的，哪一种大学理念是错误的，大学理念之争不可能有客观的标准和固定的答案。同时，我们也不要期望各种大学理念的争论会停止，因为这既无可能，也没有必要。不同大学理念之间也许会形成一种暂时的妥协，但在妥协的外表下它们仍然会保持着内在的紧张。这种内在张力的存在，不仅是一种常态，而且也是大学制度创新的动力所在。

二、大学理念的变革是大学制度变迁的前提

重视理念的作用，在西方有着悠久的传统。古希腊哲学家柏拉图将我们可知的世界分成理念世界和现象世界两种形式，在他看来求知的目的就是从现象世界过渡到理念世界。20 世纪西方最有影响的经济学家凯恩斯

---

① Cf. Abraham Flexner *Universities*: *American, English, German*. New York: Oxford University Press, 1968. p.2.

认为，经济学家和政治哲学家的思想所具有的力量，往往超出了人们的想象，真正统治这个世界的就是一些思想而已。现代社会学的奠基人马克斯·韦伯将支配人类行为的力量理解为物质上的和精神上的利益，但是他也没有忽视理念的作用，而是将理念比喻成"铁道上的转辙器"，认为它决定了轨道的方向。① 理念的作用，在现代大学制度的演进中得到了充分的诠释。在不到一个世纪的时间里，大学从"一个居住僧侣的村庄"，发展成"一座由知识分子垄断的城镇"，再进而扩张成为"五光十色的现代城市"。考察这一过程后，我们可以发现：每一次重大的大学制度变迁，都和大学理念的变革直接相关。

18 世纪末 19 世纪初，西方古典大学模式面临着严重的危机。当时英国、法国等高等教育强国都进行了相应的大学改革，但是大学的现代转型却首先发生在政治经济相对落后的德国，以柏林大学为代表的德意志大学被公认为是现代大学制度的定型之作。整个 19 世纪，可以说是德国大学凯歌高奏的时代。考察德国大学制度变迁的过程，我们可以很清楚地看到大学理念在其中所起的作用。改革前夕，德国的哲学家们就将他们的理论触角伸进了大学领域，撰写和发表了许多要求大学改革的论文，例如康德的《学院之争》、谢林的《关于学问研究方法讲义》、施莱尔马赫的《德国意义上的大学随想》、费希特的《在柏林创立一所与科学院紧密联系的高等教育机构的演绎计划》、洪堡的《关于柏林高等教育机构的内部组织与外部组织的理念》等。这些学者关于大学的思考，在德国形成了不同以往的"高等教育的哲学基础"，对新大学的创办和旧大学的改革产生了强有力的影响。②

20 世纪以后，世界大学的中心开始向美国转移。美国大学之所以能够成为后起之秀和各国竞相效仿的制度典范，也深深得益于新的大学理念。克拉克·克尔所描述的"多元巨型大学"（Multiversity），是美国大

① 参见何怀宏：《观念的力量》，《读书》2008 年第 1 期。
② 胡建华：《思想的力量：影响 19 世纪初德国大学改革的理念》，《清华大学教育研究》2004 年第 4 期。

学制度的典型样式。多元巨型大学和德式研究型大学所不同的就是其坚持多样化的职能观，高扬大学为社会服务的旗帜。美国大学开始履行为社会服务的职能，源于美国"赠地学院"创办的时代，但是大学社会服务职能制度化还是在新的大学理念——"威斯康星思想"（the Wisconsin Idea）问世之后的事情。1904 年，在出任威斯康星大学校长的就职典礼上，校长范·海斯提出了他的新的大学理念。他说：

"我们的大学应该服膺威斯康星思想，坚持为社会服务的宗旨，我们的大学应该是州内全体人民的大学，这样的大学应该将英国寄宿制大学和德国研究性大学的优长之处结合起来，应该推动人文学科、应用科学和创造性研究共同发展，应该成为'瞭望塔'（Watchtower）和公共服务的重要工具，在社会改进中发挥积极作用。"①

美国著名高等教育哲学家布约翰·布鲁贝克曾经这样评价范·海斯所创造的威斯康星思想的意义和影响：

"范·海斯在威斯康星大学所采用的制度如此成功，以至于其他的州立大学也采取类似的政策，越来越多的大学开始将社会服务作为大学办学的基本原则之一。"②

大学理念在德国和美国大学制度变迁中的作用，证实了邬大光教授的如下判断：

"大学制度的形成受制于多种因素，但就其内在动力来说，大学制度源于大学理念，折射着大学理念的烙印，大学制度是大学理念的载体和表现形式，大学理念是大学制度的根基。"③

英国达拉姆大学（University of Durham）教授 K.G. 科里尔博士也指出：

在思考大学理念问题时，我们需要超越马克思主义的两分法。第二次世界大战后在英国社会中存在四种大学理念，即学术意识形态、经济振

---

① John. S. Brubacher & Willis Rudy. *Higher Education in Transition: A History of American Colleges and Universities*. Fourth Edition. New Brunswick: Transaction Publishers.1997. p.166.

② Ibid,.p.168.

③ 参见邬大光：《现代大学制度的根基》，《现代大学教育》2001 年第 3 期。

兴的意识形态、平等主义的意识形态和共识性（Consensus）的意识形态。每一种大学理念，都直接左右了英国高等教育政策的制定，进而对英国高等教育制度产生了重要的影响。①

在笔者看来，纷繁复杂的制度大体可以分为两种：一是为制度立法的制度，即制度的制度，或者称为制度的元规则（meta—rules）；二是建立在元规则基础之上的具体制度安排。我们所说的"大学理念"，就是一种特殊的"关于制度的制度"或者"制度的元规则"。大学制度体系中的各种具体制度安排，都是由大学理念这一元规则所派生出来的。作为一种特殊的制度，大学理念起着"文化黏合剂"的作用，它可以将大学制度结构中的看似不相干的部分内在成为一体，可以将制度背后不同的利益主体进行有机的整合。大学理念作为元规则在大学制度变迁中的作用，是通过对旧的制度结构进行批判和为新的制度结构进行辩护这两种方式实现的，它始终关注的是大学的合法性基础，任何有价值的大学理念都应该兼具解构和建构的双重属性。

第二节　改革开放前中国大学理念的形成与发展

一、"全面学苏"：解放初期大学理念的重新定位

1949 年中华人民共和国成立，并通过随后的一系列改造在中国建立起了以马克思主义为指导的社会主义制度。在马克思主义经典作家看来，现代化是一种历史的、具体的现象，是与资本主义生产方式携手走上人类历史舞台的，它创造了前所未有的发展奇迹。但是，资本主义的"现代性方案"蕴涵着不可克服的内在矛盾，这种矛盾发展到一定阶段时，资本主

---

① Cf. K. G. Collier. Ideological Influences in Higher Education. *Studies in Higher Education* Vol.7 No.11982. pp.13–19.

义必然会被更高级的社会形态所取代。可以说，马克思主义经典作家虽然激进地批评资本主义并试图解构资本主义制度，但是他们从来没有反对和资本主义制度相伴随的现代性，只不过力图使这种现代性更加完善。从这个意义上说，中国共产党人所积极探索的社会主义和共产主义，也可以理解为一种"替代性的现代性"（Alternative Modernity），或者说是对资本主义现代性的一种超越。由于社会主义的现代性是在完全否定资本主义制度的前提下进行的，也由于革命前的中国是一个较为封建落后的国家，因此新中国成立后共产党和新兴政权所实践的现代性，经常表现为一种"断裂的现代性"。换句话说，现代性在社会主义制度下的中国始终是"一个没有完成的方案"。

新中国成立以后，出于意识形态、国家安全和国民经济发展等诸多因素的考虑，新中国在外交政策上实行对苏联"一边倒"，在国内各项事业建设上全面引进苏联模式。美国学者卢西恩·派伊指出："中共对外'一边倒'与其国内'全面学苏'是一致的，中共从'一五计划'到运用'单位'来控制城市人口，都是采用苏联模式的结果。"[1]澳大利亚学者泰伟斯也指出："中国外交上实行一边倒的政策，也促使其在走社会主义道路过程中采用苏联模式，如政府机构的设置、重点发展城市的政策、现代军事技术、政策与方法等。"[2]

"全面学苏"的根本目的是为了建设一个社会主义工业化国家，彻底摆脱旧中国的落后状态。新中国成立初期的社会变革，完全可以理解为是中国一百多年来寻求现代性的又一尝试。从某种意义上说，这和近代的"西学东渐"有着某种相似，只不过目标制度发生了转移，从欧美资本主义制度转向了苏联社会主义制度。

北京大学，新中国成立前是中国大学制度和理念现代转向的主要阵

---

[1] Lucian w. Pye. An Overview of 50 Years of the People's Republic of China: Some Progress, but Problems Remain; Richard Edmonds. *The People's Republic of China After 50 Years*. Oxford Press University Press.1999. pp.9–10.

[2] Frederick C Teiwes. The Establishment and Consolidation of the New Regime: 1949–1957. *The Politics of China: the Eras of Mao and Deng*. Cambridge University Press.1997. p.416.

地，新中国成立后它仍然是中国高等教育的晴雨表。新中国成立初期北京大学提出的发展目标是办成"东方的莫斯科大学"，20 世纪 50 年代初北大录取通知书上就赫然写着"祝贺你考上了东方莫斯科大学北京大学"的字样。[①] 为了更迅速有效地引进苏联的高等教育模式，1952 年有 2700 多名来自各个大学的教师被抽调去翻译苏联教材，共翻译教科书 251 种。[②] 从 1952 年到 1956 年年底，先后出版苏联高等学校教材译本 1393 种。[③] 全国各高等学校还先后聘请了 861 名苏联专家，帮助培养教师和研究生，帮助编写教材和讲义。高教部也聘请了 5 位苏联顾问，他们根据苏联高等教育的经验，帮助中国高等学校制定统一的教学计划和教学大纲，制定统一的高等学校教学基本制度，如教师工作量制度、生产实习制度、考试制度、科学研究制度、学位制度等，帮助中国建立计划性高等教育宏观管理体制。[④] 在利用苏联经验改造旧大学的同时，国家还"以苏联学制为蓝图，创办了中国人民大学和哈尔滨工业大学，作为全国高等学校的先导"。[⑤]

在如火如荼学习苏联的运动之中，旧中国经过半个多世纪形成的大学理念则失掉了生存的基础和活动的空间。我国解放前的大学理念是"西学东渐"的产物，其中必然包含着鲜明的现代资本主义精神和理性主义传统，这种大学理念和新中国所提倡的"民族的、科学的、大众的"文化教育有价值上的冲突，也和新生政权高度强调阶级属性的观念有内在的矛盾。因此，中国在 1949 年前后两个不同时期大学理念的现代性发育，是断裂的而非连续的。洋务运动后半个多世纪艰难形成的大学理念，特别是其中的主要成分，譬如学术自由、大学自治、教授治校等内在论大学理念，在社会变革的大潮中出现了全面的合法性危机。

新中国成立初期我国大学理念的变革，是从批判和否定"旧大学理

---

① 参见钱理群：《中国大学的问题与改革——我的追问与思考以及我的演说立场》，载刘琅等编：《大学的精神》，中国友谊出版公司 2004 年版，第 255 页。

② 参见《光明日报》1954 年 1 月 25 日。

③ 参见《人民日报》1957 年 11 月 6 日。

④ 参见郝维谦、龙正中：《高等教育史》，海南出版社 2000 年版，第 109—111 页。

⑤ 杨修峰：《在高等教育中坚持学习苏联的方针》，《光明日报》1957 年 11 月 6 日。

念"开始的，是以对知识分子进行思想改造的面目出现的。著名学者费正清指出：

"知识分子和国家政权的关系，无论在东方还是在西方，长期以来都是一个争执不休的问题。我们只要回忆一下西方的经验是如何复杂和多样，就不难看出在中国的情况同样是复杂和多样化。"[1]

新中国成立初期，新政权对旧时代的知识分子在认识和使用上，的确印证了费正清的论断。和苏联十月革命后的情况几乎一样，新中国的领导者们面临这样的难题：一方面，新政权认为旧知识分子主要出身于反动的地主阶级和资产阶级家庭，他们的世界观和价值观与新的国家制度格格不入；另一方面，他们又是建设现代工业化国家需要依靠的力量。为了解决这种矛盾，新中国成立以后新政权对知识分子采取的是"教育、改造和使用相结合"的方针。1951年，教育部党组书记、副部长钱俊瑞指出："如果高等学校的教师们还是服膺英美资产阶级的反动思想，还是固执着自己的个人主义、客观主义和宗派观点，那么一切高等教育的改革工作，诸如院系调整、课程的改革、教学法的改革等等都是难以贯彻的，一切关于改革高等教育的决定和规章就难免不成为具文。"[2]1953年教育部长马叙伦指出："只有对知识分子的旧思想、旧观点、旧方法进行批判，才能真正学习好苏联先进的教育经验。"[3]

1951年12月2日，《人民日报》发表清华大学校务委员会副主任周培源教授的文章《从高等学校的院系调整谈肃正崇美思想》，将以"院系调整"为核心的大学制度变革和清除西方大学理念的影响联系在了一起。1952年的"三反"运动中，《光明日报》公开点名批评清华大学，认为清华大学自新中国成立3年来的改造，不是稳步前进，而是稳步不前，腐朽、堕落的资产阶级思想不仅明目张胆地盘踞在人民的高等学校里，甚至在某种程度上还篡夺了工人阶级对高等教育的领导权。其根源就是"崇美

---

① 费正清：《伟大的中国革命》，刘尊棋译，世界知识出版社2000年版，第341页。

② 钱俊瑞：《高等教育改革的关键》，《人民教育》1951年第4卷第2期。

③ 马叙伦：《三年来中国人民教育事业的成就》，载《中国人民共和国三年来的伟大成就》，人民出版社1953年版，第130页。

思想"没有彻底清除,"国际标准"还没有被清华教授和个别负责人彻底抛弃。

新中国成立初期对知识分子的思想改造,主要的手段是"批评和自我批评"。这种模式形成于1942年延安整风运动时期,基本程序包括如下几个步骤:

(1) 召开大会,进行动员,布置学习文件;

(2) 组成各单位学习小组;

(3) 展开各种形式的批评与自我批评,自我交代和揭发别人,人人过关;

(4) 人人小结,领导审核,群众大会通过,组织处理。[1]

但思想改造的具体过程如何,没有亲历者恐怕难以搞清楚。一名美国心理学家曾在香港对15位经历过思想改造的知识分子进行深度访谈,并于1961年出版了《思想改造和集权主义心理学》一书。作者从西方心理治疗、宗教、政治和科学的观点出发,认为:"思想改造是通过对绝对真理的信仰、内部反应的停止和外部信息的拒斥来达到人格改变的目的。"[2]

经过脱胎换骨的思想改造,深埋在知识精英头脑中源自西方的大学理念被彻底地自我否定了。北京大学教授朱光潜在新中国成立初期的思想改造运动中发表了《自我检讨》一文,他说道:

"我从小所受的是半封建式的教育,形成了一些陈腐的观念,也养成了一种温和而拘谨的心理习惯。由于机缘的巧合,我在几个英、法大学里做了十余年的学生,在资本主义形态的文学、历史学和哲学里兜了一些圈子。……在学生时代,我受了欧洲经院的'为学问而学问'那个老观念的感染,整天'抱着书过活'。过去的教育将我养成一个个人自由主义者,一个脱离了现实的见解褊狭而意志不坚定的知识分子,现在我要继续努力

---

① 参见邢兆良:《建国初期知识分子群体的转型》,《学海》2003年第4期。

② H. Gwynne Jones. Thought Reform and the Psychology of Totalism: A Study of "Brainwashing" in China (Book Review). *The China Quarterly*, No.7 (Jul.—Sep.1961), pp.154–157.

学习，赶上时代的群众。"①。

新中国成立初期的思想改造对于知识分子皈依新的政权起到了积极的作用，可是他们的作用并没有得到积极的发挥。由于许多"只问业务，不问政治"的著名学者受到严厉批评，被迫公开检讨，因此不仅人文知识分子停止了研究，而且那些从事自然科学的知识分子也心情压抑，意志消沉，工作热情受到严重挫伤。② 为了掀起社会主义经济建设的新高潮，党和国家都认为应当发挥知识分子的作用。1956 年 1 月 4 日，中共中央召开了知识分子工作会议，会议认为"知识界的面貌在过去 6 年里发生了根本改变"，宣布"知识分子已经是工人阶级的一部分"。③1957 年春，中国共产党提出了科学与文化建设的"双百方针"。毛泽东指出："百花齐放是一种发展艺术的方法，百家争鸣是一种发展科学的方法"。④ 在"双百方针"的鼓舞下，知识分子的思想又开始活跃起来。大学中的一些知识分子对新中国成立后高等学校的工作也提出了不同意见，比如有人提出取消大学的党委领导体制，由校务委员会直接管理学校，大学应该由内行管理，实行教授治校，等等。

在随后的"反右"斗争中，很多提出不同意见的专家学者被定为"右派分子"，受到了极为严厉的处置。反右斗争结束后，党对知识分子的思想改造工作得到进一步加强。1958 年 3 月 23 日，《人民日报》发表社论《向"红透专深"的目标前进》，社论指出："北京大学等高校正在进行的红与专问题的大辩论。这说明我国知识分子，特别是高级知识分子的思想改造运动现在已经推进到新的阶段。"1958 年 4 月 13 日，《人民日报》发表社论《搞臭资产阶级的个人主义》，社论提出"思想改造新阶段的任务是彻底抛弃资产阶级个人主义的表现"，如"为科学而科学"、"为艺术而艺术"、"个人自由"、"清高"、"一本书"，等。1958 年 5 月 7 日，《北京

---

① 朱光潜：《自我检讨》，载费孝通等：《旧人物的改造》，通俗文化出版社 1950 年版，第 12 页。

② 参见沈志华：《1956 年初中共对知识分子政策的调整》，《社会科学》2008 年第 8 期。

③ 龚育之：《周恩来和建国以来党的知识分子政策》，《中共党史研究》1998 年第 2 期。

④ 《毛泽东文集》第七卷，人民出版社 1999 年版，第 279 页。

日报》发表的社论《把思想革命进行到底》进一步指出了大学教师思想中存在的问题，包括"把自己的工作当成独立王国"、"宣称外行不能领导内行"、"看不起工农群众在生产实践和革命实践中的创造和经验，只顾自己搞冷门"。

如前所述，新中国成立初期对高等学校的教师和学生进行思想改造，目的之一是在知识分子中间建构新生政权的合法性，目的之二是为了顺利完成制度更迭，引进苏联的高等教育体制。苏联高等教育模式除了强调教育的阶级属性外，其主要特点可以概括为两条：高度集中的计划体制和窄化的专业人才培养模式。通过这一强制性的制度变迁，原来从美国大学引进的宽口径招生制度、选课制、学分制、淘汰制等予以取消，文科专业的发展也受到严格限制。

客观而言，新中国成立初期大学理念的"去美化"运动，带有民族解放和文化自觉的意味，充满了爱国主义的色彩，它不仅得到了中国普通大众的拥护，某种程度上也得到了知识界的认同。由于中国在世界现代化格局中属于后发追赶型国家，其工业化、现代化的道路必然要借鉴他国的经验，所以"去美化"后的"全面学苏"也是中国大学建构现代性的必然选择。

欧美大学理念和苏联大学理念的分歧在于，欧美大学在20世纪后虽然超越了象牙塔，主动寻取为社会服务，但是学术自由和大学自治这一核心理念始终没有改变，内在论的大学理念始终占有重要的一席之地。而苏联模式恰好相反，正如阿什比指出的"就苏联大学而言，人力的供应和政府的影响占主要地位，内在逻辑不发生多大影响。"[1]由于大学和知识之间是一种相互锁定的关系，内在论的大学理念并非完全是资产阶级根据统治需要而提出的，它在很大程度上更是知识发展的内在要求。如果人为地割裂这种联系，大学必然失去作为知识制度的意义和价值。新中国成立初期我们从单纯的政治标准出发，全盘否定内在论大学理念，势必对中国大学的现代性发育产生消极的影响，甚至从根本上阻断中国大学的现代转型。

---

① ［英］阿什比:《科技发达时代的大学教育》，人民教育出版社1983年版，第139—140页。

二、"教育革命":"大跃进"和"文化大革命"中大学理念的本土化尝试

站在历史的角度看,20世纪50年代末中国的"大跃进"(还应包括"总路线"、人民公社运动)可以解读为:中国共产党领导人试图通过大规模的社会动员,利用社会主义制度的优势,在社会主义总体制度框架内进行自主创新,以便在短时间内实现中国一个多世纪以来梦寐以求的现代性。

从现代性的眼光来看,中国出现"大跃进"运动似乎是不可避免的。社会主义国家成立之初无疑都是落后的国家,社会主义国家的领袖和知识精英,也都不忌讳自己的落后,他们认为正是国家的落后才导致了革命的发动和最终取得成功。革命成功后,新的国家政权必然要从建设的成果中再度寻求自己的合法性。

"大跃进"的号角,掀起了经济建设的高潮,也吹响了"教育革命"的序曲。此时,经历了院系调整和思想改造的大学,已经彻底地结束了在旧中国时的"自由散漫"状态,成为了总体性制度中的一个个"单位"。在这场轰轰烈烈的大跃进中,中国的大学也同样处于极其亢奋的状态。

"大跃进"中的"教育革命",可以说是中国大学理念本土化探索的开始。近代以来,中国古代的"大学"逐渐失去了光泽,西方大学成为中国大学重建的基本模式。1949年以前我们"取法泰西",解放以后我们"全面学苏",中国近现代大学理念的重构始终具有"殖民主义"和"依附论"色彩。中国共产党和新生政权之所以在新中国成立前后获得工农群众及大批知识分子的认同,就在于他们一贯高举"反帝反封建"的旗帜,积极通过制度重建、思想改造和国家经济发展来恢复在西方强势文明入侵下不断失落的民族性。20世纪50年代中期,苏联国内政治环境的变化和国民经济存在的问题,导致中共领导人对苏联经验产生怀疑,中苏关系在50年代末期恶化后,更促使中国共产党从"全面学苏"转向"以苏为鉴",开始思考如何走自己的路。这种转变,既是对苏联经济社会模式存在的问题进行理性思索的结果,也是中国共产党对苏联试图进一步加强

自己影响而作出的文化心理上的反弹，同时也是中共对苏联国内改革持有不同意见而在政治上的回应。以毛泽东《论十大关系》的发表为标志，中国共产党人在抛弃了西化的现代性方案之后，又开始准备突破"苏化"的现代性方案，试图走一条更适合中国国情的现代性之路。美国学者阿瑞夫·德里克认为，中国共产党并不拒绝现代性本身，而是追求另一类现代性，其目的在于克服现代性带来的压抑和异化。①英国学者佩里·安德森同样认为，"大跃进"之后，毛泽东寻求另类现代性的愿望日益明显。②"大跃进"以后，特别是"文化大革命"期间，苏联的模式逐渐被宣传成为"修正主义"或"社会帝国主义"，列位于封建主义、资本主义之后，成为中国人民革命的对象。

可见，1958年的"教育革命"，一方面是要继续深化对封建主义教育思想和资本主义教育思想的批判，另一方面也要从苏联影响中挣脱出来，独立自主地发展中国的教育事业。"大跃进"中教育革命的思想集中地反映在毛泽东的两个指示中，一个是"我们的教育方针应该使受教育者在德育、智育、体育几方面都得到发展，成为有社会主义觉悟的，有文化的劳动者"③；另一个是"教育是为无产阶级的政治服务，与生产劳动相结合"。④

从这两个指示所涵盖的内容看，它们和新中国成立后一贯坚持的教育方针并没有什么两样，还是强调教育的政治标准、阶级属性和社会功能。但是，教育革命包含了否定苏联模式的思想。苏联的高等教育虽然也存在严重的以政治标准取代学术标准的现象，但是在苏联整个工业化的过程中，始终强调"干部决定一切，技术决定一切"的观点，高等教育制度也始终是保持着结构化、正规化、专业化的状态。苏联建国后，知识分子虽

---

① 参见肖延中：《在历史的天平上——外国学者评毛泽东》第1卷，中国工人出版社1997年版，第218页。

② 参见曹天予：《现代化、全球化与中国道路》，社会科学文献出版社2003年版，第11页。

③ 《毛泽东文集》第七卷，人民出版社1999年版，第226页。

④ 《建国以来重要文献选编》第十九册，中央文献出版社1998年版，第513页。

然也经历了洗脑和压制，但是苏联大学制度的基础还是建立在对知识权威的尊重之上。简言之，苏联高等教育模式总体上体现为是一种"学术性模式"。1958 年的教育革命，从其本质上说，就是要在毛泽东两个教育革命指示的引领下，有意识地改变或颠覆从苏联引进的学术性模式，粉碎知识精英万能的神话，解构制度化的大学组织形态和知识体系，重新拾起"延安道路"的做法，强调"人民群众的首创精神"。

"大跃进"中的教育革命，和新中国成立初期"全面学苏"一样，也从批判旧的大学理念开始。在教育革命的发动者和执行者看来，不颠覆以往的思维习惯，就不会真正有高等教育的"大跃进"。1958 年年底中央美术学院副院长齐速发表《中央美术学院的思想改造和大跃进》一文，介绍了 1958 年 8 月中央美术学院为了"传达中央教育会议精神，贯彻教育为政治服务与生产劳动相结合方针，更好地迎接制定学院 5 年跃进规划"，而组织的一场关于学校发展的大辩论。在这场大辩论中，学院开展了如下的争鸣："我们到底要把中央美术学院办成什么学院？是工人阶级的为政治服务与劳动结合的共产主义学院，还是资产阶级为艺术而艺术的个人主义的学院？到底培养什么人才？是高级美术人才、专家、艺术劳动者，还是有社会主义觉悟的有文化（包括艺术）的劳动者？"[1]

关于"大跃进"中"教育革命"的基本内容，美国密苏里大学学者格拉斯曼认为："中国大跃进中的教育政策可以概括为两点，一是对政治教育更加重视，试图通过政治学习使学生和教师树立无产阶级的世界观，以培养又红又专的人才；二是在教育制度中实行工读结合的政策，生产劳动被正式列入大学课程，采取各种办法将生产劳动和大学的学术性工作结合起来。"[2]

如果从第一方面来说，"大跃进"中的教育革命不过是思想改造和"反右"斗争的继续。而从第二个方面来说，教育革命也是中国共产党利

---

[1] 齐速：《中央美术学院的思想改造和大跃进》，《美术研究》1958 年第 3 期。

[2] Joel Glassman. *Education Reform and Manpower Policy in China*,1955-1958. *Modern China*, Vol.3, No.3（Jul.,1977），pp.259-290.

用根据地干部教育非正规化、非制度化的办学经验来改造旧大学和创办新型大学的实验。

"大跃进"试图通过革命热情、自上而下的社会动员和全面控制的手法来推进经济增长的努力很快就失败了。"大跃进"中的教育革命，也在国民经济调整的局面下暂时偃旗息鼓了。以 1961 年中共中央通过的《教育部直属高等学校暂行工作条例（草案）》（简称《高教六十条》）为标志，新中国成立初形成的学术性模式重新占据了主导地位。

"教育革命"在被迫蛰伏了一段时间后，在"文化大革命"中再度登场，并将蛰伏阶段积蓄的能量充分释放，达到了其巅峰状态。美国学者格拉斯曼也同样将这两次教育革命联系在一起加以考察。他说："大跃进中尝试进行的教育改革，在 20 世纪 60 年代初期较为温和的社会背景下被放置在了一边，而文化大革命开始后这种改革又重新加以实施。"[1]

西方学者苏赞恩·佩珀则认为，新中国成立后的 30 年里，中国人为自己设计了两套教育发展方案。一个是"平等主义的策略"（Egalitarian），另一个是"等级制的策略"（Hierarchical）。这两套方案的设计差别很大，它们建立在不同的对社会主义现代化的理解上，并且这两套教育发展方案的好坏标准直接受制于中共内部的权力斗争。这两套方案也可以用其他术语替代，如"左倾"和"右倾"、"激进派"和"温和派"。平等主义的发展策略在"文化大革命"中得到实施。[2]

抛开权力斗争的因素，高等教育中的"两条路线斗争"，其实就是两种大学理念之争。"革命教育路线"强调大学应优先满足意识形态的需要，"修正主义教育路线"则突出大学在发展国民经济中的作用；"革命教育路线"珍视延安时期非制度化的传统，走"发动群众、依靠群众"的教育发展道路，"修正主义教育路线"则信奉新中国成立初期学习苏联建立起来的正规教育制度，依赖专家智慧和计划指令来发展高等教育。"文化大革

---

[1]　Joel Glassman. *Education Reform and Manpower Policy in China*,1955–1958. *Modern China*, Vol.3, No.3（Jul.,1977）, pp.259–290.

[2]　Cf. Suzanne Pepper. Chinese Education after Mao: Two Steps Forward, Two Steps Back and Began Again? *The China Quarterly*, No.81（Mar.,1980）, pp.1–65.

命"初期"革命路线"取得完胜,"文化大革命"后期"修正主义"路线开始抬头。这两种教育路线,其实都是共产党建设现代国家所需要的,所以两种大学理念在表面上看似乎冰火不容,但它们又总是难解难分。为了建设现代国家需要采用学术性模式,而为了实现政治上的乌托邦,又需要舍弃学术性模式,采取革命性模式。由于这两种需要是互逆的,中国大学必须在这两种模式之间来回摇摆,难以摆脱进退失据的宿命。

"大跃进"和"文化大革命"期间开展的教育革命,其批判的意义要远大于其建设的意义。"教育革命"作为一种解构的思潮,对中国传统文化和学术精神的否定是彻底的,不仅否定了欧美的学术制度和大学理想,也否定了苏联的高等教育经验。"教育革命"所推崇的"大学理念",从思想的角度也许具有一定积极的意义,比如它看到了知识制度存在的不平等现象,关注群众的高等教育参与,重视知识的实践指向等。一些西方马克思主义者和海外形成的以中国青年知识分子为主体的"新左派",也呼吁要对"大跃进"和"文化大革命"的"正面意义"进行肯定。

有人甚至认为它为后来的改革开放政策的实施提供了基础和条件。这些主张,如果从历史发展的角度上讲或许不无道理。但是,"大跃进"和"文化大革命"给中国现代化进程所带来的负面影响绝不能被我们忘记。"大跃进"和"文化大革命"中的"教育革命",想在中国建立起一种替代资本主义方案和苏联模式的"教育现代性"。但是这种"现代性",不过是政治上的乌托邦,对它的向往和追求非但不会有任何实际的效果,反而会阻滞中国大学现代性的发展。正如苏赞恩·佩珀所指出的:"教育革命扩大了教育金字塔底部的参与机会,取消基于学生个人学术能力的大学入学考试,这样做的结果从根本上降低了大学的学术水平。这种尝试使中国高等教育无法发展成为一个功能性的教育系统。"①

美国威斯康星大学一名学者,也认为"文化大革命"对中国现代性的形成起到了阻滞作用。他说:"启蒙所孕育的现代性之于中国的价值,自

---

① Suzanne Pepper. Chinese Education after Mao: Two Steps Forward, Two Steps Back and Began Again? *The China Quarterly*, No.81(Mar.,1980), pp.1-65.

五四以后一直是中国知识分子高度关注的话题，而1957年的反右斗争使得该话题的讨论戛然而止，直到文化大革命结束后，有关现代性的讨论才得以重新开始。只有否定文化大革命，我们才可以理解20世纪80年代中国知识分子和学生为何对启蒙观念倍感兴趣，才能理解理性、自由、民主、人的尊严、人权在当代中国的意义；也只有否定文化大革命，我们才能准确评价五四知识分子所提出的现代性计划的意义。"[1]

第三节　改革开放以来中国大学理念变革的历程

1976年10月，轰轰烈烈的"文化大革命"被宣告"胜利结束"，积极贯彻执行"教育革命"路线的"四人帮"垮台，"教育革命"的号角也随之偃旗息鼓。在一片"拨乱反正"的锣鼓声中，中国高等教育开始重整被颠覆的秩序。以中国共产党第十一届三中全会召开为标志，中国社会再次开启了具有自己特色的现代性方案。这个现代性方案的设计理念是一贯的，就是"以经济建设为中心，坚持改革开放，坚持四项基本原则"，即所谓"一个中心，两个基本点"。改革开放后中国大学理念的变革，始终和中国现代性方案紧密相连。中国现代性方案设计和实施中存在的诸多两难问题，也再一次在中国大学理念变革中得到集中的体现。

一、大学理念的重建与国家现代性方案的设计

"文化大革命"结束后初期，中共中央提出了"拨乱反正"的口号。关于"乱"的理解大家没有多少异议，但"正"是什么，则没有明确的答案，也存在较大的争议。关于"拨乱反正"的任务，有人认为"文化大革

---

[1] Guo Jian Resisting Modernity in Contemporary China: the Cultural Revolution and Post-modernism *Modern China* Vol.25, No.3 (Jul.,1999), pp.343-376.

命"之所以造成危害，原因是"四人帮"和"林彪反党集团"背离了毛主席的革命路线，排除他们的干扰破坏，回到毛泽东思想路线就算归正了；有人认为，"文化大革命"以前，特别是 20 世纪 50 年代是中国发展的黄金时代，回到 50 年代的思想路线和方针政策，就是"反正"。也有人认为，对马列主义毛泽东思想不能做教条地理解，它们需要在实践中得到检验和发展，凡是不符合现代化要求的理论政策都要改正。

在高等教育领域，各种"反正"的观点都有反映。曾任华中工学院院长的朱九思教授回忆说："1978 年，全国范围内进行了关于真理标准的讨论，但是当时的教育部却基本上按兵不动。这样的大事为何对教育战线影响甚微？这是由于当时中央的教育部长认为教育工作没有什么问题。例如，他曾在正式会议上说过，学习苏联是正确的，只有不学英文，改学俄文是不对的，教学质量恢复到'十七年'那样就很好。"[1]

虽然存在不同的"反正"观点，但是当时大家也有一个共识，那就是要实现"四个现代化"。现代化之所以成为当时的共识性目标，原因在于它并非是什么新生事物，而是新中国成立后党和国家一直追求的目标。

以现代化为旗帜的建设模式取代了奉行意识形态的革命模式后，中国高等教育也重新回归到学术性模式，高等学校的地位和作用也被重新加以肯定。1977 年 3 月，邓小平在全国科技大会开幕式上指出：四化建设，科学技术是关键，教育是基础。1978 年 4 月，邓小平在全国教育工作会议上，对教育在现代化建设中的任务作了更详尽的阐述："我们要掌握和发展现代科学文化知识和各行各业的新技术新工艺，要创造比资本主义更高的劳动生产率，把我国建设成为现代化的社会主义强国，并且在上层建筑领域最终战胜资产阶级的影响，就必须培养具有高度科学文化水平的劳动者，必须造就宏大的又红又专的工人阶级知识分子队伍。"[2]

在"拨乱反正"和工作重心转移的大背景下，"教育革命"中产生的一些所谓的大学理念，如"大学无用论"、"知识分子反动论"、"开门办

---

① 朱九思：《往事重提》，《高等教育研究》1999 年第 1 期。
② 《邓小平文选》第二卷，人民出版社 1994 年版，第 104 页。

学论"、"工农兵上大学、管大学、用毛泽东思想改造大学论"等，一一被否定了。虽然对高等教育的未来走向还存在争论和模糊的认识，但总的基调已经敲定，就是要将高等教育引入现代化的轨道。1983 年，邓小平为北京景山学校题词："教育要面向现代化，面向世界，面向未来。"

1984 年 7 月，中国教育学会以《三个面向与教育改革》为议题，召开了学会成立后首次学术研讨会。[①] "三个面向"的发表，也使中国大学走出了"拨乱反正"的阶段，进入了一个理念和制度创新的时代。回顾这段历程，我们可以发现，中国大学理念的变革，始终围绕着整个国家现代性方案的设计和实施。在这里，笔者以 1986 年以来由原华中工学院、原南京航空学院和湖南大学共同举办的 12 届"大学教育思想研讨会"[②] 为案例，分析中国大学理念变革和中国现代化建设之间的相互关系（见表 1—2）。"大学教育思想研讨会"的主要发起者和组织者姚启和教授在回顾前5 届研讨会时特别谈到：

"10 年来，我们举办的各次研讨会的中心议题，都是当时高等教育改革实践和理论研究的热点问题，又都与当时社会的经济、政治、文化等方面的现代化建设实际紧密联系，因而能够引起大学的普遍关注。"[③]

1986 年 11 月，"第一届大学教育思想研讨会"在湖南大学召开，会议的主题是"高等教育思想现代化"。这次会议的召开正值 1985 年《中共中央关于教育体制改革的决定》（以下简称《决定》）发布不久。该《决定》指出：

在进行教育体制改革的同时，还必须改革与社会主义现代化建设不相适应的传统教育思想。这是今后教育改革中必须进一步探讨的一个重大问题。

为了贯彻《决定》精神，这次研讨会集中研讨了如下问题：什么是传统高等教育思想？什么是现代高等教育思想？为了和社会主义现代化建

---

① 参见张健：《邓小平教育思想研究》，浙江教育出版社 1993 年版，第 80—83 页。

② 参见除了第一届称为"高等教育专题研讨会"，第五届称为"文化选择和大学教育理想国际研讨会"，其余都称为"大学教育思想研讨会"。

③ 参见姚启和：《研究大学教育思想的十年回顾与展望》，《高等教育研究》1996 年第 6 期。

设相适应，高等教育思想应当如何变革？其中现代高等教育和传统高等教育的分野是这次讨论的重点和难点。对于这一问题，有人认为，传统高等教育思想就是我国世代沿袭的封建教育思想和我国近代从西方引进的以赫尔巴特教育理论为代表的资产阶级教育思想；还有人认为，影响高等教育最深的传统教育思想，主要应指新中国成立以后从苏联引进的凯洛夫的教育思想；也有人认为现代教育是指第二次世界大战以后，由于科学技术的发展给教育带来的新变化，而在此以前的则被认为是传统教育。①

表1—2：历次"大学教育思想研讨会"的主题及其时代背景

时间	主题	会议召开的背景
第一届 1986年11月	高等教育思想现代化	1985年，《中共中央关于教育体制改革的决定》发布，提出要转变传统教育思想
第二届 1988年10月	社会主义初级阶段，商品经济对高等教育的影响	1987年，十三大召开，会议系统阐述了社会主义初级阶段理论和商品经济理论
第三届 1990年10月	高等学校在深化改革中如何坚持社会主义办学方向	1989年，"六四"政治风波发生后，邓小平提出"十年改革最大的失误在教育"
第四届 1992年11月	大学教育思想与教育环境	1992年，邓小平南巡讲话提出要建立社会主义市场经济体制，十四大，明确了这一改革目标
第五届 1994年5月	文化选择和大学教育理想（国际会议）	1993年，《中共中央关于建立社会主义市场经济体制若干问题的决定》和《中国教育改革和发展纲要》发布
第六届 1996年10月	科学教育与人文精神	1995年，全国科技大会召开，江泽民提出科教兴国的战略思想。国内出现讨论人文精神的热潮
第七届 1998年11月	面向21世纪的大学教育思想	1997年，十五大召开，提出实施科教兴国战略和可持续发展战略

① 参见成仓：《高等教育思想专题研讨会综述》，《高等教育研究》1987年第1期。

时间	主题	会议召开的背景
第八届 2000 年 11 月	21 世纪初的我国大学教育	1999 年,《中华人民共和国高等教育法》实施,改革开放后第三次全国教育工作会议召开
第九届 2002 年 11 月	21 世纪初叶高等教育的基本走向	2001 年,中国正式加入世界贸易组织(WTO),中国高等教育国际化将面临新的情况
第十届 2004 年 7 月	科学发展观与高等教育的分类发展	2002 年,十六大召开,提出全面建设小康社会的构想;2003 年,十六届三中全会提出科学发展观
第十一届 2006 年 9 月	创新型国家建设中的高等教育发展	2005 年,胡锦涛在十六届五中全会提出建设创新型国家的战略
第十二届 2008 年 10 月	和谐社会视野中的高等教育:理念、实践、创新	2006 年,胡锦涛在十六届六中全会提出构建社会主义和谐社会的构想;2007,十七大进一步明确提出了和谐社会建设的主要内容

资料来源:根据这 12 次研讨会的会议综述和会议通知等资料整理。

持第一种观点的人,是按照马克思主义关于社会阶段划分的理论来判断传统教育和现代教育的分野,把现代教育简单理解为社会主义的教育,而把其他形态的教育笼统地看成传统教育,这显然不符合社会发展和教育发展的事实;持第二种观点的人,将苏联教育家赞可夫重视学生智力发展的教育理论,看成是现代高等教育思想。这虽然有一定的道理,但是凯洛夫教育学和赞可夫的发展理论都是以中小学为实践基础的,看不出多少高等教育的味道,以此为依据来讨论中国高等教育思想的现代化,显然也没有多大意义。持第三种观点的人,将现代教育的起源固定在一个重大历史事件发生的时间点上,显然没有注意到大学教育具有自身的演变规律。

始生之物,其形必丑。这次研讨会关于大学理念现代化的讨论,显然还处于一种初级阶段,讨论的内容和普通教育学的问题没有太大的区别,讨论者对西方现代大学制度与理念也缺乏必要的了解。尽管这次会议在解决问题上的贡献还远不如其提出问题的贡献,但仅此就足以说明它的意义了。

1988 年 10 月,"第二届大学教育思想研讨会"在南京举行,会议议题是"在社会主义初级阶段，商品经济对高等教育的影响"。这次会议召开的社会背景是社会主义初级阶段理论提出和有计划商品经济体制的确立。

围绕高等教育如何适应社会主义初级阶段商品经济发展这样一个主题，第二届大学教育思想研讨会进行了广泛的讨论。有代表认为：

高等教育不受商品经济的制约，不为发展商品经济服务是不可能的。商品经济要求高等学校要树立人才市场观念，要引入竞争机制，增强办学活力。商品经济也要求高等学校要走出象牙塔，实行开放式办学。高等教育既要讲社会效益，也要讲经济效益。[①]

对于商品经济可能给高等教育带来的消极影响，代表们也给予了关注。潘懋元教授在这次会议上提出：

教育要主动适应而不应被动适应商品经济，要发挥教育的主体判断和选择作用。教育的外部规律必须通过教育的内部规律起作用，要防止从"教育政治化"走向"教育商品化"。[②]

1990 年 10 月，"第三届大学教育思想研讨会"在湖南韶山召开，主题是"高等学校在深化改革中如何坚持社会主义办学方向"。这次会议主题的确定，是和中国现代化进程中出现的所谓"资产阶级自由化"倾向有直接关系的。

改革开放以后，党和国家提出要解放思想、发扬民主，对民间的政治控制有所放松，西方政治思想和文化思潮利用国门大开的机会也涌进了中国。这种背景下，国内学术界和文艺界出现了"资产阶级自由化"的思潮。1978 年年末到 1979 年年初，在北京等地发生的"民主墙运动"中，有人提出了"第五个现代化"的主张。这种推崇西方政治体制的社会思潮在 20 世纪 80 年代初期中共中央"清除精神污染"运动中受到了遏制。但是由于改革开放后党的基本路线是以经济建设为中心，因此国家对知识

---

① 参见陈昌贵：《第二届大学教育思想研讨会论文观点综述》，《高等教育研究》1988 年第 4 期。

② 参见姚启和：《研究大学教育思想的十年回顾与展望》，《高等教育研究》1996 年第 6 期。

界的控制始终在"放"和"收"之间摇摆，并最终导致 1986 年 12 月和 1989 年春夏之交两次大规模的"学潮"。学潮中有人积极鼓吹西方式的"民主、自由、新闻独立、人权"等价值观，怀疑或根本上否定四项基本原则。

对于两次学潮的爆发，高等教育界也从思想上进行了反思，这就是"第三届大学教育思想研讨会"主题确定的基本原因。朱九思在这次研讨会上作了《学校的一切工作都是为了转变学生的思想》的演讲。据朱九思自己说，该标题是引用毛泽东同志在延安时期的一句话。[①] 这次研讨会提出，高等教育要明确两个基本问题：一是要明确我国高等教育的社会主义性质，认清资本主义教育和社会主义教育的联系和区别，这是政治方向问题；二是要坚持高等教育必须为社会主义服务，这是服务方向的问题。[②]

1992 年 11 月，"第四届大学教育思想研讨会"在湖南召开，主题为"大学教育思想与教育环境"，其中集中讨论的问题是"高等教育和社会主义市场经济的关系"。这次会议召开的背景是：邓小平南巡讲话发表后，社会主义与市场的关系成为了理论界的热点问题。传统上，市场经济与共产主义国家是互斥的。华人经济学家高希均在 1985 年出版的《经济学的世界》一书中提到："与市场经济制度截然相反的另一个制度是由政府来全然控制经济活动的共产经济，又是被称为中央化的管制经济。这种经济有两个特性：一是政府拥有生产工具，二是人们没有经济自由。"[③]

高希均将美国作为市场经济国家的代表，而将苏联作为中央管制经济的代表。而中国现代化建设的实践，超越了传统观念设置在市场经济和社会主义制度之间的鸿沟。1992 年 10 月在中共十四次全国代表大会上，正式提出我国经济体制改革的目标是建立社会主义市场经济体制。社会主义市场经济体制的建立，对中国高等教育的发展无疑具有积极意义。台湾学者杨景尧认为：市场经济融入社会主义，对中国大陆普通高等教育的发展

---

① 参见朱九思：《学校的一切工作都是为了转变学生的思想》，《高等教育研究》1991 年第 1 期。

② 参见姚启和：《研究大学教育思想的十年回顾与展望》，《高等教育研究》1996 年第 6 期。

③ 高希均：《经济学的世界》，经济与生活出版事业公司 1985 年版，第 296 页。

是有利的。高等学校的改革，将可以更大胆地学习欧美发达国家的成功之处，而不必担心被指责为走"资本主义"道路。同时高等学校从此必须面对"市场经济"所带来的优胜劣汰的竞争，这将更有助于扩大高校的办学自主权，检讨自身的缺失，谋求改进之道，进而提升大陆高等教育的品质。①

但是国内很多学者也从商品经济对中国高等教育带来的消极影响中，看到了市场经济可能给高等教育事业带来的负面影响。"第四届大学教育思想研讨会"的与会代表们普遍认为：市场经济对高等教育的影响是多方面的，包括直接的影响和间接的影响。高等教育要根据自身的功能和特点去适应市场经济需求的问题。高等教育不仅要为经济发展服务，还要为政治、文化建设服务；不仅要满足社会发展的需要，还要满足人的个性发展的需要。因此就发挥高等教育的功能来说，适应市场经济需要只是部分的，不是全部的；就市场经济对高等教育的影响来说，直接的影响也只是部分的，更多的是间接的影响，特别是思想和价值观念方面的影响。高等教育引进竞争机制要坚持正确的导向，发挥其激励作用要适合高等学校的特点。不能把高等学校全部推向市场，不能完全按市场运行机制来办学。②

1994 年，"第五届大学教育思想研讨会"在长沙召开，主题是"文化选择与大学教育理想"。与前几届研讨会不同的是，会议有许多外国专家参加。会议一些讨论仍然延续了 1992 年会议的主题，对市场经济给高等教育带来的挑战进行了认真分析。一些学者反对高等教育市场化的主张，提出"教育不是商品，学校不是市场"的观点。但这次会议着重讨论的议题是"大学教育和文化关系"的几个问题，即：大学教育的价值取向、传统文化与现代大学教育、大学教育的本土化与国际化等。这些议题的确定，也是中国现代化进程中出现的诸多新情况的反映。

---

① 参见杨景尧：《中国大陆文化大革命后之高等教育改革》，丽文文化事业股份有限公司 1995 年版，第 107 页。

② 参见姚启和：《研究大学教育思想的十年回顾与展望》，《高等教育研究》1996 年第 6 期。

20世纪90年代初，在中国国内，"资产阶级自由化"和"全盘西化"的观点被主流文化彻底地加以否定。但是，传统社会主义思想在社会转型中也难以为继。东欧剧变和苏联解体，使人们对传统社会主义价值观更加产生了怀疑。这几种情况的存在，给中国社会带来了所谓暂时性的"意识形态真空"。如何填补这一真空，也就自然成为了当时中国社会的一个重要议题。90代年初开始，由于亚洲经济的迅速增长，所谓的"亚洲价值论"和"工业发展的东亚模式"逐渐被人关注，东方可以对西方"说不"的观点也开始流行开来。在这样一种背景下，中国传统儒家文化的价值被重新提起，很多人认为传统文化可以起到弘扬爱国主义精神，填补意识形态真空，增强民族凝聚力的作用。在学术领域，也有很多人提出要摆脱西方学术模式，结束学术帝国主义和学术殖民主义的状况，建立起中国自己的学术标准。在"第五届大学教育思想研讨会"上，朱九思提出：

在本土文化与外来文化的关系上，本土文化显得更为重要一些，因为它是"根"，只有根深才能叶茂；只有首先继承和发展优秀的本土文化，才能与优秀的外来文化结合起来，形成更广博、更完善的新文化。[1]

教育哲学家涂又光教授在这次会议上也指出：

只有当枝条与砧木相吻合，即当本土文化与相应的外来文化相吻合时，嫁接才有可能成功。在宏观意义上，科学是物质文明代表，哲学是精神文明代表。中国现代物质文明已选择西方现代科学为嫁接的枝条，而以中国现代物质生活为其砧木。中国传统哲学与西方现代科学的融会贯通，正是当代高等教育的理想。[2]

很多与会的西方学者也持有同样的观点。许美德教授认为：

东方和西方在历史上都曾形成各自独特的学术传统，进入近代以后，东方的高深学术机构在很大程度上是西方帝国主义扩张的结果，相应地，其本土学术传统受到了削弱。在这个意义上，对东方大学而言，强调恢复

---

[1] 参见朱九思：《还是要按教育规律办事——在"文化选择与大学教育理想"国际学术研讨会上的讲话》，《高等教育研究》1994年第3期。

[2] 参见贾永堂：《文化选择与大学教育理想国际学术研讨会综述》，《高等教育研究》1994年第3期。

和完善本土的学术传统显得特别重要。①

1996年，"第六届大学教育思想研讨会"在孔子故里山东曲阜举行，主题是"科学教育与人文精神"。会议集中讨论了人文精神的内涵、人文教育与科学教育的关系、高等教育在弘扬人文精神中的作用和途径等。②这次研讨会，是在市场经济初步发展和国家确定科教兴国发展战略的背景下召开的。会议之所以如此关注人文精神的讨论，首先是对市场经济价值观负面影响的一种回应；其次也是对高等教育人才培养中，过于重视专业化和科学化，忽视人文教育和素质教育的一种反思。涂又光教授在提交大会的文章《论人文精神》中讲到：

人文精神，在中国，在西方，像一轮喷薄而出的海上红日，正在高等教育中升起。这是高等教育发展的必然。中国高等教育的发展，从传说五帝到清朝末年，可谓"人文"阶段；近百年来，可谓"科学阶段"，现在正发展为"人文·科学阶段"。近百年来，"可为痛哭""可为流涕""可为常太息"的是，中国人文，尤其是人文精神，被中国人（当然不是全部）"批判"、糟蹋、凌辱、摧残、横扫，没有与科学同步发展，而是濒于灭绝，沦为垃圾。于是人失灵魂，恶于癌瘤（当然也不是全部）。物极必反，剥极而复，复兴人文，呼声四起。这是极好消息，是真正值得敲锣打鼓送喜报的"特大喜讯"。③

华中科技大学高教所所长文辅相教授，在本次会议上作了《我国本科教育目标应作战略性调整》的大会发言，他指出：

在社会政治、经济、文化、科技及教育背景下，中国高等教育在导向上存在如下问题，即：过弱的文化熏陶、过窄的专业教育、过重的功利导向、过强的共性制约。因此高等教育要树立起科学教育与人文教育并重的

---

① 参见贾永堂：《文化选择与大学教育理想国际学术研讨会综述》，《高等教育研究》1994年第3期。

② 参见肖海涛：《科学教育与人文精神——第六届大学教育思想研讨会综述》，《高等教育研究》1997年第1期。

③ 参见涂又光：《论人文精神》，在第六届大学教育思想研讨会上提交的论文，后发表于《高等教育研究》1996年第5期。

双重教育目标，使大学生通过学校的教育和自身的努力，既能具有较高的科技水平，又能具有较高的文化修养。提出这一双重目标的意义在于从多方面提高学生的全面素质，并给高科技、重物质的世界里注入必要的人文精神。①

1998 年 11 月，"第七届大学教育思想研讨会"召开，会议以"面向21 世纪的大学教育思想"为主题，以"知识经济对大学教育的挑战"为重点。会议召开之时，正值人类社会即将跨入新的千年。高等教育界也因此出现了所谓的"世纪末情结"，这其中既有高等教育面向 21 世纪的热切期望和欣喜，也有对未来严峻挑战的忧虑感和危机意识。② 当时对高等教育观念创新影响最大的当属国内外关于知识经济的讨论。围绕知识经济和中国高等教育发展这一议题，会议代表进行了认真的讨论。会议代表认为，从工业经济向知识经济的过渡，是一场全面、深刻、系统的社会变革，这必然会引发大学教育观念的转变。大学教育要树立符合知识经济发展要求的新的知识观、新的教育本质观、新的教育产业观。大学在知识经济时代，要努力成为知识经济时代的人才库、知识库、科技创新的基地、高新技术的辐射源和国家创新体系的重要环节，以充分发挥大学作为知识经济动力源的作用。③

这次会议还对我国 21 世纪高等发展的速度和规模问题进行了探讨，专家们借鉴美国社会学家马丁·特罗的高等教育大众化理论，探讨了中国高等教育规模发展的问题。关于中国在 21 世纪初是否要推进高等教育大众化，学者们的观点不尽一致。有些人认为中国发展大众高等教育的条件不成熟，大众化不适合中国国情；另外一些人则认为应加快发展高等教育，积极推进高等教育大众化。④

---

① 参见文辅相：《我国本科教育目标应作战略性调整》，在第六届大学教育思想研讨会上提交的论文，后发表于《高等教育研究》1996 年第 6 期。

② 参见别敦荣：《"世纪末情结"与转变高等教育思想》，《上海高教研究》1998 年第 2 期。

③ 参见刘莉莉等：《知识经济对大学教育的挑战——第七届大学教育思想研讨会综述》，《高等教育研究》1999 年第 1 期。

④ 参见同上。

　　1998 年"第七次大学教育思想研讨会"结束后，中国高等教育发展出现了新的形势。1999 年 1 月 1 日，《中华人民高等教育法》正式实施，高等学校自主权第一次得到了正式法律的确认。2001 年 11 月，中国加入世界贸易组织（WTO），高等教育国际化出现新的形式和任务。新世纪带来的新变化，使高等教育的"世纪末情结"还在继续，这直接反映在随后两次研讨会的主题上。2000 年 11 月，"第八届大学教育思想研讨会"召开，主题是"21 世纪初的我国大学教育"。下设三个专题：21 世纪初叶我国大学教育的发展与办学理念；教育创新与创新人才培养；产学研结合与高等教育产业化。[①]2002 年 11 月，"第九届大学教育思想研讨会"召开，会议主题是"21 世纪初叶高等教育的基本走向"，会议重点研究的是"高等教育的价值观和发展观，高等教育的大众化和国际化、高等教育的人才观、质量观和教学观"等问题。[②]

　　2004 年 7 月，"第十届大学思想研讨会"召开，主题是"科学发展观与高等教育的分类发展"。改革开放以后，中国经济发展迅速，但是也存在一系列突出的矛盾和问题。比如城乡差距拉大，就业压力增加，区域差距扩大，资源短缺、生态环境遭到破坏，社会建设发展明显滞后于经济建设等。这些问题给中国的经济发展和社会发展带来了严重的负面影响。2003 年 10 月中共十六届三中全会正式提出了科学发展观的概念，它的基本内涵是：坚持以人为本，树立全面、协调、可持续的发展观，促进经济社会和人的全面发展。坚持统筹城乡发展、统筹区域发展、统筹经济社会发展、统筹国内发展和对外开放的要求。

　　参加"第十届大学教育思想研讨会"的代表们认为，高等教育贯彻科学发展观，首先要树立"以人为本"的大学理念，并将其全方位应用于高等教育改革发展的实践中。具体来说，高等教育要树立"以人为本的发展观"，它既要求高等教育规模扩张速度适度超前于经济增长的速度，但

---

① 　参见欧阳玉：《第八届大学教育思想研讨会综述》，《高等教育研究》2001 年第 1 期。
② 　参见蔡琼、李轶芳：《第九届大学教育思想研讨会综述》，《高等教育研究》2003 年第 1 期。

又不能以压缩和减少生均教育资源为代价；高等教育要树立"以人为本的质量观"，它包括多样化的人才质量标准和多样化的学校质量标准，高等学校必须要科学定位，分类发展；高等教育要树立"以人为本的结构观"，它要求高等教育在类别、层次、学科等方面要实现相互沟通、协调发展，为不同教育者的选择和参与提供方便；高等教育要树立"以人为本的效益观"，以减少或避免人为的非必要的办学成本。①

2006 年 9 月，"第十一届大学教育思想研讨会"召开，主题是"创新型国家建设中的高等教育发展"。这次研讨会，也是在中国现代化建设取得巨大成就，并面临着新的机遇和挑战情况下召开的。改革开放以后，中国经济增长方式一直没有根本的转变，资源高消耗的状况非常严重，这种发展模式严重制约着我国经济的进一步增长和国家核心竞争力的提升。为了改变这种不利局面，中央提出了建设创新型国家的目标。2005 年 10 月，在党的十六届五中全会上，胡锦涛总书记首次提出建设创新型国家的发展战略。2006 年 1 月，胡锦涛在全国科技大会上发表《坚持走自主创新道路，为建设创新型国家而努力奋斗》的讲话。此后，高等教育如何为建设创新型国家服务，立刻成为了中国高教界关注的话题。国务委员陈至立指出："大学是科技进步和人才培养的结合点，在建设创新型国家中承担着重要的是使命，肩负着不可替代的历史责任。"②

参加"第十一届大学教育思想研讨会"的代表们认为，大学是科技进步和人才培养的中坚力量，是国家创新体系的重要支柱。在创新型国家建设中大学承担着高端人才培养和科技创新的重大使命，建设创新型国家，大学责无旁贷。与会代表还提出要深化大学制度改革与学术组织创新，建立创新型大学等主张。③

---

① 参见张俊超：《以科学发展观指导高等教育发展——第十届大学教育思想研讨会综述》，《高等教育研究》2004 年第 5 期。

② 陈至立：《在第三届中外大学校长论坛开幕式的演讲》，《国家教育行政学院学报》2006年第 9 期。

③ 参见朱为鸿：《创新型国家建设中的高等教育发展——第十一届大学教育思想研讨会综述》，《高等教育研究》2006 年第 10 期。

2008 年 10 月，"第十二届大学教育思想研讨会"召开，会议主题是《和谐社会视野中的高等教育：理念、实践、创新》。2004 年 9 月，在十六届四中全会首次完整地提出了社会主义和谐社会的概念。2005 年 2 月 19 日，胡锦涛在一次重要讲话中全面阐释了社会主义和谐社会建设的内涵，他指出：

构建社会主义和谐社会，是我们党从建设小康社会、开创中国特色社会主义事业新局面的全局出发提出的一项重大任务，适应了我国改革开放进入关键时期的客观要求，体现了广大人民群众的根本利益和共同愿望……我们所要建立的社会主义和谐社会，应该是民主法治、公平正义、诚信友爱、充满活力、安定有序、人与自然和谐相处的社会。①

为了贯彻中央关于建设社会主义和谐社会的精神，使高等教育更好地服务于和谐社会建设，第十二届大学教育思想研讨会重点讨论了"和谐社会与大学理念；大学与政府、市场之间的和谐发展；高校间的和谐与竞争；和谐校园与创新人才培养；改革开放三十年与高等教育和谐发展"等问题。②

改革开放 30 年的社会转型，使中国的社会观念发生了根本性的变化。一些反映中国社会变迁的特有词汇，如"四个现代化"、"思想解放"、"以经济建设为中心"、"商品经济"、"社会主义初级阶段"、"体制改革"、"有中国特色社会主义"、"社会主义市场经济"、"三个有利于"、"三个代表"、"科学发展观"、"创新型国家"、"社会主义和谐社会"等，已经深入人心，并成为改革不同阶段凝聚社会力量、调控发展方向的"改革共识"。30 年来，中国的现代性发育是全球现代性的一个重要组成部分，在这一过程中西方的影响不可避免。但同时，中国的现代性也深深地植根于中国自己的文化传统中，这个传统既包括儒家的遗产也包括传统社会主义的遗产。中国改革开放以来形成的现代性是一种较为独特的现代性，代表着现代性的

① 参见胡锦涛：《在省部级主要领导干部提高构建社会主义和谐社会能力专题研讨班上的讲话》，人民出版社 2005 年版，第 1 页。

② 参见会议筹备组：《关于召开第十二届"大学思想研讨会"的通知》，《南京航空航天大学学报》（社会科学版）2008 年第 10 期。

多样化发展趋势。这一现代性的发育过程，也是中国大学理念的再造的过程。当现代性转向步入不同阶段时，中国大学理念都会根据新的任务而不断修正自己的内容和取向。从这点来说，改革开放以来中国大学理念变革的直接动因是外部力量的影响，呈现出典型的"外在论大学理念"的特点。同时，我们也很容易就观察到这样一个事实，那就是内在论大学理念也在改革开放的环境下重新找到了安身立命的场所。

二、"内在论大学理念"重新崛起

如前所述，内在论大学理念，最简捷的表达就是：学术自由、大学自治和教授治校。这三项内容，从形式上看是不同的，从本质上看是统一的。学术自由是一种学术理念，它是为了解释和维护知识分子独特的文化身份而提出的；大学自治是为了保障学术自由理念实现的组织制度，而教授治校则是为了保障学术自由而设计的一种具体制度安排，三者的核心是学术自由。

学术自由，被接受为西方大学普适性的价值观，经历了一个漫长的过程。学术自由理念的形成过程，其实也是西方大学现代化的发育过程。许美德教授认为，学术自由是发轫于西方中世纪大学的一个独特的学术价值观，中国等东方国家传统上则不存在学术自由的理念。她在《中国大学（1895—1995）——一个文化冲突的世纪》书中写道："在中国的传统中既没有自治权之说，也不存在学术自由的思想；同时，也没有一处可以称得上是大学的高等教育机构。学术自由的价值观及其制度化导致了'欧洲大学的凯旋'，而中国和伊斯兰文明在传统上缺乏学术自由理念及其制度是其学术长期停滞不前的重要原因。"①

许美德认为中国传统社会不存在学术自由思想的判断，是符合实际情况的。先秦百家争鸣结束后，中国社会长期处于封建大一统的政治和文化

---

① ［加］许美德：《中国大学（1895—1995）——一个文化冲突的世纪》，教育科学出版社 2000 年版，第 26 页。

格局中。在这种环境下，学术被等级制度所同化，政治权威和钦定的知识权威主宰着学术标准。隋唐科举取士制度建立后，儒家"学而优则仕"的理念变成了知识制度，学术完全成为了政治的附庸和谋取功名的手段。在整个中国封建社会中，知识群体失掉了其应有的批判精神和独立思考的能力。

清王朝覆灭以后的一段时间，大一统格局被多元政治中心所取代，知识分子暂时获得了一个较为宽松的环境。20世纪初出现的新文化运动中，中国启蒙知识分子又从西方请来了"民主和科学"两位"先生"。这种情况下，中国文化教育发生了前所未有的变革。源于西方的学术自由、大学自治和教授治校，逐步取代了中国传统的学术理念，成为中国现代大学发展的思想基础。

中国共产党也曾经明确提出过倡导学术自由的主张。1946年1月16日，中共代表团提交政治协商会议上讨论的《和平建国纲领草案》中明确表示：

实行文化教育改革，废除党化教育，保障教学自由；大学采取教授治校制度，不受校外不合理之干涉。[1]

1957年，毛泽东对文化教育界的百家争鸣提出自己的观点，认为一切民族、一切国家的长处都要学，在中华人民共和国宪法范围内，各种学术思想、流派都可以自由争鸣；对于学术性质、艺术性质、技术性质问题要让它自由，要把政治思想问题同学术性质、艺术性质、技术性质的问题分开来。[2]

可惜，这些主张并没有真正得到执行。内在论大学理念所标举的学术自由、大学自治和教授治校，在解放后长期被打入另册。一时间，主观的政治标准取代了客观的学术标准，无所不在的政治控制和行政约束关闭了大学自治的大门，剥夺了教授治校的权力。在外在论大学理念独尊的制度

---

① 参见《和平建国纲领草案》，《解放日报》1946年1月24日。

② 转引自杨凤城：《对有关50年代中期"双百方针"某些问题的历史反思》，《当代中国史研究》1998年第3期。

环境下，曾经受过内在论理念陶冶的大学教授，从治校治学的主体变成了被革命改造的对象。

在改革开放前的多数时间里，大学教授群体和他们所代表的知识阶层，在意识形态至上的社会制度环境中，基本丧失了独立发声的话语权，基本丧失了知识分子的批判精神，基本丧失了知识精英的人格尊严，基本丧失了其引领社会的功能。改革开放前的近30年，对内在论的大学理念而言，无疑是一个"冰河时代"。

1977年5月24日，在邓小平提出"尊重知识，尊重人才"的观点后，冰封已久的内在论大学理念开始悄然解冻。1977年8月8日，邓小平组织召开了一个科技教育座谈会。会上邓小平对大家最关心的教育战线17年如何估计问题讲了话，明确指出教育战线17年"主导方面是红线"，"知识分子绝大多数是自愿地为社会主义服务的"。邓小平在会上还对"文化大革命"中敌视知识分子、摧残人才的现象进行了批判。在邓小平的积极干预下，教育部门开始突破"两个凡是"的束缚，对经过毛泽东首肯的"两个估计"进行批判。1978年10月10日至11月4日，中共中央组织分批召开落实知识分子政策的座谈会。时任组织部长的胡耀邦提出：知识分子队伍的状况已经发生深刻变化，解放初提出的对知识分子"团结、教育、改造"的方针已经不适用于目前的情况，对知识分子要充分信任，放手使用，做到有职有权有责；调整用非所学，做到人尽其才、才尽其用；努力改善他们的工作条件和生活条件。①

新的知识分子政策实施后，一些长期被劳动改造的知识分子，包括被扣上各种"大帽子"的知识分子，或者重返校园，或者被大学录用，使他们有了一个可以进行学术追求的家园。客观而言，"拨乱反正"及改革开放初期所制定的新的知识分子政策，还远没有达到学术自由的高度。但是，它促进了"尊重知识，尊重人才"风气的形成，为知识分子重新找回长期失落的学术自由精神，提供了必要的前提。

---

① 参见胡耀邦：《为什么对知识分子不再提团结、教育、改造的方针》，载中央组织部、文献研究室编：《知识分子问题选编》，人民出版社1983年版，第4—5页。

在相对宽松的环境下，20 世纪 80 年代初中国学术界和文艺界出现了一股所谓当代"新启蒙运动"。1978 年 5 月开始的"真理标准大讨论"，被人们普遍视为新时期思想启蒙开始的标志。真理标准的讨论，摆脱了"两个凡是"的束缚，打破了盲目信奉和服从政治权威的思维定式，重新唤醒了中国人的主体意识。1978 年 12 月 13 日，邓小平发表《解放思想，实事求是，团结一致向前看》的讲话。思想界也在"解放"话语的激发下，开始了对历史和现实的重新书写。不过，令主流意识形态所始料未及的是，理论界的思想解放，没有完全按照官方所希望的路径推进，在一定程度上突破了设定的边界。一部分人从人道主义的角度重新解读马克思，掀起了关于人道主义和异化问题的大讨论。

在思想解放的大背景下，中国教育理论界也表现得异常活跃，其中"关于教育本质问题的讨论"最为典型。教育的本质，是教育学中一个基本理论问题。新中国成立后教育学界公认的提法是：教育是社会的上层建筑，在阶级社会中教育具有阶级性、历史性，是阶级斗争的工具，在社会主义社会中，学校是无产阶级专政的工具。

对于这种高度强调意识形态和政治属性的教育本质观，很多学者提出了不同的意见。由于当时党的工作重心已经从阶级斗争转移到经济建设上来，所以很多学者从教育和生产力之间的关系入手，重新论证和表述教育的本质属性。《中国社会科学》1980 年第 4 期发表了李克敬的文章《关于教育本质讨论的情况》。该文将当时教育本质争论的问题归结为三个：教育是不是意识形态？教育是不是社会的上层建筑？教育是不是无产阶级专政的工具？长期以来，中国社会科学院编辑出版的《中国社会科学》，几乎不发表教育理论的文章，这次也"参与"了"关于教育本质的讨论"，无疑说明这场讨论的意义和影响。中央教育科学研究所的《教育研究》杂志，自创刊后就成为中国教育理论动向的"晴雨表"，该刊在 1980—1982 年间，共发表直接研究教育本质的论文 10 篇。随着教育本质讨论的深入，一些学者开始反思教育工具主义的价值观，从教育和人的关系入手，讨论教育的本质问题，反映了当时盛极一时的人道主义讨论在教育理论上的影响。

客观而言，"关于教育本质的讨论中"涌现出来的大多数所谓"新论"，论证方式仍然以引用、转述思想权威和政治权威关于教育问题的论述或指示为主，对教育自身规律的认识还很不深入，关于高等教育或大学本质的讨论也开展得不够。不过，这次讨论开启了教育界突破理论禁区的先河，对教育界解放思想，重新思考和探索中国教育现代性的内容，起到了重要的促进作用。教育本质问题的讨论得以发动，客观上表明高等学校的学术研究已经获得了一定程度的自由。1982 年 12 月颁布的《中华人民共和国宪法》第四十七条也作出了这样的规定："中华人民共和国公民有进行科学研究、文学艺术创作和其他文化活动的自由。国家对于从事教育、科学、技术、文学、艺术和其他文化事业的公民的有益于人民的创造性工作，给以鼓励和帮助。"

毋庸讳言，改革开放以后学术自由在中国的发展并不十分顺利。最主要的原因在于，学术自由并非植根于中国自身的文化中，而是漂洋过海来到中国的异质文明。一个产生于西方文明沃土的理念和制度，来到东方陌生的人文环境中，它必然会经历水土不服的过程。在全球化过程中，西方现代性中"无视他者"的普适主义价值观和强烈的殖民主义倾向，也非常容易导致一些东方知识分子和精英人士产生强烈的民族主义情绪，并进而对西方自由主义的理念产生怀疑或者忧虑。这种怀疑和忧虑，不仅存在于中国，也存在于所有试图建构现代性的非西方国家中。可以说，晚清时洋务派所棘手的"体"与"用"之间的内在矛盾，在中国现代性的探索过程中一直没有消失，并直接影响着改革开放后中国大学的改革。

十一届三中全会以来，理论界学术界出现了一个非常好的局面，"双百方针"得到了充分的贯彻。但是也不是一点问题都没有的。"左"的思想影响不能说都销声匿迹了。当前，党中央领导多次强调，要认真贯彻"双百"方针，创造一个融洽的舆论环境。我们认为，其中一个十分重要的问题，是要切实保障社会科学理论工作者的学术自由。马克思主义是主张学术自由的。倡导学术自由，绝不是搞什么资产阶级自由化，而是在坚持四项基本原则的前提下，发展社会科学的客观要求。它和创作自由、研究自由、出版自由、言论自由一样，都是社会主义政治民主的表现。[①]

1992年邓小平南巡讲话后，国家教委年度工作要点中从此再没有出现过"反对资产阶级自由化的"的字样。相反，学术自由的原则不断得到法律的确认。1994年1月1日开始实施的《中华人民共和国教师法》第七条第二款规定：教师享有从事科学研究、学术交流，参加专业的学术团体，在学术活动中充分发表意见的权利。1995年9月1日开始实施的《中华人民共和国教育法》第三十二条规定：教师享有法律规定的权利，履行法律规定的义务，忠诚于人民的教育事业。国家保护教师的合法权益，改善教师的工作条件和生活条件，提高教师的社会地位。1999年1月1日开始实施的《中华人民共和国高等教育法》第十条规定：国家依法保障高等学校中的科学研究、文学创作和其他文化活动的自由。在高等学校中从事科学研究、文学艺术创作和其他文化活动，应当遵守法律。

在学术自由理念不断被认同的环境下，中国大学的"学术自由纪录"也在好转。一些有中国经验的海外学者对中国大学学术自由的状况，给予了积极的评价。加拿大籍政治学学者丹尼尔·贝尔教授，2004年被聘为清华大学人文学院哲学系教授，2005年他在接受记者采访时说：我到北京任教之前，已经做好了"忍受政治上限制"的准备。这基于我在新加坡工作时的经验。我原以为新加坡是我学术研究的最佳地方，但是真正到了新加坡之后，发现并非如此。我在新加坡国立大学教书时，原来的系主任被替换掉之后，新主任要看我的阅读书目，并告诉我应该多讲一点社群主义，少讲一点约翰·穆勒（英国19世纪自由主义思想家——引者注）。当我谈论政治上的敏感内容比如马克思的思想时，课堂上就会来一些特别的人。当我引用本国的政治来说明观点时，学生就保持沉默。因此，我的合同期满后没有再续聘就没什么可奇怪的了。而这种情况在北京的教学生涯中从未出现过，清华大学并没有明确指示我应该讲些什么。我提交了一个授课提纲，很快就获得了院方的许可。我给研究生开设"当代政治哲学

---

① 参见编辑部：《实行"双百"方针要保障学术自由》，《求实》1986年第4期。

中的问题"和"战争伦理"课程，学生的课堂发言很精彩，同事们也很友好。我可以和他们讨论任何事情。中国学术刊物的自由程度让人吃惊，刊物虽然没有对领导人的个人攻击，但是对具体政策，比如对限制国内人口流动的户口登记制度就有很严厉的批评。①

对中国高等教育的昨天和今天都比较熟悉的加拿大学者许美德教授也持有同样的观点，她在 2005 年撰文指出："最近的改革使中国大学获得了比 1949 年革命以来的任何时候都更大的自主权。大学自治通常被认为是保护学术自由的重要条件之一，而且毫无疑问，中国的学术自由在最近几年里已经得到极大的改善。"②

中国社会转型是在一个特殊的语境下展开的，中国内在论大学理念的形成也必然受到其影响。尽管大学的学术自由取得了重大进展，甚至形成了全社会的共识。但是制约学术自由的力量仍然很强大，这其中不仅包括政治的因素，还包括文化、体制等其他因素。加拿大学者许美德教授认为："在经济快速转型期，中国政府依然高度强调社会'稳定'，依然对中国的新闻界和出版界施加一定的控制。由于这种原因，中国学者发现要专注于本专业领域的批判研究并不容易，反而学术批判容易流向直接相关的政治和社会领域。因此，中国大学要想取得高度的学术自由还需要长期的和渐进的努力。这不仅仅是中国社会主义制度的特质，而且还因为大学里大多数的知识分子具有高度的社会和政治责任感。"③

改革开放以来，内在论大学理念重新浮现和迅速崛起，在相当程度上是中国高等教育参与全球化的竞争而促成的。在建设世界一流大学和建设高等教育强国战略的驱动下和引领下，新中国成立后曾长期主宰中国大学的革命性话语模式变得更加脆弱，而以学术自由为核心的内在论大学理念再度崛起。

---

① 参见《清华政治学外教：中国学术自由让人吃惊》，《中国青年报》2006 年 6 月 7 日。
② [加] 许美德、查强：《追求世界一流：面对全球化和国际化的中国大学》，林日荣译，《复旦教育论坛》2005 年第 3 期。
③ 同上。

三、复数的大学"功用观"逐步形成

新中国成立后，由于受到苏联教育体制和科研体制的影响，大学的科研职能受到严重的弱化。苏联科技体制的特点是在大学之外建立庞大的科学院系统，一流的研究都在此完成，大学则主要从事专业人才的培养。有学者认为，苏联"十月革命"后教育和科研系统分离的改革，主要是出于政治上的考虑，而不是学术发展的要求。英国科学史专家洛伦·R.格雷厄姆在他的著作中转引了一位苏联学者的看法："革命后初期，第一流的科研人员对苏维埃政权都持有不同情态度，因此，当局害怕他们对苏联青年有坏的影响。因为没有一种办法把老知识分子很快替下来，（怎么可能把一个好的工人党员变成一个国际知名的物理学家呢？）于是一个合乎逻辑的解决办法，就是把大学变成一个遵守社会主义方针的群众机构，而让从事高深学问的研究所单独存在。"[1]

新中国成立初期，我们学习苏联的做法，所有的大学都以教学为主，即便北大、清华这样的重点大学都几乎不搞科研。1956年，苏联模式在一定程度上被突破，国家在制定科学工作12年规划时，开始把大学的科研列入计划，但是仍然居于次要地位。1961年3月，中共中央指示教育部起草《教育部直属高等学校暂行工作条例（草案）》。在讨论条例初稿的过程中，一些人不赞成将科学研究工作独立成章，主张将其与"教学工作"一章合并，对科研的地位和作用压得更低些。经过一番激烈的讨论后，条例保留了初稿中高校科研工作独立成章的做法，但是在措辞上对科研工作有所限制。条例中明确提出："高等学校要以教学为主，克服生产劳动、科学研究和社会活动过多的混乱现象。"[2]

大学科研职能被轻视的现象，在"文化大革命"结束后特别是改革开

---

① [英] 洛伦·R.格雷厄姆：《俄罗斯和苏联科学简史》，复旦大学出版社2000年版，第198—199页。

② 傅颐：《六十年代初"高教六十条"的制定、试行及历史经验》，《中共党史研究》2006年第3期。

放以来发生了重大改变。1977 年 7 月 29 日，邓小平在听取教育部工作汇报时指示："重点大学既是办教育的中心，又是办科研的中心。"1977 年 8 月 8 日，在全国科学和教育座谈会上，邓小平又进一步指出："高等院校，特别是重点高等学校，应该是科研的一个重要方面军，这一点要定下来。它们有这个能力，有这方面的人才。事实上，高等院校过去也承担了不少科研任务。随着高等院校的整顿、学生质量的提高，学校的科研能力会逐步增强，科研任务还要加重。朝这个方向走，我们的科学事业的发展就可以快一些。"[①]

1978 年 10 月发布的《全国重点高等学校暂行工作条例（试行草案）》中明确规定："高等学校是科学研究的一个重要方面军，要逐步增加科学研究的比重，认真搞好科学研究，建设成为既是教学中心，又是科学研究中心，努力为实现四个现代化作出积极贡献。"1985 年 5 月，《中共中央关于科学技术体制改革的决定》提出：高等学校和中国科学院在基础研究和应用研究方面担负着重要任务。各方应当密切合作，人员相互兼职，开展合作研究，联合建立实验室或研究机构。基础研究、应用研究应当同人才的培养密切结合。有条件的高等学校也可以建立一些确有特色的精干的研究机构。1985 年 5 月《中共中央关于教育体制改革的决定》再次指出：

高等学校担负着培养高级专门人才和发展科学技术文化的重大任务。要根据中央关于科学技术体制改革的决定，发挥高等学校学科门类比较齐全，拥有众多教师、研究生和高年级学生的优势，使高等学校在发展科学技术方面作出更大贡献。根据同行评议、择优扶植的原则，有计划地建设一批重点学科。重点学科比较集中的学校，将自然形成既是教育中心，又是科学研究中心。

在大学的科研职能不断被强化的过程中，大学的社会服务职能也开始得到发挥。截至 1985 年，清华大学、北京大学、上海交通大学等单位和生产部门建立了 300 多个教学、科研、生产联合体，签订了 800 项长期科技协议和 7000 多个科研项目，1600 多名教师受聘担任生产部门的技术顾

---

① 《邓小平文选》第二卷，人民出版社 1994 年版，第 53 页。

问。据 85 所院校统计，它们为生产部门培训技术人员近 35 万。天津市提出了"背靠大学、改造天津"的口号，工业系统和高等院校建立了十多个联合体。①

《中共中央关于教育体制改革的决定》（以下简称《决定》）明确提出"教育必须为社会主义建设服务，社会主义建设必须依靠教育"的指导思想，要求大学加强和科研部门、产业部门以及其他社会机构的联系，主动适应经济和社会发展的需要。《决定》还提出，高等学校在执行国家的政策、法令、计划的前提下，有权在计划外接受委托培养学生和招收自费生，有权接受委托或与外单位合作，进行科学研究和技术开发，建立教学、科研、生产联合体，等。为了贯彻《决定》精神，也为了解决教育经费不足的困难，各高校都积极开展各种形式的有偿服务。其形式归纳起来主要有：(1) 举办校办工厂，一方面作为学生实习基地，为教学服务，另一方面也要生产部分产品；(2) 兴办校办企业，结合科研成果，自办或与厂矿企业合办技工贸相结合的企业；(3) 开办科技开发公司、工程公司和设计院，根据学科人才的优势，进行科研成果转让、新技术开发推广，承担外单位设计任务；(4) 开展科技、经济、法律等咨询服务，帮助企业改进生产技术、经营管理等；(5) 开放实验室，利用学校的设备和条件，为社会服务；(6) 经营书籍、报刊、资料出版事业，为社会提供信息服务；(7) 组织教学人员在完成本职工作任务的前提下，到校外兼课兼职。②

大学开展有偿服务，得到了政府部门的鼓励和支持。时任国家教委计划司司长的王显明认为：有偿服务在为社会创造显著经济效益的同时，也扩大了学校的财力，在一定程度上弥补国家教育经费的不足，使学校有可能以自有资金改善办学条件和知识分子的工作、生活条件。③ 但是让教育行政部门始料未及的是，很多大学在指导思想上，并没有真正理解大学的社会服务职能，而是将大学的社会服务单纯理解成"创收"，社会服务没

---

① 参见中国年鉴编辑部：《中国年鉴》，新华出版社 1986 年版，第 512 页。
② 参见王显明等：《关于高校开展有偿社会服务的几个问题》，《中国高等教育》1988 年第 6 期。
③ 参见同上。

有和学校的教学科研工作形成良性的互动。一些学校领导甚至提出"丢掉幻想，准备赚钱"、"拓宽创收领域，为教职工谋福利"等口号。有的学校连工会也出面举办自费的大专班和培训班。过多计划外收费班的出现，不仅影响了正常的教学秩序，也引发了滥发文凭的现象。还有的学校大搞商店、养殖、副产品加工等第三产业，某校化学系的教师竟然利用试验室的冰箱办起了冷饮店。①

1992 年邓小平南巡讲话提出"社会主义也可以搞市场经济"这一新概念后，社会上一度出现了"全民经商"的局面。这次经商大潮对大学的影响，较之 80 年代末的"有偿服务"有过之而无不及。很多大学老师为了赚取外快从事各种兼职工作，辞职或在学校组织下"下海"的大学教师也不在少数。1993 年春天，一则"教授卖馅饼"的新闻不胫而走，引起社会的关注。② 1993 年 3 月，北京大学推倒学校南墙建设"商业一条街"。这一举动引起了社会上的广泛争议，也促使其他大学竞相效仿，一些学校甚至将临街的教学楼和学生宿舍用来出租赚钱。北大的"南墙"，从此已经不再是一所大学建筑物的称谓，而是商业化时代大学"转变观念"的标志性符号。对于北大推倒南墙的举动，有人评论说：不管愿不愿意，象牙塔的概念在这里消失，而素以重学术、重政治著称的北大人将与市场经济结缘。北大告别的不仅仅是一堵围墙，也许还是一个围墙的时代。③

20 世纪 90 年代末开始，中国大学的社会服务职能又有了新的形式，这就是历时达十余年之久的"扩招运动"。1998 年，亚洲开发银行经济学家汤敏以个人的名义给中央写了一封信，建议高校扩大招生，理由主要有两点：第一，扩招是扩大内需的需要，在亚洲金融危机时期，百姓可能不会去购买消费品，但是让孩子上大学肯定会投入的；第二，缓解劳动力市场的竞争压力。在国有企业改制中大批工人下岗，如果高中毕业生再进入劳动力市场，将会引发更大的就业压力。1999 年，在筹备召开改革开放

---

① 参见管培俊：《高校有偿社会服务必须坚持正确的方向》，《中国高等教育》1989 年第 9 期。

② 参见陈国达：《我不赞成教授卖馅饼》，《人民日报》1993 年 3 月 15 日。

③ 参见祁建：《北大为何重树南墙》，《经济日报》2001 年 7 月 13 日。

后第三次全国教育工作会议的过程中，中央政治局常委会集体讨论决定扩
大高校的招生。

"大学扩招运动"，采取的是传统的行政动员机制，因此效果十分显
著。1999 年，普通本专科的招生数就超过上年度的 50%。1998 年，教育
部发布的《面向 21 世纪教育振兴行动计划》中提出，要在 2010 年使高等
教育毛入学率达到 15%。可是仅仅 4 年后，就提前实现了这一目标。一
个 12 年的规划，居然能够提前 8 年实现，大学扩招运动的能量由此可见
一斑（见表 1—3）。

表 1—3：中国高等教育规模扩展情况一览表（1997—2007 年）

（招生数的单位：万）

年度	普通高校数量	普通高校本专科招生数	硕士研究生招生数	博士研究生招生数	高校学生平均规模	毛入学率
1997	1020	100.04	5.08	1.29	3112	9.10%
1998	1022	108.36	5.76	1.50	3335	9.80%
1999	1071	159.68	7.23	1.99	3815	10.5%
2000	1041	220.61	9.87	2.23	5289	11.3%
2001	1225	268.28	13.31	3.21	5870	13.3%
2002	1396	320.50	16.43	3.83	6471	15.0%
2003	1552	382.17	22.02	4.87	7143	17.0%
2004	1731	447.37	27.30	5.33	7704	19.0%
2005	1792	504.60	31.00	5.48	7666	21.0%
2006	1867	546.05	34.20	5.60	8148	22.0%
2007	1908	565.92	36.06	5.80	8571	23.0%

资料来源：中华人民共和国教育部发布的 1997—2007 年全国教育事业发展统计公报。

基于政府行为和经济因素引发的"扩招"，使中国迅速进入美国社会
学家马丁·特罗所描述的高等教育大众化阶段。高等大众化发展在西方国
家发达国家经历了一个较为漫长的发展过程，而在中国只用了短短的几年
时间就实现了，因此高等教育从精英阶段过渡到大众化阶段的各种矛盾在
中国暴露得更加突然、更加充分，其中突出表现为教育经费的紧张，从
1999—2006 年中国大学生人均经费呈逐渐下降的趋势（见表 1—4）。

表 1—4：中国大学生均经费情况一览表（1999—2006 年）

（单位：元）

年份	1999	2000	2001	2002	2003	2004	2005	2006
生均预算内事业费	7201	7309	6816	6177	5772	5552	5375	5868
生均预算内公用经费	2962	2921	2613	2453	2352	2298	2237	2513

资料来源：中华人民共和国教育部《全国教育经费执行情况统计公告》（1999—2006 年）。

　　大规模的扩招，不仅引发了人们对高等教育质量问题的担忧，而且也引发了大学专业教育观念的转变。一个典型的案例就是，2003 年 11 月吉林省教育厅专业设置委员会经过组织专家论证，正式批准长春师范学院开设"二人转"专业，准许其 2004 年正式招生。学院有关领导称："学院已经聘请了一些圈内知名人士为学生授课，同时也殷切期盼能够请到赵本山、高秀敏、何庆魁等业界领军人物来校担任客座教授。"

　　与此同时，象牙塔内货真价实的教授则开始像大众明星一样登场。这其中较为典型的是 2006 年前后被媒体炒得很热的"易中天现象"和"于丹现象"。易中天是厦门大学古典文学专业的教授，因在中央电视台"百家讲坛"栏目发表系列讲座《品三国》而一举成名，成为家喻户晓的"学术明星"，他的作品成为大众流行读物，他的形象和声音屡屡出现在电视等大众媒体上。于丹在 2006 年是北京师范大学的副教授，因在百家讲坛演绎儒家经典《论语》而迅速走红，成为畅销书的作者和大众的偶像。讲学和写作本来是知识分子的基本生活方式，为什么唯独易中天和于丹被称为"现象"？这是因为他们发表的方式颠覆了以往的传统。传统上，教授的职责是研究高深学问，他们大都在"孤寂和自由"的学术社群中实现人生价值，他们的演讲和写作是专业性的、学术性的，他们作品的读者群是特定学术共同体内部的成员。

　　"易中天现象"和"于丹现象"的出现，彻底颠覆了大学教授传统学术生活的模式。他们的出现直白地告知其他的学者，文化资本可以借助大众媒体而转化成经济资本，高深知识不仅是书斋中供少数知识精英享用的奢侈品，也可以通过特定形式的转化成为具有经济价值的大众消费品。对于这种现象，有人认为：教授不待在书斋里思考学问，而是热衷于大众传媒，将学术研究沦为文化"快餐"，是一种学术的堕落。把学术与大众传媒嫁接在一起，必然导致学术被电视等媒介异化的现象，从而导致学术贬值；也有学人认为，文化不是书本里严肃的说教，更应融入并丰富大众的生活，如果不能将精英文化转化为大众文化，知识会在故纸堆里发黄，失去价值。①

"易中天现象"或"于丹现象"，在一定程度上反映了高等教育大众化时代大学职能的变迁。新中国成立前，我们的大学曾经为了摆脱中国文化传统中过于重视实用的取向，大力推崇无功利的象牙塔精神。新中国成立后，我们重拾实用主义的路线，高喊"知识分子劳动化"的口号，让"无知"的白面书生走出书斋与"最有知识"的工农群众相结合，为的是荡涤知识分子心中的象牙塔精神。改革开放后，知识分子又获得了一个相对平静的书桌。然而，在知识不断被商品化的社会环境中，大学教授们也许注定要再一次超越象牙塔，走入社会大众的生活。从 20 世纪 90 年代初"教授卖馅饼"，到如今教授成为"大众学术明星"，都直接反映着社会转型对大学职能的巨大影响。"易中天现象"和"于丹现象"的出现，是大学和社会边界模糊的一种表征，是大学内的知识分子突破传统边界的一种新的尝试，或许也是当代人文知识分子服务社会的一种重要的模式。其实在西方，大学教授和大众媒体之间的联系，早在 20 世纪 30 年代就引起了人们的关注。克劳德·鲍曼在考察了 19 世纪末 20 世纪初美国大众流行杂志关于教授的报道后指出："大众化的杂志，特别是那些发行量很大的杂志，是塑造和重新塑造大学教授的大众形象、信念和态度的重要力量。"②

经过二十多年的争论和实践，大学的社会服务职能已经成为共识和大学办学的基本取向之一。但是我们也应当认识到，中国大学社会服务职能，是在国家财力有限、教育经费严重不足、教师待遇偏低，所谓穷国办

---

① 参见裴毅然：《"易中天现象"：从书斋走向大众》，《人民论坛》2006 年第 11/B 期。
② Claude C. Bowman. The Professor in the Popular Magazines. *The Journal of Higher Education*, Vol.9, No.7（Oct.,1938），pp.351–356.

大教育的背景下提出的，也是在商品经济大潮涌动的社会环境下产生的，因此它带有功利主义和短期行为的色彩。中国大学在职能的扩展中之所以存在这些问题，原因是多方面的。龚放教授的观点是："在讨论我国大学职能的延伸与拓展时，我们不能忽视这样一个重要事实：我国大学由相对单一的人才培养（当时也有科学研究，但比重不大，地位也相当有限），一变而为'教育、科研'两大任务，再而变为'教育、科研、服务'三大职能，是在短短五六年中完成的。这一'接二连三'的演变，跨越了西方国家好几个世纪的历程。人们由于缺乏足够的思想准备与理论思考，或者恪守传统观念，难以接受这样大跨度的变化；或者走向另一极端，未能把握住大学三个职能间的关系以及各自的方寸，自然就难免出现混乱、迷惘与无序的情况。"[1]

客观而言，尽管人们对大学三项职能的认识还不尽一致，实践中也出现了明显的偏差，但是改革开放30年来大学职能观变革的意义不容忽视。正是由于大学确立了"复数的功用观"，才导致了中国大学的快速发展，才使大学从无产阶级斗争的工具变成建设现代国家所必须依靠的重要力量，才使大学从社会的边缘走向了社会的中心，也才使大学中的知识分子重新过上了有尊严的生活。

还需要提出的是，很多学者不满足于现有大学三项职能的提法，提出了所谓大学第四职能的概念。关于大学的第四职能是什么，可谓"仁者见仁，智者见智"。有学者提出，当人类进入以知识经济为主要特征的信息时代，高等学校的社会职能必将随之有新的拓展，"国际合作"将成为21世纪高等学校的第四职能。[2] 有的学者认为，在当前我国社会转型和多种文化并存的环境下，应当积极重视大学的文化功能，将"引领文化"上升到"大学第四职能"的高度来认识。还有很多学者提出"社会改造"和"社会批判"是大学的新职能，等等。

---

[1]　龚放：《在社会变革的大潮中把握自我——兼论我国大学职能的延伸》，《高等教育研究》1990年第1期。

[2]　参见陈昌贵：《国际合作：高等学校的第四职能——简论中国高等教育的国际化》，《高等教育研究》1998年第5期。

改革开放三十多年，和大学发展的历史相比，时间并不漫长，但是中国大学却经受了前所未有的巨大考验。中国大学在传统与现代、恢复与变革交织在一起的社会转型背景下，已经开始走出单一职能的认识误区，通过反思、借鉴、实践等机制逐渐表现出了成熟与自信。

第四节　改革开放以来中国大学理念变革存在的问题与前瞻

改革开放进展到今天，关于大学理念的研究已经成为学术界的一门"显学"，这表明中国大学正在加速进入一个新的制度创新的时代。同时，我们还要理性地看到，中国大学理念在变革过程中还存在着诸多需要进一步解决的问题。这些问题，有些是历史的原因形成的，今天的问题不过是昨天的延续，有些是新近出现的。分析探讨这些问题，不仅有助于我们全面了解昨天的道路，也将有利于我们作出明天的选择。笔者将中国大学理念变革存在的问题概括为如下三种倾向：

一、大学理念供给的"行政化倾向"

由于大学理念对于大学发展有着特殊的作用，中国在引进西方大学制度后不久，大学理念就开始受到国人的关注。民国时期，有关大学理念的讨论主要是民间的行为。那时候，大学校长和大学教授是大学理念供给的主体，他们的话语权举足轻重，国家或政府起的作用则相对较小。由于有自由公共媒体的存在，不被政府喜欢的大学理念也有表达的空间。简言之，当时的大学理念是民间社会特有的产物，其产生的方式是自下而上的，大学理念和大学实践主体基本上是统一的。

新中国成立后，大学理念的转型从一开始就是行政行为。在民间社会被解体和自由媒体消亡的社会环境中，关于大学理念的自由讨论失去了可能。所谓新的大学理念是以自上而下和强制性的方式灌输的，它的政治内涵被夸大，它的统一性被强化。表现在大学理念上的冲突，不是以自由争鸣的方式解决，而是被视为阶级斗争的表现。主流意识形态对大学理念中的"异端"，不是按照所谓人民内部矛盾来处理，而是经常使用阶级斗争的手段。这种手段不仅触及灵魂，有时也触及"皮肉"。很长一段时间里，所谓大学理念的讨论实际上已经变成了对马克思、恩格斯、列宁、斯大林和毛泽东著作的脚注，在"大跃进"和"文化大革命"中，毛主席的著作和指示就是办大学的指导思想，就是大学理念的全部内容。1974年，美国宾夕法尼亚大学专家小组访问中国7所大学所作的记录显示，他们在每一所大学开座谈会时听到的内容都几乎如出一辙。在伟人思想定于一尊的社会，学人已经不敢表达或者根本不会表达自己的思想了。解放后多年来，知识分子根本不需要思考大学的问题，因为已经有人替你思考了，最伟大的高等教育思想家，并不栖身在大学之内，而处于庙堂之上。

改革开放后的三十多年，并非和前三十年毫无联系，从某种程度上说，它也是前三十年的延续。改革开放以后，大学从政治斗争的工具转变为经济建设的工具，其"工具属性"没有改变。历次重大的大学改革，实际上都是经济体制改革和政府机构改革的一个特定组成部分，或者是它们的衍生品。这些改革都是由政府来发动和实施的，大学的唯一选择就是跟进。大学改革的话语权，几乎被国家行政机关所垄断，即便是地方政府，也发不出多少声音来。这种方式产出的"大学理念"，既不是不同利益相关者的"共意"，也不是内部逻辑自然演进的结果，而是自上而下的"制造"出来的。可以说，大学理念供给的行政化倾向，和改革前相比虽然有所淡化，但是没有实质性的改变。

一般而言，大学理念变革的基本模式可以概括如下步骤：

（1）中央有新的精神和政策或党的主要领导人发表了关于教育问题的谈话；

（2）主管教育的中央领导和中央教育行政部门出面解读中央的政策和领导人的指示精神；

（3）中央教育行政部门组织直属高校和省市自治区教育行政部门认真

学习和领会中央精神；

（4）省市自治区教育行政部门向所主管的各高等学校领导传达中央精神；

（5）高等学校领导向学校中层干部转达中央精神；

（6）学院或系的领导组织全体教师学习中央精神，要求教学科研人员按照中央精神来指导自己的工作。

在这个过程中，一些教育报刊和学术期刊，开始向知名教育专家约稿，让他们从理论上论证中央精神。这个话题也立刻成为一段时间内中国高等教育研究的热点和重点，大量的专业研究者将注意力转向了这一领域，全国各级各类教育研究期刊发表大量的相关论文。写文章的人包括中央和地方教育行政部门的官员、中央和地方教育行政部门所属研究机构的人员、大学的领导和学者等。这些文章，几乎如出一辙，论述问题也多采用"某某同志指出"的方法，缺少实证的材料，更缺少个人观点，更不用说提什么不同意见了。在理论宣传论证的同时，教育报刊还会采访一些积极跟进的高等学校，宣传它们从实践层面全面深入贯彻中央精神的成果。

上述行动的预期结果，就是从理论和实践两个层面掀起高等教育思想观念转变的高潮。这一高潮持续的时间不等，长的要几年，短的几个月就过去了。大学理念变革的这种行政主导模式，一个最大特点就是行动迅速，短时间就会造成一种人人都可以感知的舆论环境。一个最大弊端就是，"雷声大雨点小"，"来得猛去得快"，重形式轻内容。

改革开放以来，由于高等学校多少获得了一些自主权，高校自己发动的改革也有许多。不过，这种改革也和教育行政主导的改革一样，也是自上而下的，其模式除了省略了上述某些程序外，其他没有太大的区别。

在改革开放以后，也有人想摆脱这种状况，以自己的话语来表达大学理念。但是，这种尝试经常会遇到来自内外两个方面的阻力。从内在的方面说，阻力主要来源于人们自身的惯习。长期以来，将注释和阐发政治权威大学理念作为论说方式的做法，已经内化成为一种文化心理，难以在短时间内被打破。革命家出身的大学校长朱九思，在晚年时大学理念发生了重大改变，从坚持"外在论"转而信奉"内在论"。关于这种转变，他曾说到："我的教育观转变断断续续经历了二十多年。1992 年邓小平南巡讲话后，我的思想有所改变，但是还没有完全转过来。后来我开始招收高等教育学博士生并为他们上课，在这个过程中思想认识进一步深化，但一直到 2000 年我才提出我的教育观是'学术自由，追求真理'。到那时，我的思想转变才算最终完成。我觉得这个过程很漫长，而且非常不容易。对于一个有着几十年工作经历和几十年党龄的人来说，思想转变是比较困难的事"。①

从外部的方面来说，行政干预是制约大学理念从底部产生的一个重要原因。大学理念绝不是某个人的空想，而是需要有实践作为基础。改革开放以来，中国高等教育经历了"大改革、大发展、大提高"（周远清语），本来应当涌现出一批有独特大学理念的教育家，但是情况却并非如此。武汉大学校长刘道玉的经历，很容易就解释了这个现象的原因。刘道玉在粉碎四人帮后曾经任教育部党组成员、高教司司长，但他不愿意在行政系统当官，而是喜欢在大学里搞改革。他在任武汉大学校长期间，开展了一系列引人注目的改革，武汉大学还因此被誉为"高教界的深圳"。他晚年还心系中国大学改革，为我们留下了一本可以了解 20 世纪 80 年代中国大学改革细节的著作《一个大学校长的自白》。这本书是地道的"刘道玉版的大学理念"，其中有些是实践检验过了的思想，而更多的则是未完成的计划。②

由于受到这种"行政化倾向"的影响，改革开放以来中国大学虽然在规模和层次上得到了很大的发展，但是在理念的创新上，大学作出的贡献极为有限。北京大学哲学系教授韩水法针对这种状况发出了"世上已无蔡元培"的慨叹。中国高教学会会长周远清也对这个问题有清楚的认识，他指出："学校应该有自己的办学理念，不能像过去一样上面说什么就做什么。一个高水平的学校，不但要出人才、出科研成果，也应该出教育思

① 2008 年 11 月 12 日，笔者对朱九思先生进行电话采访，此引用是根据他的回答整理出的。

② 参见刘道玉：《一个大学校长的自白》，长江文艺出版社 2005 年版。

想、教育理念"①

二、处理大学理念内在矛盾的"不争论倾向"

如果说大学理念供给的"行政化倾向"是改革开放前留下的遗产的话，那么"不争论倾向"则是改革开放后出现的新生事物。在以往中国现代性发育的百多年间，每一次重大的变革，都伴随着不同理念的激烈纷争。比如，晚清"洋务派"和"顽固派"的本末之争；20世纪30年代的"科学教育"和"玄学教育"之争；30年代的"全盘西化论"和"中国本位文化论"之争；40年代的"自由主义向何处去"之争；50年代的美国大学模式和苏联大学模式之争；50年代末开始的大学的学术性模式和大学的革命性模式之争，等等。引发这些纷争的原因很多，有认知的，有情感的，也有利益的。上述纷争有些不是直接关于大学理念的，但是它们都隐含着大学理念的内容或对其变革产生了重要的影响。

新中国成立以后，思想改造、反右、"文化大革命"等历次政治运动，体现在教育领域，一定程度上可以理解为大学理念之争。这些纷争主要表现为西方自由主义的大学观和东方新权威主义大学观的争论、学术性大学模式和革命性大学模式的争论。由于新社会是一个全能型的社会，民间社会几乎不复存在，知识分子必须选择体制化的生存方式，因此自由主义和权威主义、学术性模式和革命性模式的争论，实际上处在一个极为不平等的地位。具有自由精神的北大老校长马寅初，在20世纪50年代末发起的对他新人口理论的批判中就声称"明知寡不敌众"。可以说，50年代后的争论其实并非是以理服人的自由讨论，而是以力服人的政治批判。

稍加分析，我们就不难发现，百年来中国大学理念所发生的纷争并非断裂的，而是连续的，每次纷争其实都是西方自由主义价值观和中国权威主义价值观（其中既包括儒家传统也包括社会主义传统）的冲突。这些冲

---

① 周远清:《在"促进人文教育与科学教育的融合高级研讨班"上的讲话》,《中国高教研究》2002 年第 6 期。

突是文化高度发达的传统社会，在向现代转型的过程中一般都会遇到的，有其历史必然性。

新中国成立后，党和国家为了人民群众过上好日子在国际上赶超对手，积极致力于经济发展。但是，在现代化的生产条件下，社会经济的发展必然要实现工业化和引进现代技术，而工业化和现代科学技术又要求有一套相应的现代价值观和制度体系，而这些与社会主义特有的重视革命热情、自上而下的动员方式和全面的社会控制是不相容的。正是因为如此，中国在社会主义建设阶段长期面临着这样一个两难选择，即选择政治上的乌托邦革命目标还是选择经济发展的实用主义目标。

改革开放前，大学的革命理想始终占有绝对的优势，并在一段时间大获全胜。但是，革命理想指导下编织出来的乌托邦大学神话，终究不能长久地掩盖学术落后的严酷现实。改革开放以后，由于政治体制的连续性，革命理想作为社会主义的一面旗帜还需要高举。同时为了满足现代化建设的需要，被革命理想扼杀掉的大学学术精神也要让它复活。

历史总是相似的，大学理念的内在矛盾在改革开放后再度凸显出来。为了坚持革命理想，大学需要有统一的意志、统一的思想、统一的行动，需要对大学实行社会控制和依据政治标准评价大学。为了实现大学的学术使命，大学则需要有自由的意志、自由的思想、自由的行动，需要给大学自治的权力，依据学术标准评价大学。如此，怎样处理革命理想的"统一性"和学术发展的"自由性"这对内在矛盾，就又一次成为摆在改革者面前"烫手的山芋"。关于大学理念的讨论，在特有的社会条件下很容易和"姓资姓社"这类敏感的政治问题联系在一起。在主流观点看来，如果让"姓社"的观点占领阵地，则改革必然陷入停顿；如果让"姓资"的观点占上风，则社会主义的理想就有被颠覆的危险。

可见，处理这块"烫手的山芋"需要高度的智慧和勇气。改革开放总设计师邓小平，没有像以往的改革者一样，或者对两种有着内在矛盾的价值观进行简单的调和或者在左右进行摇摆，而是采取了"不争论"的策略。邓小平提出了"黑猫白猫，抓住耗子就是好猫"的观点。1984年，邓小平在谈论如何处理和外国共产主义政党的关系时提出："对他们的理论、思想观点，我们国内不替他们宣传，他们自己宣传什么、主张什么，我们不做评论，不同他们争论，更不能像过去那样公开地批评他们。是对是错，由他们自己去判断。"① 1992 年，邓小平在南巡讲话中再一次提到："不搞争论，是我的一个发明。不争论，是为了争取时间干。一争论就复杂了，把时间都争掉了，什么也干不成，不争论，大胆地试，大胆地闯。农村改革是如此，城市改革也应如此。"②

邓小平的"不争论"策略，不仅在经济改革中奏效，而且在高等教育体制改革和制度创新中，也发挥了重要的作用。"不争论"的策略有效地悬置了大学的革命理想和学术发展之间的矛盾，有效地整合了内外两种大学理念背后的利益主体，从而在中国高等教育界引发了一场"静悄悄的革命"。今天的大学不用说和"四人帮"刚刚粉碎时候的大学相比，就是和拨乱反正后的大学相比，也不可同日而语了。这种转变之所以能够实现，在某种程度上得益于改革者特有的"不争论"策略。李岚清主持中国高等教育体制改革的过程中，也同样采取了"不争论"的策略。为何这样做，他是这样解释的："任何时期你的成就再大，也都有历史的局限，不能学事后诸葛亮，我们今天的改革，大家认为是正确的，甚至是很有前瞻性的，但是多少年后，用那时的标准看今天的改革，也许会认为是难以理解的古董了。但是你能否定今天的改革成果吗？所以，不必要的争论不但对推进改革无益，反而会影响改革的进程。"③

"对过去的工作，特别是 20 世纪 50 年代初期参照苏联高校模式进行院系调整的评价，我强调：一言以蔽之，成就很大！但是，成就再大也还是要改革。改革并不意味着我们过去都搞得不好，更不是都搞得不对。当时有当时的条件和历史情况，在那种情况下取得这些成绩是很不容易的，也是绝不能抹杀的。在这方面无须争论，大家都向前看"。④

中国大学改革已经走过了近三十年的历程，由于不争论而悬置的问

---

① 冷溶：《邓小平年谱：1975—1997》（上），中央文献出版社 2004 年版，第 279 页。

② 《邓小平文选》第三卷，人民出版社 1993 年版，第 374 页。

③ 《李岚清教育访谈录》，人民教育出版社 2003 年版，第 472 页。

④ 同上书，第 26 页。

题有些随着环境的变化而消失了，但相当多的留存了下来，还有一些问题因为暂时的休眠而积聚了更大的能量。对于中国高等教育改革发展的评价，目前就存在着两种截然对立的观点。北京大学教授韩水法在接受《大学周刊》记者采访时曾发出这样的疑问："对于中国大学制度改革，我们清楚我们的目的和原则吗？"今天，对于中国大学发展中的体制性和制度性障碍，我们在讨论中到底是"争论"，还是"不争论"，重新成为了一个问题。

中国大学制度变革中一个敏感的问题就是学校中党的领导问题。《高等教育法》已经明确规定高等学校的领导体制是党委领导下的校长负责制。在高校办学的具体实践中，党委体制和校长负责之间常常会发生体制上的不顺，大学的行政成本也因此居高不下。如今，我们提出要建设世界一流大学，要建立现代大学制度，那么这一体制要不要改？如何改？此外，还有一些大家也较为关注的问题，比如，大学的自主权究竟应该包括哪些？权力应该有多大？《高等教育法》中规定的自主权是否够用？是否真正落实了？大学教师的学术自由究竟应该包括哪些内容？中国大学教师是否真正享有学术自由了？一个研究政治学的教师批评中国的政治制度，一个研究社会学的教师批评中国社会的体制，这究竟属于正常的学术自由还是属于自由化的违法行为？对待这些问题，如果我们还停留在摸着石头过河的探索阶段，如果还继续使用不争论的鸵鸟政策来解决分歧，如果还采取就事论事的原则来处理，那么中国大学立于世界一流大学之林的理想只能是梦想。

三、大学理念研究的"单一现代性倾向"

现有研究讨论大学理念的文本基本上可以分成两大类型：一类属于工作报告的性质，其实践指向明显，著者基本上是教育行政部门的官员或大学的领导；另一类是学术性的论文，著者主要是学者。前者带有行政指导或指令性的味道，在一定程度上可以左右大学改革；后者则关注学理性的研究。学术界对大学理念的讨论，大约开始于 1997 年前后。笔者利用中

国知识资源总库——CNKI 系列数据库对题名中包含"大学理念"的论文
进行查询，发现 1997 年以来共有论文 402 篇,1997 年以前没有（见表 1—
5）。笔者认为，1997 年之前并非没有大学理念的讨论，只不过是以其他
名义出现的，比如"高等教育思想"、"高等教育观念"等。笔者同时还
对题名中包含"高等教育思想"的论文进行查询，发现全部论文 240 篇,
而 1997 年以后共有论文 204 篇（见表 1—6）。

通过表 1—5 和表 1—6 中的数据，我们可以发现，10 年来国内关于
大学理念的讨论持续升温。1997—1999 年，"大学理念"的论文只有 7 篇,
"高等教育思想"的论文高达 56 篇。而在 2006—2008 年，"大学理念"的
论文已经达到 166 篇，而"高等教育思想"的论文只有 52 篇。在学术研
究和实际工作中，"大学理念"这一措辞，有逐渐取代"高等教育思想"
这种经典表达的趋势。

表 1—5：题名包含"大学理念"的论文数量和内容分类

年代（数量）类型	回顾民国	借鉴西方	理论探讨	实践工作	书评
1997 年（2 篇）		1	1		
1998 年（0 篇）					
1999 年（5 篇）		2	2	1	
2000 年（13 篇）	2	5	5	1	
2001 年（17 篇）	2	3	7	5	
2002 年（22 篇）	2	8	6	5	1
2003 年（40 篇）	4	12	17	6	1
2004 年（62 篇）	2	21	17	9	13
2005 年（75 篇）	10	25	21	13	6
2006 年（66 篇）	9	18	25	12	2
2007 年（70 篇）	16	17	27	10	
2008 年（30 篇）	6	14	6	4	
总计（402 篇）	53	125	135	66	23

资料来源：根据中国知识资源总库——CNKI 系列数据库资料整理。查询主题词为"大学理念"，
查询方式为精确查询，查询时间为 2008 年 11 月 22 日。

表1—6：题名包含"高等教育思想"的论文数量和内容分类

年代（数量）类型	回顾民国	借鉴西方	理论探讨	实践工作	书评
1997 年（4 篇）	1	3			
1998 年（34 篇）	2	1	13	17	1
1999 年（28 篇）	2	3	15	8	
2000 年（16 篇）	1	1	7	6	1
2001 年（14 篇）	5	1	1	7	
2002 年（6 篇）			2	3	1
2003 年（17 篇）	2	5	5	5	
2004 年（17 篇）	4	5	2	6	
2005 年（16 篇）	6	4	1	5	
2006 年（18 篇）	8	2	2	6	
2007 年（21 篇）	8	9	1	3	
2008 年（13 篇）	4	2	2	4	1
总计（204 篇）	43	36	51	70	4

资料来源：根据中国知识资源总库——CNKI系列数据库资料整理。查询主题词为"高等教育思想"，查询方式为精确查，询查询时间为2008年11月22日。

从表1—5和表1—6中还可以看出，直接研究民国和西方大学理念的论文数量就几乎占据了半壁江山。其实很多理论研究的论文，也是从"回顾"和"西望"中寻找依据的。如果将这部分论文计算在内，则所占比例还要高很多。从客观而言，关注民国大学的理念和借鉴西方的大学理念，对我们找回失落已久的内在论大学理念，具有"启蒙"的意义。但是用上述两种方式生产出来的"大学理念"，其理论前提是将大学理念看成起源于西方的具有永久价值和普遍意义的客观知识，因而陷入了单一现代性的窠臼。

所谓单一现代性，就是认为现代性只有一种模式，将现代化看成是"一个朝向欧美型的社会、经济和政治系统演变的过程"①。20世纪90年代东欧剧变和苏联解体后，西方学者弗兰西斯·福山系统阐释了他的"历史终结论"的观点。他认为20世纪80年代世界上发生的一系列重要政治事

① [以] 艾森斯塔特：《现代化：抗拒与变迁》，华夏出版社1988年版，第45页。

件并不仅仅是冷战的结束，更是历史自身的终结，历史的演进过程已走向完成，西方的"自由"、"民主"制度是"人类政治的最佳选择"，并即将成为"全人类的制度"。可见，单一现代性思维在 20 世纪 90 年代后，并没有因为世界多极化时代的到来而消失。

近年来，在国内关于大学理念的热烈讨论中，树立"现代大学理念"的呼声不绝于耳，现代大学理念似乎成了中国高等教育最稀缺的资源。如前所述，所谓现代大学理念，无论从其内容来看还是从其价值观来看，无疑都是 19 世纪后西方科学知识观和大学职能观的翻版。在全球化话语权得到张扬的社会背景下，现代大学理念等同于西方大学理念的单一现代性思维模式几乎无人提出质疑，引进西方大学理念和大学制度也就顺理成章地被认为是中国大学发展的终南捷径。大学理念生产中的"他律"，已经成为了一种社会文化心理模式，无时不在消解中国人自己的大学精神和创造才能。

西方大学理念虽然标榜自由和中立，但是其西方中心主义特征十分突出，其价值倾向十分明显。近年来备受国内学者关注的西方古典大学理念代表人物纽曼就是一个坚持种族中心主义价值观的代表。他说："我并不否认例如中国的文明，尽管它不是我们的文明，但它是巨大、稳定、缺乏吸引力的郁闷的文明。其他种族的每一种文明，都是他们自己的文明，其中许多是暂时性的；它们当中没有一个能够与我描述的配得上那种名称的社会和文明相比较。"[1]

19 世纪中期以来，西方大学理念以"普遍主体"自居，积极谋求为非西方文明国家的大学"立法"。随着现代性的全球化流动，这种尝试获得了成功。在西方文化霸权泛滥的时代，非西方文明国家大学理念的现代化也就意味着远离"狭隘性"、"特殊性"和"地方性"，迈向所谓的"普遍性"。简言之，后发外生型国家大学理念现代化，被简单地理解成为了"西化"。

---

[1] [英] 约翰·亨利·纽曼：《大学的理念》，贵州教育出版社 2003 年版，第 348—368 页。

事实上，非西方国家大学盲目地沿着这条似乎是约定俗成的现代化路径前进，是十分危险的举动。法国社会学家布迪厄所提出的"文化资本"理论认为，教育制度是分配和确定社会特权的工具。根据他这种观点，我们很容易就会意识到欧美大学理念普遍主义的背后隐藏着输出意识形态的目的，非西方国家无原则地与世界接轨必然导致自我的丧失，以西方大学的标准为唯一的尺度，大学理念与制度的建设只能紧跟西方亦步亦趋，这必定导致非西方国家的大学始终处于边缘地带。①

其实，在西方学术界，也有许多人反对单一现代性的思维模式。譬如以色列社会学家 S.N. 艾森斯塔特，就提出了一种复数的现代性理论，即"多元现代性"（Multiple Modernities）。多元现代性理论放弃了单一现代性的西方中心主义取向，认为欧美国家的现代性只是现代性的一种方案。艾森斯塔特指出："多元现代性就是这样一种观点，一方面强调现代性作为一种独特文明的特殊性，一方面强调其中具体制度和文化模式的巨大可变性和易变性。"②

在中国的特殊语境下，现代性的建构需要与世界主义相联系，而建立现代民族国家又需要民族主义，两者存在一个普遍主义和特殊主义的巨大张力。这种张力，自中国遭遇现代性问题之后就一直牵动着中国发展的神经。时至今日，现代性在中国仍然是一个"没有完成的设计"和"尚在继续的话题"。如何处理中国现代性发育中存在的普遍主义与特殊主义的矛盾关系，成为近年来华人学者关注的问题。香港中文大学金耀基教授指出："中国'化'为'现代'的道路，并没有任意或太多选择的余地，但却绝不是没有创造的空间。中国或东亚人（也包括一切非西方的人）在经济、政治、文化现代化的过程中，应该自觉地调整并扩大现代化的'目标视域'，在模仿或借鉴西方的现代模式的同时，不应不加批判地以西方现代模式作为新文明的标准。中国建构新的现代文明秩序的过程中，一方面不止是拥抱西方启蒙的价值，也应该是对它的批判；另一方面，不只是中

---

① 参见朴雪涛：《大学理念及其变革》，《高等教育》（人大复印资料）2002 年第 1 期。

② ［以］艾森斯塔特：《反思现代性》，三联书店 2006 年版，"中译本前言"。

国旧的传统文明秩序的解构，也应该是它的重构。中国新文明是'现代的'，也是'中国的'"①

多元现代性的观点，近年来也在中国大学理念的讨论中得到了体现。香港大学亚洲研究中心甘阳教授近年来一再呼吁中国学人要做"文化自强者"，要树立"华人自己的大学理念"。他说："中国大学的使命是要坚持中国人在思想、学术、文化、教育上的独立自主，而不是成为西方大学的附庸藩属。"② 中国高教学会会长周远清在 2007 年高等教育国际论坛上发表演讲指出：中国大学文化建设的首要任务是"提高中国高等教育的文化自觉"③。

作为一个独特的文化机构，大学已经成为全球文化和本土文化冲突的主要战场。在这种情况下，中国大学需要扮演双重角色，以弥合本土认知和全球认知之间的分裂。一方面，我们需要继承与珍重中国文化传统中特有的大学精神；另一方面也需要汲取世界其他文化体系中的大学理念。我们必须承认，大学理念具有某种程度的可通约性，可以超越时空边界而成为一种普遍意义的价值观。值得我们注意的是，大学理念更是时代精神浸润的结果，它是文明多样性存在和发展的集中反映。改革开放以来，中国社会转型模式的独特价值越来越被世界所认同，反映中国独特现代性的"北京共识"也悄然出现。因此，我们更要重视本土性、地方性大学理念的总结，并在大学理念讨论中强化对话的意识和能力，以更加开放和更加自信的方式探索具有中国特色的大学理念。

总之，中国改革开放后社会转型所形成的特殊现代性，导致中国大学理念在变革过程中明显地表现出了上述三种倾向：行政化倾向，反映的是大学理念供给的国家与民间社会的关系；不争论倾向，反映的是"政治论"和"认识论"两种大学理念的关系；单一现代性倾向，则反映的是大

---

① 金耀基：《中国现代的文明秩序的重建：论中国的"现代化"与"现代性"》，《信报：财经月刊》1996 年第 226 期。

② 甘阳：《华人大学理念与北大改革》，《21 世纪经济报道》2003 年 7 月 3 日。

③ 参见周远清：《和谐文化建设与中国高等教育——在 2007 年高等教育国际论坛上的讲话》，《辽宁教育研究》2007 年第 10 期。

学理念变革中的本土文明和域外文明的关系。我们不应该对这三种倾向作简单的褒贬，因为它们是历史和现实交互作用的产物，有其存在的必然性。实践也证明，行政化倾向的动员方式、不争论倾向的现实主义态度和单一现代性倾向的普适主义追求，对 30 年来中国大学理念和大制度的创新都产生了一些积极的影响。但是需要我们注意的是，中国大学在新的社会发展背景下迫切需要建立新的改革共识，而新的改革共识的建立集中地表现为大学理念的再造。基于此，我们必须充分认识到上述三种倾向的历史局限性，在大学理念的供给上必须充分发挥民间主体的作用，对大学理念的内在矛盾要坚持正确面对和积极讨论的态度，在不同的大学文明间建立对话机制。只有这样，中国大学理念才可能名副其实地成为新的改革共识，在建设高等教育强国的过程中发挥其应有的作用。

第二章
中心化与去中心化：中国大学外部双重治理模式的形成

随着大学从象牙塔走向十字街，大学自治的传统不断受到颠覆，政府介入和社会参与逐渐成为大学治理的重要内容，大学治理也因之分化为内部治理和外部治理两种方式。改革开放以来中国大学外部治理的基本方向是去中心化。在垂直的结构上中央政府将管理大学的部分权力下移给省级政府；在水平的结构上政府将部分权力转交给大学和其他社会组织。转型时期中国大学外部治理结构在去中心化的整体发展趋势下，中央的权威并没有受到动摇，政府的权力也没有因此削弱，而是出现了"分权模式"与"集权模式"同在的奇特现象，形成了中国大学独有的外部双重治理模式。双重治理模式是社会转型期中国大学制度的一个特色，它在发挥国家宏观指导作用和地方能动性的同时，也使中国大学在价值取向和服务面向上处于两难的境地。本章将系统归纳和分析中国大学外部双重治理模式形成的原因、过程和未来变革的方向。

第一节　大学外部治理两种关系模式

"治理"（Governance）一词原意是"控制、引导和操纵"，它曾长期和"统治"（Governing）一词交替使用。20 世纪 90 年代以后，西方学者对"治理"进行了新的界定，其内涵发生了重大变化，并成为社会科学研究中的一个十分重要的概念。和传统的"统治"不同的是：治理不再是监督，而是合同包工；不再是中央集权而是权力分散；不再是由国家进行再分配，而是国家只负责管理；不再是行政部门的管理，而是根据市场原则的管理，不再是国家指导，而是由国家和私营部门合作。① 在市场这只"看不见的手"和政府这只"看得见的手"都有可能失灵的现代社会结构中，治理的功能逐渐受到重视。有学者认为："从现代的公司到大学以及基层的社区，如果要高效而有秩序地运行，可以没有政府的统治，但却不能没有治理。"② 虽然治理理论影响很大，但是对治理的理解也相当的模糊。有时治理被看成是一种活动，有时被看成管理机构的设置，有时又相当于政府或公共部门的自我管理。索杰普认为，"治理"的内涵可以用三个词来解读：第一，用"government"来表示负有治理之责的机构，用"governing"表示治理行为，用"governance"表示治理的方式和方法。③

现代大学的外部治理结构，是关于政府和社会力量如何参与大学管理的制度安排。治理理论主张公共事务的管理权限要从传统的政府垄断中解脱出来，形成一种社会各界共同治理的局面。因此，现代大学外部治理结构改革的关键在于"去中心化"，改变政府对大学的控制，建立多元治理的格局。④ 无论从大学治理的一般特征来看，还是从中国改革开放以来大学制度变革的实际内容看，大学外部治理都主要反映着如下两种权力关系：一是中央和地方的关系，二是大学和政府的关系。前者体现的是大学外部治理的权力在垂直结构中的配置问题，后者则体现的是大学外部治理权力在水平结构中的分割。

---

① 参见 [瑞士] 弗拉索瓦-格扎维尔·梅理安：《治理问题与现代福利国家》，《国际社会科学》（中文版）1992 年第 2 期。

② 俞可平：《作为一种新政治分析框架的治理和善治》，《公共行政管理科学》2001 年第 5 期。

③ 参见张璋：《政府治理工具的选择与创新——新公共管理理论的主张及启示》，《新视野》2001 年第 5 期。

④ 参见潘海生、张宇：《利益相关者与现代大学治理结构的构建》，《教育评论》2007 年第 1 期。

一、垂直结构的大学外部治理：中心化模式与去中心化模式

现代国家体制一般包括单一制和联邦制两种类型。单一制国家地方的权力来自中央的授予，地方政府的地位类似于中央的派出机构；联邦制国家则不同，中央的权力是地方各成员让渡出来的。实际上，无论单一制还是联邦制的国家都存在中央与地方的关系问题，只不过权力分割的程度、形式和内容有所不同。

一般而言，单一制国家的高等教育行政权力大都呈现"中心化"（Centralization）或集权的特点，联邦制国家则表现出高等教育行政权力"去中心化"（Decentralization）或分权的特点。这里之所以用中心化和去中心化来描述大学外部治理的特征，而没有采用通常所说的集权与分权，主要的目的是想强调大学外部治理结构变革所呈现出的动态过程和发展趋势。所谓中心化或曰集权，从垂直结构这一维度上看，它指的是大学的管理权集中在政府体系中层次较高的部门（主要是中央政府），地方政府没有或缺少管理大学的权力，地方政府只是作为中央政府的执行机构和附属机构而存在；所谓去中心化或曰分权，在垂直结构上就是中央政府将大学管理权力正式转让给行政管理和行政区域中的下级行动参与者和机构的正式行为。

如前所述，大学外部治理结构首先表现为政府间的权力关系，或者说表现在高等教育行政权力的纵向分割上。迄今为止，大学外部治理在纵向维度上存在如下三种典型模式：（1）中央集权模式。这种模式下高等教育活动的管理决策权力集中在中央政府的高等教育行政机构和其他相关机构，中央政府通过计划、命令、法律、拨款、监督等手段直接调节高等教育活动，高等教育资源分配由国家政府按计划分配。[1]（2）地方分权模式。这种模式下高校的管理和决策权力不在中央政府，而在地方政府及其他集团手中，各种分散力量按照自己的意愿支配着高等教育的运行，高等教育

---

[1]　参见陈学飞：《美国、日本、德国、法国高等教育管理体制改革研究》，教育科学出版社1995年版，第159页。

活动呈现出显著的市场调节性。① (3) 复合型模式。这种模式是集权模式和分权模式的中间类型，高等教育管理权力部分属于中央政府，部分属于其他组织和利益集团。

从大学外部治理的具体实践看，单一制国家在高等教育行政上也有中央和地方分权的需要和可能，联邦制国家的中央政府也掌握着一定的高等教育行政的权力，因此外部治理大多表现为一种复合型的模式。由于文化传统和国家制度不同，中央和地方高等教育行政分权的形式也多种多样。一般包括如下三种类型：见表 2—1。

表 2—1：中央与地方高等教育分权的三种类型

类型	政治性分权	行政性分权	行政权转让
基本含义	中央高等教育行政同不存在优劣关系的地方高等教育行政之间的权限分离	中央高等教育行政同存在优劣关系的地方高等教育行政之间的权限分离	向从属于中央高等教育行政的地方高等教育行政转让部分权力
地方高等教育行政权力的基础	宪法	中央当局	中央当局
地方与中央当局的关系	对等	地方政府有时从属于中央当局	地方政府完全从属于中央当局
地方高等教育的财政来源	财政自主	有部分自主权	依靠中央财政
地方行政机构的地位	对中央当局而言是独立的政体	一定程度的自主权，是中央政府的创造物	没有自主权，是中央政府的派生机构

一般而言，单一制国家体制中的高等教育分权主要属于行政权的转让，地方政府被赋权的目的主要是代替中央政府履行一定的高等教育责任，提高高等教育行政的效率，地方权力存在着不确定性，完全取决于中央高等教育行政的意愿；联邦制国家体制下的高等教育分权主要是政治性

---

① 参见陈学飞：《美国、日本、德国、法国高等教育管理体制改革研究》，教育科学出版社 1995 年版，第 1 页。

分权，地方高等教育行政具有宪法赋予的自主管理高等教育的权力。

二、水平结构的大学外部治理：控制模式与监督模式

大学最初的形式是一群师生模仿中世纪流行的行会（Guilds）的组织形式而自愿组成的自治团体，因此早期的大学都具有自治权力。民族国家出现以后，大学自治的权力受到一定程度的限制。19世纪开始，欧美出现了大量的公立大学，其经费主要来自于公共财政，其使命主要是满足国家发展战略。此后，大学的治理主体逐渐发生了变化，大学的利益相关者不仅是教师和学生了，而是呈现出多元化的状态，其中政府的地位越来越重要了。由于大学本质上属于学者社团，它和政府机构在价值取向、组织结构、运行机制以及社会功能等方面存在很大的差别，也由于大学自治的传统不可能被彻底地颠覆，大学和政府之间的权力关系也就成为大学外部治理结构最为重要的内容之一。大学和政府的权力关系，和中央政府与地方政府的权力关系不同，它反映的是两个不同性质和结构的组织之间的关系，体现的是大学外部治理的水平结构模式。

由于文化传统和政治体制的差异，不同国家政府和大学的权力关系模式也存在很大的区别。西方高等教育专家尼夫和范富格特根据政府卷入高等教育的实际程度，将大学外部治理区分为政府控制模式和政府监督模式两种主要的类型。政府控制模式具有如下四个基本特征：（1）自上而下。政府是一个非常重要的社会行动者。政府行使巨大的权力，高等教育仅仅是响应国家的权力所强加的由政府引起的政策创新。（2）政府把高等教育看成一项同质的事业，不承认高等教育的松散结构和多维的性质。（3）全方位控制。政府试图控制高等教育系统动力的一切方面：入学机会、课程学位要求、考试制度、教学人员的聘任和报酬。（4）直接干预。政府直接影响高校的投入、生产和产出过程。[①] 和政府控制模式相反，政府监督模

---

① 参见［荷］弗兰斯·F.范福格特主编：《国际高等教育政策比较研究》，王承绪等译，浙江教育出版社2001年版，第414页。

式具有以下四个特征：（1）自下而上。高等教育的重心落在高校自治和更多地放在竞争的市场上，而较少落在国家立法的权力的控制机制上。政府的政策跟随而不是领导系科、学部或院校层次发动的变革。（2）异质性。这个模式承认高等教育的松散结合和多维性质。（3）微弱的有限度的控制。政府认可高等教育为那些具有正式资格进入高等教育的人提供机会的作用，但并不实际指挥高等教育的核心工作，如参与的模式、课程、学位、人员的吸收、内部的管理、学术计划的开发。（4）间接调节。政府提出高等教育运作的宽阔的参数，但是有关使命和目标的基本决策仍是高教系统自身及各院校的基本职权。[①]

综上所述，大学外部治理的关键是不同主体的权力归属和配置问题。从垂直结构看，大学外部治理反映的是中央政府和地方政府的权力关系，权力格局包括中心化与去中心化两种基本模式；从水平结构看，大学外部治理反映的是政府和大学的权力关系，使用权力的形式包括控制模式和监督模式两种主要类型。

第二节　改革开放前中国大学外部治理结构的基本特征

新中国成立后，通过一系列的社会主义改造运动，中国的民间社会被解体，私立大学全部被转为公办。政府实际上变成了既是大学的举办者，也是大学办学者和直接管理者。这种情况下，中国大学外部治理结构实际上仅仅反映的是政府上下级和平级机构间的关系，参与大学治理的政府部门在内部构成了一个封闭的大学外部治理结构。改革开放前大学外部治理结构的基本特征如下：

---

① 参见杨明：《从政府控制模式到政府监督模式——中国高等教育政府管理模式的现代性转换》，《教育科学》2003 年第 5 期。

一、在垂直结构向度：大学外部治理在中心化与去中心化之间反复摇摆

从中华人民共和国成立到改革开放前的 30 年时间里，大学外部治理结构经历了数度中心化与去中心化的反复。我们可以大致将这 30 年的变革分为如下四个时期：

（一）1949—1958 年：大学外部治理结构中心化的阶段

1949—1958 年，是新中国成立后借鉴苏联社会主义模式实施一系列政治、经济、文化教育体制改造的重要时期。为了实施优先发展重工业的战略，国家采取限制和取消市场机制的手段，通过强有力的行政权力运作，将有限的资源集中起来完成工业化的目标。与此相适应，中央的行政权力迅速膨胀，1953 年年底政务院的部门由新中国成立初的 35 个增加到 42 个，到"一五"末期，国务院的部门达到 81 个。这些部门均对各自管辖的事务实行垂直领导，建构了"条条专政"的行政管理模式。由于行政集权是这段时间里中央和地方关系的主要特征，因此大学外部治理也呈现出明显的中心化倾向。新中国高等教育改革的设计和领导者之一马叙伦指出："我们的高等教育应该随着国家建设的逐渐走上轨道，逐步走向计划化。……我们要逐步实现统一和集中的领导。中央人民政府教育部对全国公立的高等学校，在方针、制度设置、计划、负责人任免、课程教材和教学方法等方面，都应该负有领导责任。"[①]

从治理机构上看，为了加强中央政府对大学的管理，陆续成立了中央和省市两级教育行政机关。1949 年 10 月成立政务院文化教育委员会；1949 年 11 月，根据《中央人民政府组织法》，中央成立了教育部，下设高等教育司和高等教育委员会；1950 年 1 月，省、市、自治区人民政府设置文教厅、局或处；1952 年在院系调整的高潮中，中央人民政府决定将高等教育管理职能从教育部中分离出来，设立高等教育部（简称"高教

---

① 马叙伦：《五年来新中国的高等教育》，《人民教育》1954 年第 1 期。

部")。下设办公厅、综合大学教育司、工业教育第一司、工业教育第二司、农林卫生教育司、中等技术教育司、留学生管理司、教学指导司、计划财务司、学校人事司、政治教育处、基本建设处、学生实习指导委员会、翻译室、俄文教学指导委员会等机构；1954年9月，省人民委员会设立文教办公室；1956年4月，省、市、自治区下设高等教育局。

在加强行政机构建设的同时，中央人民政府陆续出台了一系列大学管理的制度。1951年5月5日和7月28日分别颁布了《各大行政区高等学校管理暂行办法》和《政务院关于高等学校领导关系的决定》，两个文件都确定中央人民政府对国立大学实行统一领导，强调"全国高等学校以由中央人民政府统一领导为原则"，"中央人民政府教育部对全国高等学校（军事学校除外）均负有领导的责任，各大行政区人民政府或军政委员会教育部或文教部有根据中央统一的方针政策，领导本区高等学校的责任。"

1953年10月，中央人民政府政务院颁布《关于修订高等学校领导关系的决定》，主要的目的在于上收管理权。该《决定》中指出：为使高等教育密切联系实际，有计划地培养各类高级建设人才，以适应国家大规模经济建设的需要，中央人民政府高等教育部必须与中央人民政府各有关部门密切配合，有步骤地对全国高等学校实行统一与集中领导。《关于修订高等学校领导关系的决定》在总体上进一步体现中心化的改革思路，同时也根据实际情况，在一定程度上实行了分级和分类管理。具体管理的分工如下：

第一，综合性大学由中央高等教育部直接管理。第二，与几个业务部门有关的多科性高等学校由中央高等教育部直接管理。但如中央高等教育部认为有必要，得与某一中央业务部门协商，委托其管理。第三，为某一业务部门或主要为某一业务部门培养干部的单科性高等学校，可以委托中央有关业务部门负责管理。但如有关业务部门因实际困难不能接受委托时，应由中央高等教育部管理。第四，对某些高等学校，中央高等教育部及中央有关业务部门认为直接管理有困难时，得委托学校所在地的大区行政委员会或省、市人民政府或民族自治区人民政府负责管理。在处理政府各部门间的关系上，《关于修订高等学校领导关系的决定》中指出：管理高等学校的中央业务部门和地方政府，应按照政务院及中央高教部有关高等教育的各项规定，管理所属高等学校的各项工作并向中央高等教育部提出建议和报告。管理高等学校的中央各业务部门应设专管机构，与中央高等教育部经常密切联系，并在其指导下，切实执行管理高等学校的工作。[①]

根据以上精神，1953年高等教育部确定了148所高等学校的隶属关系，高教部管理8所，中央业务部门管理30所，大行政区管理72所，委托省、市、自治区管理38所。

1954年6月，中央人民政府发布《关于撤销大区一级行政机构和合并若干省、市建制的决定》，中央集权的体制得到进一步的强化。大行政区的体制被撤销，原来由大行政区领导的72所高校绝大多数改为由中央高教部和中央业务部门管辖。到1954年年底，全国共有高校188所，由中央教育行政部门和其他业务部门管辖的有171所，由省级人民政府代管的高校只有17所。[②]

新中国成立初期确立的中央集权的体制，在一定意义上说是必要的。许多由战乱走向和平，由经济凋零走向经济发展的国家，大都经历了集权的阶段。但是中央过分集权的问题也很快显露出来，权力集中在中央的一个直接的后果就是地方没有积极性，中央教育行政管理的成本也很高。

（二）1958—1961年：大学外部治理结构去中心化的阶段

西方政治学者托克维尔认为："行政集权在一定的时期和一定的地区可以把国家的一切可以使用的力量集结起来，使之服务于国家的目标。但是一个中央政府，不管它如何精明强干，也不能明察秋毫，不能依靠自己了解一个大国生活的细节。它办不到这点，因为这样的工作超过了人力之所及。而且，中央集权长于保守，而短于创新"[③]这一观点虽然是基于美国社会制度提出来的，但是新中国成立初期的经济社会发展实际也同样证

---

① 参见《中国教育年鉴（1949—1981）》，中国大百科全书出版社1984年版，第781页。

② 郝克明、汪永铨：《中国高等教育结构研究》，人民教育出版社1987年版，第233页。

③ ［法］托克维尔：《论美国的民主》上卷，董果良译，商务印书馆1988年版，第105页。

明了这一点。由于中央集中了绝大多数的财权、人权和事权，中央各部门直接管理着全国绝大多数重要的企事业单位，整个国家实际上处于一种"条条专政"的状态。这种体制严重抑制了地方发展经济的积极性，也极大地削弱了地方发展经济的能力，地方政府对此意见很大。

在中央高度集权问题不断凸显的情况下，1956年4月25日，毛泽东在《论十大关系》中指出："中央与地方的关系也是一个矛盾。解决这个矛盾，目前要注意的是，应当在巩固中央统一领导的前提下，扩大一点地方的权力，给地方更多的独立性，让地方办更多的事情。……我们不能像苏联那样，把什么都集中到中央，把地方卡得死死的，一点机动权也没有。"[1] 可见，毛泽东一方面强调国家作为一个整体的重要性；以便形成新的内聚力和高效率；另一方面他也重视在规定范围内的分权，以利于发挥基层的积极性。他指出："中央要注意发挥省市的积极性，省市也要注意发挥地、县、区、乡的积极性，都不能够框得太死。当然，也要告诉下面的同志哪些事必须统一，不能乱来。总之，可以和应当统一的，必须统一，不可以和不应当统一的，不能强求统一。"[2]

1958年开始的"大跃进"在客观上加速了行政管理权和生产经营权去中心化的进程。从1958—1960年年初，中央大幅度下放了如下的权力：下放大部分部属企业管理权；下放计划管理权，将以往的"条条"管理为主转变为"块块"管理为主；实行中央预算和地方预算的"分类分成"制度，下放财权；下放投资审批权、税收减免权和劳动管理权。在放权的过程中，中央各部委所属企事业单位从1957年的9300个，减少到1958年年底的1200个，下放了88%。[3]

中国大学在新中国成立后经过院系调整等改革，已经完全和国家计划经济体制相匹配，在大规模的行政性放权过程中大学的管理权也因此被下放给地方。西方学者格拉斯曼认为："大跃进时期的教育改革的一个重要

---

[1] 《毛泽东文集》第七卷，人民出版社1997年版，第31页。

[2] 参见同上书，第32—33页。

[3] 参见邵阳明：《从效率行分权到公平性分权：当代中国中央与地方权力调整轨迹分析》，《经济社会体制比较》2008年第3期。

特征就是教育计划和教育行政管理上的去中心化。"①

1958 年年初开始，中央提出要调动中央和地方两方面的办学积极性，下放教育管理权限。1958 年 2 月高等教育部并入教育部，大学的行政管理机构被弱化。中央还在 1958 年发布了一系列文件，旨在推进高等教育管理权的下放。

1958 年 4 月，中共中央发布的《关于高等学校和中等技术学校下放问题的意见》中规定：(1) 除了少数综合大学、某些专业学院仍旧由教育部或者中央有关部门直接领导外，其他的高等学校都可以下放，归各省、市、自治区领导；(2) 改变统一的招生计划，一般的高等学校可以就地招生；(3) 改变毕业生分配办法，由教育部和中央有关部门直接领导的学校的毕业生，原则上由中央统一分配，划为省、市、自治区领导的学校的毕业生，原则上由省、市、自治区分配。②1958 年 8 月，中共中央、国务院发布的《关于教育事业管理权力下放问题的规定》中指出：

为了充分地发挥各省、市、自治区举办教育事业的主动性和积极性，实行全党、全民办学，加速实现文化革命和技术工作，今后对教育事业的领导，必须改变过去条条为主的管理体制，根据中央集权和地方分权相结合的原则，加强地方对教育事业的领导管理。过去国务院或教育部颁发的全国通用的教育规章、制度，地方可以结合当前工作发展情况，因地制宜、因事制宜地决定存、废、修订，或者另行制定适合于地方情况的制度。今后教育部和中央各主管部门，应该集中主要精力研究和贯彻执行中央的教育方针和政策，综合平衡全国的教育事业发展规划，在中央的领导下协助地方党委进行政治思想工作，指导教学和科学研究工作，组织编写通用教材、教科书，拟定必要的全国通用的教育规章、制度，对高校教师进行必要的调配，及时总结交流经验，办好直接管理的学校。新建高等学校，凡能自力更生解决问题的，地方可自行决定或由协作区协商解决。新

---

① Cf.Joel Glassman. Education Reform and Manpower Policy in China, 1955-1958. *Modern China*, Vol.3, No.3（Jul., 1977），pp.259-290.

② 参见郝克明、汪永铨：《中国高等教育结构研究》，人民教育出版社 1987 年版，第 236 页。

建的高等学校由省、市、自治区政府报中央教育部备案即可。①

该《规定》发布后不久，原来由教育部和中央业务部门领导的 229 所高校中有 187 所被下放到地方管理。除了下放高校外，在高等学校的教学工作中，也不再执行统一的教学计划、教学大纲和统编教材。高等学校的师资也由地方管理。②

在高校大部分改由地方政府管理的同时，为了实现高等教育发展的"大跃进"，地方还被赋予了更多的发展高等教育的权力和责任。1958 年9 月，《中共中央、国务院关于教育工作的指示》中提到："各大协作区应根据自己的实际情况和需要，建立起一个比较完整的教育体系。各省、市、自治区也应该逐渐建立起这种比较完整的教育体系。"③地方有了权限以后，高等学校出现了数量大跃进的局面，1957 年全国高等学校有 229 所，而到了 1960 年增为 1289 所，仅 1958 年的 1 月至 8 月间，全国就新建高等学校 800 所。④

这次高等教育管理权的下放，虽然调动了地方发展高等学校的积极性，但是由于发展速度过快，高等教育的质量得不到保障，中央对地方发展高等教育的宏观调控能力也受到严重削弱。这种情况下，中央又开始强调集中统一的必要性。1959 年年初，中央书记处指出，体制下放后，中央该管的必须管起来；要保证重点学校的质量，在基本上不削弱重点学校的前提下，照顾一般学校。⑤1960 年 10 月 22 日，教育部发布《关于全国重点高校暂行管理办法》，对全国重点高校的领导管理作了如下规定：

（1）全国重点高校的领导和管理，由中央教育部、中央各主管部门与地方分工负责，实行双重领导（教育部主管的学校）或三重领导（中央各部门主管的学校），上下结合，各负专责。军委所属的学校由军委负责领导。(2) 全国重点高校的专业设置、修业年限、招生名额、学校发展规模、

---

① 参见《中国教育年鉴》(1949—1981)，中国大百科全书出版社 1984 年版，第 91—92 页。
② 参见同上书，第 234 页。
③ 参见同上书，第 689 页。
④ 参见同上书，第 92 页。
⑤ 参见同上。

学校主要领导干部的配备，由中央教育部、中央各主管部门和地方共同商定，作出规划，报中央批准。(3) 全国重点高校的经费和基本建设投资，按照学校的领导关系分别列入中央或中央主管部门的预算，由各部直接划拨给学校，或交于地方转发各校。(4) 全国重点高等学校的经常性工作，由地方负责领导。①

（三）1961—1966 年：大学外部治理结构再度中心化的阶段

20 世纪 50 年代末实行的中央向地方放权，是在基本经济制度没有改变和大跃进、共产风、穷过渡畸形结合在一起的极端做法，放权的结果是社会生产的混乱和国民经济计划比例严重失调。中央被迫于 1961 年开始，把下放给地方的权限上收，中央直属企事业单位数量也相应地大幅度增加。

1961 年 9 月 15 日，中共中央关于讨论和试行《教育部直属高等学校暂行工作条例（草案)》的指示中提出：从 1958 年起的 3 年时间里高等学校存在发展过快等问题。1963 年 5 月 21 日，中共中央、国务院颁发《关于加强高等学校统一领导、分级管理的决定（试行草案)》，目的在于要对高等学校试行中央统一领导，中央和省、市、自治区两级管理的制度。该《决定》提出，各地区、各部门、各学校都要贯彻中央统一的方针政策，都要遵守中央统一的教学制度和其他重要的规章制度，都要按照全国统一的高等教育规划和计划办事。该《决定》还明确了中央教育部、中央各业务部门和省级人民政府在管理高等学校过程中的权限和责任。具体分工如下：

教育部是在中共中央和国务院的直接领导下，管理全国高等学校的行政机关，其主要职责是：(1) 编制高等教育的发展规划和事业计划，审核高等学校的设置、停办和领导管理关系的改变，提出高等学校的发展规模和修业年限方案，报国务院批准。批准高等学校的专业设置。(2) 规定高等学校教学计划和教学大纲的制定原则，并组织制定指导性的教学计划和教学大纲；统一规划高等学校通用教材的选编和审查工作；拟定

---

① 参见《中国教育年鉴》(1949—1981)，中国大百科全书出版社 1984 年版，第 333 页。

高等学校师生参加生产劳动、生产实习等规章制度。（3）制定高等学校科学研究的规章制度；推动高等学校科学研究工作的开展和学术交流；审核高等学校科学研究机构的设置、调整和撤销的方案。（4）确定招收研究生的高等学校名单、专业和招生计划，对高等学校的研究生培养实行统一的管理。（5）组织高等学校的招生工作；协助国家计划委员会编制高等学校毕业生和研究生统一的分配计划；主持和配合有关部门管理高等学校毕业生的劳动实习。（6）提出任免直接管理的高等学校正、副校院长的建议，报国务院批准；制定高等学校教师的培养、进修、提升和调动的规章制度；审批高等学校教授、副教授名单。（7）对高等学校的思想政治工作、教学工作、科学研究工作和学生的生产劳动，进行督促和检查。

中央业务部门协同中央教育部分工管理一部分高等学校，其主要职责是：（1）根据国务院颁布的规章制度和中央教育部的规定，拟定在直接管理的高等学校中的实施办法。（2）对高等教育的发展规划、事业计划和直接管理的高等学校的发展规模、专业设置和修业年限提出建议。（3）根据教育部规定的原则和分工办法，制定指导性的教学计划和教学大纲，选编和审查通用教材，安排高等学校学生在本部门所属的厂矿、企业、事业单位进行生产实习，组织教学经验的交流工作。管理分配到本部门及直属单位的高等学校毕业生的劳动实习工作。（4）对直接管理的高等学校的思想政治工作、教学工作、科学研究工作、培养研究生工作、师资培养工作、总务工作和学生的生产劳动，进行督促和检查。（5）提出任免直接管理的高等学校的正、副校院长的建议，经中央教育部转报国务院批准。

省、市、自治区人民委员会，在省、市、自治区党委统一领导下，根据中央规定的方针、各项计划和规章制度，负责本地区内高等学校的下列工作：（1）督促检查高等学校贯彻执行中央的方针政策、各项计划和规章制度。（2）对本地区高等学校的设置、撤销和调整，学校的发展规模、专业设置和修业年限提出建议；对直接管理的高等学校的事业计划提出建议。（3）协助教育部和中央业务部门，检查高等学校教学工作的情况，交流教学经验，提高教学质量。（4）加强高等学校的思想政治工作；负责安排学校师生的社会活动和生产劳动；解决学校生活和其他由地方负责的物质供应问题；对学校的总务工作进行督促和检查；会同有关部门管理高等学校毕业生的劳动实习工作。(5) 负责领导直接管理的高等学校的各项工作；提出任免直接管理的高等学校正、副校院长的建议，经教育部报国务院审批。

省、市、自治区高教（教育）厅（局），在省、市、自治区人民委员会的领导下，应该切实做好上述行政管理工作，直接管理一部分高等学校，并在工作中同时对教育部负责。各省、市、自治区有关业务厅（局），可以协同高教（教育）厅（局）分工管理本部门业务有关的高等学校，并在工作中接受中央有关业务部门的业务指导。①

从上述规定看，中央教育行政和业务部门的高等教育管理职能再度得到加强。为了适应高等教育管理权重新上收的局面，1964 年 3 月中央重新设立高等教育部。截至 1965 年年底，全国有 434 所高等学校，中央教育行政部门直接管理的 34 所，中央业务部门管理的 149 所，省级人民政府管理的 251 所。

（四）1966—1976 年：大学外部治理结构再度去中心化的阶段

1966 年"文化大革命"爆发后，中央再次下放权力，把大型企业交给地方管理，扩大地方的物权、财权、投资权和计划管理权。其后的十年中，中国社会出现了政治领域权力高度集中和经济管理领域中央与地方分权并存的奇特现象。

这种背景下高等教育外部治理再次回归"大跃进"时期去中心化的模式，中央高等教育行政管理机构再度被弱化。1966 年 7 月高等教育部再次被并入教育部；1968 年 7 月对教育部实行军管；1969 年 9 月教育部被撤销。1969 年 3 月 29 日，《人民日报》发表文章《社会主义大学应当如何办》，文章提到：在高等学校的领导关系上，要实行党的一元化领导，废除原有的中央和地方双重领导体制，由省、市、自治区革命委员会直接负责大学的领导和管理。1969 年 10 月 26 日，中共中央发出《关于高等院校下放问题的通知》中指出：国务院各部门所属的高等院校，凡设在外地

---

① 参见《中国教育年鉴》(1949—1981)，中国大百科全书出版社 1984 年版，第 93 页。

或迁往外地的，交由当地省、市、自治区领导，设在北京的仍归各有关部门领导；教育部所属的高等院校，全部交给所在省、市、自治区领导。文件发布后不久，各地区、各部门开始办理交接手续，中央所属高校，包括北京大学、清华大学等重点大学全部都下放到地方管理。1970 年 6 月新成立的国务院科教组成为全国高等教育的行政管理机构。1971 年 4 月中央召开了全国教育工作会议，会议文件提出高等学校的管理体制实行在中央统一计划下以"块块"为主的体制。[①] 在高等教育的管理权分散到省级行政部门的同时，不再实行全国统一的课程、教材和教学参考资料，学制和教学计划改由各个省自行规定，全国统一性的入学考试模式也被废弃。

二、在水平结构向度：大学外部治理始终表现为政府的集中控制

大学和政府的关系是审视和考察大学外部治理模式的另外一个维度。由于大学和政府是两种性质的组织，大学和政府并不必然构成上下级的关系，它们的关系实际上是处于治理结构的水平层面。西方大学在中世纪时期是典型的自治性组织，政府无权干涉大学事务。从 15 世纪开始至 18 世纪末，大学受到国家专制权力的干涉。从 19 世纪初开始到 20 世纪中叶，大学和政府的关系进入了法律赋权控制时期。20 世纪中叶以来，政府和大学逐渐形成了伙伴关系，开始了平等合作分权时期。[②]

西方大学和政府的关系模式，是和西方现代性发育紧密相连的，反映着先期现代化国家政府和社会之间特有的关系模式。而中国大学和政府的关系，也印刻着中国早期现代转型特定的烙印。在"早发内生"型现代化国家，现代化主要是自己内部现代性因素不断积累的结果，推动现代化的力量主要来自于民间。特别是在现代化的初期，政府所起的作用相当有

---

① 参见《中国教育年鉴》(1949—1981)，中国大百科全书出版社 1984 年版，第 94 页。
② 参见赵婷婷：《自治、控制与合作——政府与大学关系演进历程》，《现代大学教育》2001 年第 2 期。

限。政府的作用主要表现在实现和维护国家的统一，为市场经济的正常运行消除障碍等，而很少直接介入经济等社会生活。而"后发外生"型国家的现代化，情况则与此截然不同。在这些国家里，现代化并不是内部现代性激励的结果，而是强行从外部引进的变迁过程。由于缺少现代性的基础，现代化往往缺乏民间力量的支持。在这种情况下，只有运用国家机器的强大力量来推进现代化，现代化才有可能启动和成功。[①]

改革开放前，我国大学外部治理直接表现为"政府控制模式"的特征。1951 年 6 月马寅初被任命为北京大学校长，在学校为他举办的欢迎会上，他说：

"同学们或许要听我的建校方针，这点不免使诸位失望。我认为建校方针是中央所定，一个大学校长只有工作任务，没有建校方针。一个大学校长应当以执行中央的政策，推动中央的方针为己任。"[②]

1953 年 9 月，教育部副部长曾昭抡指出："由教育行政部门有计划地确定全国专业的设置，这是苏联高等教育制度的一个主要环节，是社会主义国家的先进经验。"[③]1953 年 10 月，中央人民政府政务院颁布的《关于修订高等学校领导关系的决定》中指出：

为使高等教育密切联系实际，有计划地培养各类高级建设人才，以适应国家大规模经济建设的需要，中央人民政府高等教育部必须与中央人民政府各有关部门密切配合，有步骤地对全国高等学校实行统一与集中领导。凡中央高等教育部颁发的有关全国高等学校的建设计划（包括高等学校的设立或停办、院系及专业设置、招生任务、基本建设任务）、财务计划、财务制度（包括预算决算制度、经费开支标准、教师学生待遇等）、人事制度（包括人员任免、师资调配等）、教学计划、教学大纲、生产实习规程，以及其他重要法规、指示或命令，全国高等学校均应执行。其有必要变通办理时，须经中央高等教育部或由中央高等教育部报请政务院

---

① 参见孙立平：《现代化的时序模式》，《社会学研究》1991 年第 2 期。

② 杨勋等：《马寅初传》，北京出版社 1986 年版，第 171 页。

③ 曾昭抡：《高等学校的专业设置问题》，《人民教育》1953 年 9 月号。

批准。全国高等学校各类专业，实行统一的教学计划、教学大纲和统编教材。

政府统一管理和直接控制的一个后果就是消解了大学的个性和大学师生的个性。1957年担任教育部计划司司长的张宗麟曾指出："这几年无论教学和行政等方面，多是强调统一和集中，发挥广大教师学生在共同生活中的个性则不够，因而影响校长、院长和各级人员在一定范围内独立自主，影响了师生们的独立思考和创造精神，同时也增加了全校人员（特别是学生和教师）的负担。"[①]

1961年发布的《高教六十条》规定："学校规模的确定和改变，学制的改变和改革，都必须经过教育部批准"；"高等学校专业的设置、变更和取消，必须经过教育部批准"；"学校必须按照教育部制订或者批准的教学方案、教学计划组织教学工作"；"教学方案、教学计划、教学大纲和教材要力求稳定，不得轻易变动。课程和学科体系的重大改变，必须经教育部批准"；"高等学校的党委员会，是学校工作的领导核心，对学校工作实行统一领导。凡不在自己权限内的问题，必须向上级请示报告。上级的方针、政策，必须坚决贯彻执行，有不同的意见，应该向上级反映，但是不得自行其是"。

改革开放前，中国大学不仅在专业、课程等教学工作方面没有自主权，而且在经费使用、基本建设、人事安排、教师流动、专业技术职务评聘等内部管理事务上，也几乎没有任何自主权。

三、改革开放前中国大学外部治理模式的主要问题

改革开放前中国大学外部治理模式，无论从垂直结构上看还是从水平结构上看，都客观地反映了中国当时社会政治、经济和文化变革的客观需要，也在一定程度上促进了高等教育的发展。新中国成立初期的中心化改革为中国迅速建立完整的高等教育体系、培养大批工业建设所需要的人才

[①] 张宗麟：《关于高等教育的成就和几个问题的探讨》，《新华》（半月刊）1957年第24期。

作出了贡献。20 世纪 50 年代末和 60 年代中后期的去中心化改革，虽然降低了高等教育的质量标准，但是也调动了地方发展高等教育的积极性，试验了平等主义的高等教育发展策略。但是，改革开放前中国大学外部治理模式也存在着明显的问题。

从大学外部治理垂直的结构来看，集权与分权存在很大的随意性。在政治性分权的国家政体中，中央政府和地方政府在大学外部治理结构中的权力关系，往往是通过宪法和具体法律进行了明确的界定，两者之间的关系较为稳定，不存在典型的时紧时松、大起大落的问题。我国改革开放前的情况则有很大的不同，虽然也有一些法律法规对中央和地方的高等教育权力关系进行了原则性的规定，但是法律条文中没有具体的分权规则，实际操作中也无章可循，人为的因素很多。1958 年，英国元帅蒙哥马利访问中国时，曾经问毛泽东的治国经验。毛泽东作了如是回答，中央集权多了，我就下放一点；地方分权多了我就收上来一点。[①] 这充分表明，新中国成立后很长一段时间中央和地方的关系是一种非制度化的分权模式，中央和地方的高等教育权力关系模式无一不是以集权为基础来思考向地方放权的问题，中央指挥地方，地方必须服从。台湾学者认为这种模式形成基于制度、经济、文化和社会控制 4 个方面的原因。[②]

新中国成立后，实行的是单一体制，这一方面符合中国的政治传统，另一方面也是社会主义国家特有的政治经济特点决定的。在单一体制下，中央政府在很大程度上决定着国家行政区域的划分、地方政府的设置和授权。中央政府掌握全权并维持国家统一，地方政府是中央政府的下属机构或代理机构，它们依中央政府的意志或中央政府的行政便利上的需要而设立。[③] 在经济管理体制上，出于迅速恢复国民经济的需要，我国的经济体制从开始就呈现出集中的趋势。"一五"计划制订后，我国确定了优先发展重工业的发展战略，这一战略的内在逻辑和相关政策导致经济管理权力

---

① 参见金安平：《建国初期中央和地方若干原则的形成》，《北京党史研究》1998 年第 2 期。

② 参见杨开煌：《中国大陆中央与地方关系》，载《中国大陆研究基本手册》上册，行政院大陆委员会 2002 年版，第 6 章第 5 页。

③ 参见林尚立：《国内政府间关系》，浙江人民出版社 1998 年版，第 43 页。

迅速集中到中央，形成了以苏联模式为样本的中央高度集权的计划经济体制。在这样一种体制下，中央政府被赋予了极大的权力，地方政府只是扮演着执行者的角色，不享有决策权。因此，地方政府的高等教育行政权力主要是来自中央政府的授权，分权的目的在于贯彻执行中央的高等教育政策，或者协助中央处理地方高等教育行政事务。

从这个意义上说，改革开放前中央与地方在大学外部治理结构中的分权不具有前面所说的政治性分权的特点，而是符合"行政性分权"（administrative decentralization）和"行政权转让"的特点。这两种分权模式是在排斥其他社会集团的政治参与的前提下，在行政系统内部基于调动积极性、提高行政效率的目标所实施的封闭的分权过程，"权力的分散实际上是一种恩惠，而不是权力"[1]

由于缺乏制度性的保证，虽然改革开放前的中央和地方的关系被理想化为"在中央统一领导下，充分发挥地方的主动性、积极性"[2]，但是在实际工作中，中央和地方关系经常处于一种两难的状态，陷入"一统就死，一死就叫，一叫就放，一放就乱，一乱就收"的怪圈。[3] 这种恶性循环在高等教育行政管理上也表现得十分明显，不到 30 年的时间里，大学外部治理结构在中心化与去中心化之间竟然多次反复。

从大学外部治理的水平结构看，改革前高等教育行政管理权的放权与收权，都是局限在调解中央政府和地方政府之间的权力关系，并没有触及大学自主权这一实质性的问题。中央和地方高等教育管理权力的划分总是在大学隶属关系上打转转，大学被当做权力划分的筹码摆来挪去，中央强调集中就将大学的管理权上收到中央政府；国家强调放权，就将大学下放给地方政府。大学总是离开了这个婆婆看管，又受到一个新的婆婆管束。

---

① Cf.Jia Hao and Lin Zhimin. *Changing Central—Local Relations in China : Reform and State Capacity.* Boulder : Westview Press,1994, p.2.

② 朱光磊:《当代中国政府过程》，天津人民出版社 1997 年版，第 367 页。

③ 薛暮桥:《经济体制改革讲话》，经济管理出版社 1984 年版，第 288 页。

第三节　改革开放后中国大学外部
双重治理模式的定型过程

改革开放后，中国大学治理结构发生了重要的变革。一方面，"文化大革命"中实施的激进的去中心化运动被终止，中央政府再度强化了对高等教育的管理；另一方面，高等教育总体上再度趋向去中心化的模式。这种外部双重治理模式的形成，反映着转型期中国政治、经济和社会结构变革的客观需要。

一、垂直结构向度形成了"强中央"和"强地方"并存的双重治理模式

改革开放三十多年来，大学外部治理在垂直结构向度的改革，大致可以分为四个较为重要的阶段：

（一）再中心化与"条块分割"大学外部治理结构的形成（1977—1985 年）

"文化大革命"期间，经过 17 年时间建立起来的高等教育体系和制度受到严重破坏，而在批判修正主义教育路线口号下临时拼凑起的所谓新的高等教育制度严重地违背了知识的内在逻辑，给高等学校人才培养和科学研究造成了极其恶劣的影响。颠覆性的制度变迁所制造出的"教育革命硕果"，一方面摧毁了"文化大革命"前模仿苏联高等教育制度建立起来的学术性模式，另一方面也没有实现革命性模式所向往的平等主义理想。在"文化大革命"被彻底否定后，中国社会开始了"拨乱反正"，被极左政治势力颠覆了的所谓"修正主义思想路线"重新得到认同。在这样一个特殊的时期，"文化大革命"前特别是 60 年代初期形成的高等教育体制和制度得到恢复。

"文化大革命"前大学制度得到恢复的标志性事件是 1977 年的"高考"。1949 年以前，招生事宜完全由各高等学校自行办理。1949 年新中国成立后，高等学校招生工作为了适应计划经济体制，逐步建立起了全国统一招生、统一考试的制度。由于这项制度在总体上体现了学术性模式的特征，因而在"文化大革命"中遭到致命的打击。1966 年 6 月 13 日，中共中央《关于改革高等学校招生考试办法的通知》中指出："高等学校考试办法基本上没有跳出资产阶级考试制度的框框，必须进行改革"；1966 年 6 月 18 日，《人民日报》社论指出：改变招生考试制度是"彻底搞掉资产教育路线的突破口"，要把过去实行的高考制度"扔进垃圾堆"。"文化大革命" 10 年中大学有 4 年停止招生，从 1970 年开始实行单位推荐和学校审核的办法恢复招生。这一新的招生制度，大大降低了中央教育行政部门的权力，也彻底改变了大学招生中的学术性取向。由于这次去中心化改革的目的完全是政治的需要，因此造成大学人才培养质量的严重下降，各高校招进来了一大批文化成绩达不到基本要求的工农兵学员。1977 年 8 月 4 日至 8 日，邓小平主持召开了科学和教育座谈会，在这次会议上，正式提出要在当年废除推荐制度，恢复统一招生制度。由于准备工作时间较短，1977 年的高考暂时由各省来负责高考命题，而从 1978 年开始则由教育部负责实行全国统一命题。

"文化大革命"结束后行政管理权力再中心化的取向，也可以从机构的变化中得到印证。从 1978—1981 年，国务院直属行政机构从 52 个增加为 100 个，其中绝大多数是经济管理的部门。与此同时，中央从 1978 年开始陆续上收了在"文化大革命"期间下放给地方的企事业单位，并上收了部分财权、税权和物质管理权。这 4 年间，中央直属的企业和事业单位从原来的 1260 个，增加到 2680 个。[①] 在收权的总体背景下，中央教育行政机构的职能也得到强化。教育部行政人员从 1977 年的 300 人增至 1980 年的 600 人左右，已经接近了 60 年代中期 700 人的数字。[②]

---

① 参见汪玉凯：《中国行政体制改革 20 年回顾与思考》，《中国行政管理》1998 年第 12 期。

② Cf.Suzanner Pepper. China's Universities：New Experiments in Social Democracy and Administrative Reform——a Research Report. *Modern China*, Vol.8, No.2（Apr.,1982），pp. 147–204 .

中央教育行政部门职能得到强化后开展的首要工作，就是根据当时的制度环境重新制定高等教育的方针政策。在 1978 年和 1979 年两年间，中央出台了一系列高等教育方针政策，而这些方针政策绝大多数都是在 50 年代特别是 60 年代初期高等教育中心化改革中试行过的，只不过根据情况的变化作了局部修订。

1978 年 2 月，在中央《关于恢复和办好全国重点高等学校的意见》中提出：根据有利于加强党的一元化领导，有利于发挥中央和地方两个积极性，有利于在教学和科学研究工作中早见成效的原则，对全国重点高等学校要实行统一领导，分级管理。1978 年 6 月，教育部召开高等学校改变领导关系交接工作会议，将"文化大革命"中下放给地方管理的高校重新收归中央（见表 2—2）。1979 年 8 月 30 日，教育部党组向中央提出《关于建议重新颁发〈关于加强高等学校统一领导、分级管理的决定〉的报告》，报告指出："文化大革命"期间，原有的规章制度遭到彻底破坏，许多事情无章可循，高等学校的领导体制存在着分工不清、责任不明的情况，有些重大问题，如高等学校的招生规模、修业年限、专业设置等，教育部还未完全实现统一管理，存在着不协调的现象，造成工作中的被动。1963 年颁布的《关于加强高等学校统一领导、分级管理的决定》试行的效果是好的，其基本精神和各项规定仍然是适用的。1979 年 9 月 18 日，中央批转了这一报告，重新颁发《关于加强高等学校统一领导、分级管理的决定（试行草案)》。

表 2—2：1978 年全国普通高校隶属关系情况一览表

主管部门 高校数量	教育部	中央业务部门	省级人民政府
625 所	35 所	194 所	396 所

资料来源：郝克明等：《中国高等教育结构研究》，人民教育出版社 1987 年版，第 239 页。

这一阶段的再中心化改革，在一定程度上吸取了改革开放前 30 年中央和地方关系大起大落的经验教训，在总体转向中心化的同时，也给地方保留了一些高等教育的职能和相应的权力。大学外部治理采取这种价值取向和操作模式，目的在于一方面加强中央的权威，保障中央高等教育发展方针政策的顺利落实，另一方面也注意发挥地方办学和管理的积极性、创造性。但是，这种模式也在客观上强化了"文化大革命"前就已经存在的大学外部治理"条块分割"的弊端。

新中国成立后，中央政府通过垂直的与平行的两个权力系统实施对国家的管理。垂直的权力系统是指由中央直接管理的纵向权力机构，也就是通常所说的"条"，其特征是上下垂直管理。平行的权力系统，是以地方各级党政机关管理的横向政权组织，也就是通常所说的"块"，其特征是横向的平行管理。条条与块块的结合，构成了中国公共权力错综复杂的"矩阵结构"。这一矩阵结构，既体现着中央与地方、上级与下级的关系，也体现着党委与政府、党委与人大、政府与人大，以及部门与部门之间的关系。①

在计划经济条件下，国民经济和其他各项社会事业主要按照"条条"规划发展，因此中央各主管经济和社会事业发展的部门举办与直接管理了一部分高等学校。而在 50 年代末的去中心化运动中各省市也模仿中央部门办学的模式发展了一批为本地区行业发展服务的高校。这些行业办的学校，在业务上归中央和省级教育行政部门指导，而在具体管理上则由各行业主管部门下设的教育管理机构负责。除了行业办学外，中央教育行政部门和省级教育行政部门还代表中央政府或地方政府直接管理一批高等学校。这样中国大学外部治理结构，在 70 年代末 80 年代初形成了一种由国家统一计划，中央政府各部委（"条"）和省级政府（"块"）分别投资办学和直接管理的模式。高等教育外部治理机构也因此可以划分为"两级四块"。"两级"指中央和省两级政府，"四块"包括中央教育部、中央业务部门、省级教育行政部门、省级业务部门。

以辽宁省为例，1985 年辽宁省共有高等学校 62 所，这些学校的隶属关系十分复杂，其主管部门包括国家教委、中央业务部门、省高教局、省

---

① 参见俞可平：《中国治理变迁 30 年（1978—2008）》，《吉林大学社会科学学报》2008年第 3 期。

业务部门和市级人民政府。仅中央在辽宁办学的业务部门就高达 17 个之
多，包括机械部、航空部、兵器部、冶金部、煤炭部、中国石化总公司、
化工部、铁道部、交通部、轻工部、城建环保部、农牧渔业部、卫生部、
国家医药总局、财政部、公安部、国家体委。辽宁省也有 5 个业务厅局举
办高等学校，包括省卫生厅、省机械厅、省农牧厅、省公安厅、省商业
厅。还有 20 个市级部门在举办高等教育。一省之内，竟然有 44 个不同层
次的政府机构在办学（见表 2—3）。理论上讲，中央和地方业务部门在高
等教育行政运作上都接受国家和省教育行政部门指导，但是由于办学经费
和财政都掌握在不同部门手里，因而这些办学部门之间仅仅存在松散的横
向联系。在条块分割的办学体制下，辽宁高校的数量虽多，但是存在着极
其严重的散（办学分散）、小（规模小）、低（质量低）、差（效益差）的
问题。[1]

表 2—3：1985 年辽宁省普通高等学校隶属关系情况一览表

主管部门 学校层次	国家教委	国家其 他部委	省高教局	省市其 他厅局	市政府
普通本科	1	20	7	4	2
普通专科		4	1	3	20
合计（62 所）	1	24	8	7	22

根据国家教委计划财务司编《全国普通高等学校、成人高等学校、中
等专业学校名录》（高等教育出版社 1986 年版）有关数据整理。

这种条块分割的高等教育外部治理模式，在改革前的几十年中也曾经
发挥过作用，在较短的时间里建立起了一大批与国家经济建设休戚相关的
学校和专业，培养出一批社会主义经济建设所亟需的人才。但是在新的社
会环境下，这种体制出现了"三个不适应"，即"与国家改革开放的整个
大局不相适应"、"与市场经济体制的建立和现代化建设的需要不相适应"、

---

[1]　关于辽宁省高等教育存在"散、小、低、差"的说法，是原辽宁教育研究院院长邓晓
　　春同志在接受笔者的一次访谈调查中提出的。

"与面向新的世纪培养大批德才兼备的具有创新思维和实践能力的人才不相适应"。①

条块分割的高等教育外部治理模式的主要问题就是"小而全"的问题。部门和地区都根据各自的需要发展高等教育，因而造成学校、专业重复建设，布点多，规模小，投资效益不高。例如，1977—1985年，我国普通高校招生数从27.3万人增加到61.9万人，增加了127%，学校数却从404所增加到1016所，增加了151%，平均每校在校生只有1700人，其中5000人以上的学校只有50所，而1000人以下的学校竟多达447所，占到了总数的44%。其中500人以下的学校还有179所，占了17%。②

条块分割造成的弊病，在改革开放之初就已经显露，并且也引起了有关人士的注意。1982年，教育部部长何东昌就曾指出："中国教育事业的内部结构、制度和管理体制等许多方面已经不能适应形势发展的需要，必须进行调整、改革。"③制度的变革需要其他配套制度的同步改革才能实现，如果初始制度形成的制度环境没有根本改变，制度变迁必然会出现路径依赖的现象。大学外部治理结构中存在的条块分割现象，绝不仅仅是高等教育系统内部的事情，它实际上和整个国家政治体制、经济体制紧密相连，涉及中央和地方政府之间、政府各部门之间多重复杂的权力关系。如果没有制度环境的变化，解决条块分割的问题也就无从谈起。从意识到条块分割的弊端开始，到试图解决这个难题并最终取得较大的成效，这中间经历了一个较为漫长的探索历程。

（二）大学外部治理结构改革的理论准备和初步尝试（1985—1992年）

改革开放之初的再中心化运动，其主要动因缘自对"文化大革命"中行政管理体系混乱现象的纠正。但是，经过"大跃进"和"文化大革命"十年的去中心化运动，中国各省、市、自治区已经建立起立了一套相对完整的国民经济体系，因此改革开放之初的再中心化运动并没有能完全剥夺

---

① 纪宝成：《中国高等教育管理体制的历史性变革》，《中国高等教育》2003年第11期。
② 郝克明、张力：《中国高等教育结构改革的探讨》，《教育研究》1987年第12期。
③ 中国年鉴编辑部：《中国年鉴（1983）》，新华出版社1983年版，第721页。

地方的管理权限。从管辖机构的范围上看，也只是上收了部分"文化大革命"前就已经归中央领导的企业事业单位，而各省对自己所属企事业单位仍然有很大的管理权力。当时党和国家领导人也吸取了50年代国家体制高度集中带来的教训，一再提出要在集中统一的前提下，扩大地方的权力。改革开放之初的这种制度设计，从总体而言还没有超出计划经济的思维模式，政府仍然在经济和社会事业发展中起主导作用，市场在资源配置中的作用并没有得到有效体现，中央和地方条块分割的问题不但没有解决，反而在新的形势下表现得更突出了。

为了解决高等教育条块分割所引发的效益差、质量低等问题，中央在1985年之后再次实施和强化高等教育的去中心化改革。1985年颁发的《关于教育体制改革的决定》中指出：教育改革发展面临着三种新的形势，一是对外开放、对内搞活的形势，二是经济体制改革全面展开的形势，三是在世界范围内新技术革命正在兴起的形势。在新的形势面前，我国教育体制的弊端更加突出了。现在的主要问题是教育事业管理权限的划分上，政府有关部门对高等学校统得过死，使学校缺乏应有的活力；而政府应该加以管理的事情，又没有很好地管起来。要从根本上改变这种状况，必须从教育体制入手，有系统地进行改革。改革管理体制，在加强宏观管理的同时，坚决实行简政放权。为调动各级政府办学的积极性，实行中央、省（自治区、直辖市）、中心城市办学的体制。

受当时社会改革的环境所限，《关于教育体制改革的决定》中只是提出了大学外部治理的改革目标，并没有对不同权力主体的权力结构和相互关系模式进行具体的规定。

20世纪80年代中国的改革，是典型的政府主导下的自上而下的强制性制度变迁，大学外部治理结构的变革也同样带有这样一个鲜明的特点。当时大学外部治理机构所包含的"两级四块"都属于政府机构，它们在条块分割体制的制度环境下，彼此之间的整合相当困难。为了能够启动和加快改革的进程，中央采取了强化和统合高等教育外部治理机构的举措。《中共中央关于教育体制改革决定》中提出：为了加强党和政府对教育工作的领导，成立国家教育委员会，负责掌握教育的大政方针，统筹整个教育事业的发展，协调各部门有关教育的工作，统一部署和指导教育体制的改革。1985 年 6 月全国人大通过国务院成立国家教委的议案，任命国务院副总理李鹏为教育委员会主任，同时聘请国家计委、国家经委、国家科委、财政部和劳动人事部 5 个部门的 5 位副部级干部兼任教委委员，参加教委的领导工作。①

20 世纪 80 代中期中国体制改革的总体目标是简政放权，当时主流的舆论导向是"允许犯错误，但是不允许不改革"。如此，高等教育获得了快速发展的制度环境，仅 1985 年全国就新增普通高校 114 所，到了 1988 年全国高校总数已经达到 1075 所，而改革开放之初的 1978 年高校总数只有 598 所。这些新增高等学校绝大多数都是由地方政府举办的。高等教育外部治理结构去中心化改革为高等学校数量的增加提供了可能，同时高校数量的迅速增加也反过来引发新的高等教育外部治理结构变革的需求。为了节省信息成本和管理成本，引导和促进高校为地方经济建设和社会发展服务，中央一再强调要凸显省级教育行政部门的作用。比如，在 1988 年 1 月召开的全国高等教育工作会议上，教委副主任朱开轩在报告中指出："要逐步增加地方教育部门管理普通高等学校的职能。"②

在这一阶段，高等教育理论工作者也对大学外部治理模式改革进行了一定的探讨。有学者提出："教育是全社会的活动，大学更应为全社会服务，而不能局限在为某一部门、某一地区服务的范围内。一所学校要形成特色，要建立某些学科优势，非短期内所能建树，而是长期积累发展的结果，高等学校只有走出狭小的天地，面向全国、面向世界，才能真正办出特色，发挥优势。因此，除行业性特别强的部门需要办少量大学外，大多数高等学校不应该隶属某一部门，一所大学可以为许多部门服务，一个部门可以同多所大学建立横向联系，逐步形成新的管理体制。新的管理体制的特点是教育部门业务指导、地方政府行政指导、挂钩部门行业指导，

---

① 《人民日报》1985 年 6 月 26 日。
② 《中国教育报》1988 年 2 月 2 日。

大学自治办学。"①还有学者提出："应该改变中央产业部所属高校的领导关系，建立中央和省两级管理的高等学校体制。国家教委对我国的高等教育事业要进行统一的宏观控制，省的教委要对高校加强行政管理。这样的计划管理体制将有利于发挥中央和地方两个积极性。"②

　　在国家体制改革有关政策的积极导向下，大学外部治理结构的改革有了一些新的尝试。一些中央业务部门和省级人民政府为了节省办学成本，通过联合办学的形式培养本行业和本地区所需要的专业人才。比如，水电部1985年在国家教委的支持下，放弃了曾经酝酿多年的在四川地区单独办一所水电学院的方案，而是与教委直属的成都科技大学联合办起了水电学院。这一举措节省了很多投资和时间，也发挥老校多学科的优势，保证了人才培养的质量。③再比如，原沈阳机电学院（现沈阳工业大学）在1998年之前是机械工业部所属高校，但早在1985年年初辽宁省和机械工业部就签署了联合办学协议。根据协议，沈阳机电学院每年为辽宁省培养一定数量的学生，并逐渐形成规模，使其到1991年为省内培养人才的规模达到2000人。辽宁省除了承担这部分学生的基建费和经常费用外，还投入设备费300万元。同时，协议还明确今后学院的领导体制为省部双重领导，以部为主；学院可享受省属院校的同等待遇，并在师资调配、培养及科研、国际交流等方面给予优惠。经省部联办后，学院专门根据辽宁地方经济发展的需要，增加了机电一体化、热加工工艺等6个新专业，在校生增长了一倍。除了省部联合办学外，一些学校还尝试了所谓的"一校多制"。比如，沈阳农业大学原隶属于农业部，从1988年开始学校提出并开始实施"以部为主，一校多制"的办学模式，即学校在不改变隶属关系的基础上，争取地方政府对学校的领导和支持。按照新的办学思路，该校在完成农业部下达计划的同时，接受辽宁省给予的教学、科研等方面的任务，遵照谁投入谁拥有的原则，省拥有相应投入的所有权、成果权和人才

①　杨德广：《建立高等教育新的运行机制》，《光明日报》1988年10月12日。

②　王华春：《高教计划管理体制改革的几个认识问题》，《辽宁高教研究》1988年第4期。

③　参见王建华：《横向联合是高等教育改革的重要途径》，《中国教育报》1987年10月3日。

分配权，在部属院校内形成省属所有制，乃至市属所有制。[①] 这些新的办学形式客观上促进了大学外部治理结构的变化。

虽然《中共中央关于教育体制改革的决定》的发布，为解决中国大学外部治理结构中存在的问题提供了目标导向和政策依据，并且在实践中也有一些体制创新的初步尝试，但是总体而言该阶段改革进展得并不十分顺利。1988 年 6 月 25 日，时任国务委员兼国家教委主任的李铁映在会见参加"当代高等教育改革政策国际学术研讨会"的专家时指出："高等教育体制改革的目标是要建立与社会主义商品经济体制相适应的新体制。我们过去的高等教育，主要是适应了计划经济的要求，现在我们还没有建立起适应社会主义有计划的商品经济体制的教育制度，高等教育改革难度很大。"[②]

1989 年以后，中国高等教育进入了治理整顿的时期，高等学校招生规模连续三年下降，高等教育体制改革也相应地处在了停滞状态。

（三）大学外部治理结构改革理论成熟和实践探索（1992—1997 年）

1992 年邓小平南巡讲话和中国共产党第十四次全国代表大会都提出要建立社会主义市场经济体制的目标。新的制度环境，客观上要求大学外部治理结构发生相应的变化。1993 年 2 月 13 日，中共中央国务院发布《中国教育改革和发展纲要》，其中对大学外部治理结构的改革提出了非常具体的意见："进行高等教育管理体制的改革，主要是解决政府与高等学校、中央与地方、国家教委与中央业务部门之间的关系，逐步建立政府宏观指导，学校面向社会自主办学的体制。在中央与地方的关系上，进一步确立中央与省（自治区、直辖市）分级管理、分级负责的教育管理体制。中央直接管理一部分关系国家经济、社会发展全局并在高等教育中起示范作用的少数骨干学校和少数行业性强、地方不便管理的学校。中央要进一步简政放权，扩大省级政府的决策权和对中央部门所属高校的统筹权。省级政府在充分论证、严格审议程序，自行解决办学经费，以及统筹中央和地方

---

① 参见尉迟东:《中央、地方联合办学:辽宁高教再上新台阶》,《中国高等教育》2005 年第 3 期。

② 《中国教育报》1988 年 6 月 28 日。

所属高校毕业生就业去向的条件下，有权决定地方高等学校招生规模和专业设置。设置高等学校，由全国高等学校设置评议委员会评议，国家教委批准。在国家教委和中央业务部门的关系上，国家教委负责统筹规划、政策指导、组织协调、监督检查、提供服务。中央业务部门要加强对本行业的人才预测和规划，协助国家教委指导本行业的人才培养工作、负责管理其所属学校，在国家宏观指导下，决定学校的招生规模、专业设置、经费筹措、学生就业等。随着中央业务部门职能的转变和政企分开，中央业务部门所属高等学校要面向社会、中央部门和地方部门联合办、交给地方办、企业集团参与和管理等不同办法。目前先进行改革试点，逐步到位。"

《中国教育改革和发展纲要》提出的要将大学治理的某些"决策权"和"统筹权"转移给省级政府，是一种较为规范的制度创新方案，这表明大学外部治理结构在垂直向度上的改革正式进入了操作阶段。不过，由于有部门利益的存在，地方获得权力后也存在着不规范用权的现象。比如，1993 年 7 月，国家教委将本科专业的审批权下放给高等学校主管部门，该年度马上新增本科专业 1251 个，净增 16.59%，共涉及 67 个省市、部委、331 所高校，平均每校净增本科专业 3.8 个，个别院校净增本科专业 20 余个。新增专业经费投入不足、师资等办学条件差的问题比较突出。为此，1994 年国家教委先后召开省市、部委和委属高校专业管理工作会议，下发《关于近期加强普通高等学校本科专业设置和备案工作的意见》，提出了加强管理的 11 条原则意见。[1] 地方之所以乱用权力，主要原因有两点：一是地方和高校谋求发展的积极性的确被调动起来了；二是普遍担心权力会被收回，存在有权不用过期作废的想法。在这种条件下，即使有个别地方和高校想有序发展也不太可能，因为其他地方的大力发展会使劣币驱逐良币的"格雷欣法则"发生作用，那些守规矩的地区反而失去了发展的机会。

在这一时期，中央和地方联合办学的治理模式得到新的发展。一些国

---

① 参见张国庆、陈田初:《普通高等学校本科专业设置宏观调控区的明显成效》,《中国年鉴 (1995)》,中国年鉴社 1995 年版, 第 379 页。

家教委的直属高校也开始尝试与地方政府联合办学，大学外部治理双重模式初步形成。

1993 年 3 月，国家教委和广东省联合发出《关于国家教委和广东省政府共同建设中山大学和华南理工大学的通知》，决定由双方共同办好这两所大学，更好地为广东 20 年内基本实现现代化服务。共建后，两校的隶属关系不变，仍为国家教委直属高校，除国家拨款渠道不变外，广东省在基建投资及地方政府出台的政策上对两校给予支持或补助；两校则在专业设置、招生、毕业生就业和科研方面优先满足广东省经济建设和社会发展的需要。1993 年 3 月，国家教委直属的四川大学、成都科技大学为增强办学的综合实力，提高办学效益，实现优势互补，更好地为四川地区的经济建设和社会发展服务，提出两校合并的方案。国家教委和四川省人民政府商议后，决定同意两校合并，校名四川联合大学，合并后实行国家教委和四川省共同建设、双重领导、以国家教委为主的办学体制。1993 年 6 月，国家教委与山东省政府协商，提出由国家教委与山东省共同建设山东大学和青岛海洋大学，对两校实行双重领导、联合办学的体制，两校既是国家教委直属高校，也是山东省属重点高校。除国家投入外，山东省每年对两校的办学也给予一定的投入，并进一步加强对两校的领导；两校在专业设置、招生、毕业生就业、科学研究等方面优先满足山东省经济建设和社会发展的需要，为山东省培养更多的高质量专门人才，并在"科技兴鲁"及建设"海上山东"和开发"黄河三角洲"两个跨世纪工程中为山东省多做贡献。①

1994 年 5 月，国家教委和上海市政府经过反复磋商，决定共同建设复旦大学、上海交通大学、上海外国语大学 3 所重点高校。签署了"共建"的文件。"共建"体制的特点是：3 所学校在隶属关系上仍然属于国家教委直属学校，领导体制实行国家教委和上海市双重领导。三校原投资渠道不变，国家教委继续给三校提供所需的事业、基建经费和原来享

---

① 参见马涛：《部分高校实行与地方高校联合办学》，载《中国年鉴》，中国年鉴社 1994 年版，第 299 页。

受的各种专项拨款和补贴，并按委属高校的正常比例增加投入。从1994年起，上海市财政每年给三校一定数量"共建"补贴。对三校引进海外和国内其他的高级人才在户口指标和减免城市建设费及其土地征用方面，给予与地方高校同等待遇。上海市会同国家教委根据上海市经济建设和社会发展需要以及学校改革、发展的需要，每年确定为三所学校共建一些有意义的项目。国家教委支持上海市调整高校布局，优化高教结构，提高办学效益。支持三校逐步扩大在上海的招生名额，增加毕业生留上海的比例。[①]

为了总结经验和进一步明确改革目标与思路，1994年以后国务院和国家教委先后在上海、南昌、北戴河、扬州连续召开了四次全国高等教育体制改革座谈会。通过研讨，大学外部治理结构改革的目标逐渐明确为：通过改革，逐步改变学校单一的隶属关系，合理配置教育资源，优化布局结构，增强为地方和区域经济服务的力度，不断探索和构建中央和省级政府两级管理，以省级政府统筹为主的高教管理新体制。大学外部治理结构改革在具体实施中，逐步明确了"共建共管、合并学校、协作办学、转由地方管理"几种途径，并概括出了"共建、调整、合作、合并"的八字方针。[②]1996年4月10教育部《全国教育事业"九五计划"和2010年发展规划》中提出："九五"期间，以"共建"和"联合办学"为主要形式，扩大学校投资渠道和服务面向，淡化和改变学校的单一隶属关系。加强省级政府统筹和条块结合，推动有条件的学校进行实体合并。部分专业通用性强、地方建设需要的中央部门所属学校，可转交省级政府管理。到2010年，中央政府只管理少数有代表性的骨干学校和一些行业性强、地方政府不便管理的学校，较多的学校要转由地方政府管理或以地方为主管理。[③]

和前一阶段相比，这一阶段大学外部治理结构改革取得了突破性进

---

① 参见《人民日报》1994年5月14日。
② 参见中华人民共和国教育部：《共和国教育50年：1949—1999》，北京师范大学出版社1999年版，第208—209页。
③ 参见教育部政策研究与法制建设司：《中华人民共和国现行教育法规汇编：1996—2001》（上），高等教育出版社2002年版，第57—64页。

展。这一方面表现为制度创新的思路经过不断探索已经成熟，另一方面外部治理结构的改革在实践中也得到真正的实施。大学外部治理结构改革之所以在这一阶段得到中央的重视，主要的原因有两个：一是随着市场经济体制的建立和完善，中央业务部门的职能发生了重大变化，市场经济体制下，企业成为自主经营、自负盈亏的法人主体，企业人力资源的配置方式也从计划转向市场，行业封闭办学的体制受到冲击；二是1994年分税制改革实施后，地方被赋予了更多的管理权力。分税制的特点是中央和地方明确划分责任，并根据双方的责任来划分财政权力。中央财政承担的支出任务包括国防、外交、中央机关和行政部门运作等费用，保证国民经济结构调整、宏观调控、协调地区发展方面的费用；地方政府承担地方各级政府机关和政府部门运转所需要的费用及其地方所需经济、事业发展支出。分税制改革对中央和地方关系的处理带来了新的情况。新税制使地方政府从原来中央权力的延伸机构转变成了真正的"地方政府"，地方政府的自我管理的权力和空间得到扩展。①

（四）大学外部治理结构改革的全面实施和新模式的形成（1998年迄今）

1998年3月10日，第九届全国人民代表大会第一次会议通过了国务院机构改革的方案。这次机构改革的基本原则是"按照社会主义市场经济体制的要求，转变政府职能，实现政企分开"。在这次机构改革中有15个部委不再保留，其中原机械部、煤炭工业部、冶金工业部、化学工业部、中国轻工总会、中国纺织总会、国家建筑材料工业局、中国有色金属总公司等9个部门被改组或组建为国家经贸委的9个国家局。② 这次机构改革淡化了中央政府在经济和社会事业管理中的权力，各部门划转出去的职能有两百多项。③

---

① 参见郑永年：《朱镕基新政——中国改革的新模式》，八方文化企业公司（Global Publishing Co. Inc.）1999年版，第109页。
② 参见中共中央文献研究室：《十五大以来重要文献选编》（上），人民出版社2000年版，第242—246页。
③ 参见同上书，第405页。

在这次中央管理机构改革中，中央高等教育治理机构也发生了重大变化。根据《国务院关于机构设置的通知》（国发［1998］5 号），将原国家教育委员会更名为教育部，在教育部划出的 12 项职能中，关于高等教育方面的就占 10 项。其中 5 项权力下放给了省级管理部门，包括：（1）经国务院授权的省、自治区、直辖市人民政府，可以审批设立实施专科学历教育的普通高等学校；（2）普通高等学校序列中的高等职业技术学校和成人高等学校的指令性招生计划逐步改为指导性计划；成人高等学校毕业证书及发放办法，由各省、自治区、直辖市制定；（3）将省属本专科院校的本专科专业设置审批权，下放给省、自治区、直辖市教育行政管理部门；（4）将省属本科院校学士学位授予单位的审批权和已定为硕士学位授予单位的省属高等学校授予点的审批权，下放给经国务院学位委员会批准授权的省、自治区、直辖市学位委员会；（5）教育部直属高等学校学费的收费标准，由学校所在地教育行政部门审核后，报所在地省级人民政府批准。

这次国务院机构和职能的调整，为最终解决计划经济条件下形成的大学治理条块分割的问题提供了可能。1998 年 7 月中央对机构调整中被并入国家经委的 9 个业务部门所属的 93 所普通高校和 72 所成人高校的管理体制进行调整。其中东北大学、北京科技大学、吉林工业大学、湖南大学、中南工业大学（后更名为中南大学）、中国纺织大学（后更名为东华大学）、北京化工大学、无锡轻工大学（后更名为江南大学）、武汉工业大学（后更名为武汉理工大学）、合肥工业大学这 10 所大学划归教育部管理，中国矿业大学和华北矿业高等专科学校仍旧由国家煤炭局管理之外，其余 81 所高校划给地方管理（见表 2—4、表 2—5）。

表 2—4：1998 年并入国家经委前的 9 个业务部门所属高校的类型和数量

主管部门 / 学校类型	机械工业部	煤炭工业部	冶金工业部	化学工业部	国内贸易部
普通本科	14	12	8	6	10
普通专科	4	2	5	2	1

主管部门 学校类型	中国轻 工总会	中国纺 织总会	国家建筑 材料工业局	中国有色 金属总公司
普通本科	8	7	3	6
普通专科			1	4

资料来源：根据 1998 年 7 月 3 日发布的《关于调整撤并部门所属学校管理体制的实施意见》(国
　　办发〔1998〕103 号文件) 有关数据整理。

表 2—5：1998 年并入国家经委后原 9 个业务部门所属高校调整后的隶属关系

主管部门 学校类型	国家教育部	中央业务部门	省级人民政府
普通本科	10	1	63
普通专科		1	18

资料来源：根据 1998 年 7 月 3 日发布的《关于调整撤并部门所属学校管理体制的实施意见》(国
　　办发〔1998〕103 号文件) 有关数据整理。

划归教育部管理的这 10 所高校，实行"中央与地方共建，日常管理
以地方为主，重大事项以中央为主"的新的管理体制，教育部代表中央与
各有关地方政府共建共管上述学校。以地方管理为主的 81 所高校，其国
有资产由地方代管，其人员编制管理、劳动工资管理等均由地方政府负
责。1998 年 12 月教育部发布《面向 21 世纪教育振兴行动计划》，其中再
次提出：要加快高等教育体制改革步伐，继续实行"共建、调整、合作、
合并"等方针，今后 3—5 年内，基本形成中央和省级政府两级管理、分
工负责，在国家宏观政策指导下，以省级政府统筹为主的条块有机结合的
新体制。除少数关系国家发展全局以及行业性很强需由国家有关部门直接
管理的高等学校外，其他绝大多数高等学校由省级政府管理或者以地方为
主与国家共建。[1]

《面向 21 世纪教育振兴行动计划》在总结过去体制改革经验的基础
上，对大学外部治理的目标模式、实施方法和时间安排都作了更加明确的

---

[1] 参见教育部：《面向 21 世纪教育振兴行动计划》(1998 年 12 月 24 日通过)，载教育部政
　　策研究与法制建设司：《中华人民共和国现行教育法规汇编：1996—2001》(上)，高等教
　　育出版社 2002 年版，第 32—39 页。

规定。1999 年 3 月，由国家 5 个军工总公司管辖的 25 所高校，除了 7 所归国防科工委管理外，其余 18 所普通高等学校全部实行与地方共建，以地方管理为主的新体制。①

1999 年 6 月 13 日，中共中央、国务院发布《关于深化教育改革全面推进素质教育的决定》，其中对大学外部治理结构的改革再次提出明确的要求：进一步简政放权，加大省级人民政府发展和管理本地区教育的权力以及统筹力度，促进教育与当地经济社会紧密结合。今后三年，继续按照"共建、调整、合作、合并"的方式，基本完成高等教育管理体制和布局结构调整，形成中央和省级人民政府两级管理，以省级人民政府管理为主的新体制。经国务院授权，把发展高等职业教育和大部分高等专科教育的权力以及责任交给省级人民政府，省级人民政府依法管理职业技术学院和高等专科学校。高等职业教育和高等专科教育的招生计划改由省级人民政府制定，招生考试的事宜由省级人民政府自行确定。②

2000 年 2 月 12 日，中央又对铁道部等 49 个中央业务部门举办的 161 所高校进行体制调整，其中划转给教育部直接管理的高校 20 所，交给省级人民政府管理的高校 102 所。为支持这些共建高校进一步发展，中央财政设立了中央与地方共建高校共建专项资金，专项用于解决共建高校发展中的困难，支持"国家管理的专业点"建设。

经过三年左右时间的调整后，到 2000 年年底全国有高等学校 1018 所。其中，教育部直属的高校 71 所，其他中央管理部门所属高校 50 所，省级人民政府所属高校 897 所高校。在这场被称为新中国成立后"第二次院系调整"的体制改革中，省级人民政府统筹高等教育的责任和权力得到增强（见表 2—6），中国高等教育长期存在的"条块分割"、"重复建设"、"自我封闭"、"服务面向单一"的状况有了根本性的改变。这在很大程度上促进了布局结构的调整和资源的重组，提高了办学效益。

---

① 参见教育部政策研究与法制建设司：《中华人民共和国现行教育法规汇编：1996—2001》（上），高等教育出版社 2002 年版，第 537 页。

② 参见《中共中央国务院关于深化教育改革全面推进素质教育的决定》，教育部编：《共和国教育 50 年》，北京师范大学出版社 1999 年版，第 719 页。

表2—6：地方接管中央业务部门高校数量前10名的省市（2000年年底）

数量\地区	江苏	辽宁	北京	上海	河南	吉林	湖北	湖南	重庆	四川
119	19	18	16	12	10	10	9	9	8	8

资料来源：蔡克勇：《21世纪的中国高等教育（体制卷）》，高等教育出版社2003年版，第228—237页。

2001年2月24日，国务院办公厅转发教育部等部门《关于调整体育总局所属学校管理体制的实施意见》中指出：从2001年起，上海体育学院、武汉体育学院、西安体育学院、成都体育学院、沈阳体育学院实行中央与地方共建、以地方为主的管理体制；采取地方体育部门与教育部门共管、以体育部门为主的管理方式。

为了促进高等教育为全面建设小康社会服务，实现高等教育的均衡发展，逐步缩小地区间发展差异。2004年以后教育部决定分别与中西部无教育部直属高校的省（区）各共建1所地方高校。这项举措也是教育部加强与地方政府合作、共同促进地方高等教育发展新的重大举措。在此项工作中，教育部特别将支持边疆少数民族地区高等教育事业的加快发展放在首位。教育部将对省部共建高校的改革发展给予更多的关注与政策扶持，同时，积极创造条件给予经费支持。[1]截至2007年，教育部与16个省级人民政府分别签署了共建16所大学的协议，这16所大学分别是新疆大学、郑州大学、内蒙古大学、南昌大学、贵州大学、西藏大学、青海大学、宁夏大学、广西大学、云南大学、山西大学、延安大学、延边大学、河北大学、湘潭大学、石河子大学。共建协议中规定：建设好这批大学，是当地政府和教育部的共同责任。[2]

改革开放以来中央和地方高等教育权力关系模式演变的进程，体现了转型期社会结构变革的重要特征。一方面，由于市场经济体制的建立和完

---

[1] 参见《中国教育报》2004年9月21日。

[2] 参见高文兵：《省部共建高校定位于发展战略思考》，《中国高等教育》2007年第13、14期。

善，地方的权力得到不断加强。世界银行的一份报告中说，从经济方面的行为来判断，中国的省份就像一个个独立的国家。① 一位英国学者甚至认为，改革开放后中国的分权已经把中国从一个统一的国家转变成一个模糊状的国家（Muddle State）。现在中央只是假装在统治地方，而地方也只是假装被中央统治。② 另一方面，中央政府也通过税制改革和掌握地方重要的人事控制权等手段不断强化自己在宏观调控方面的权威。经过多次调整和改革，中央和地方两者在某些方面拥有了大致相等的权力资源。这种新的"央地关系"模式使中央和地方之间相互谈判，成为改革过程中的普遍现象。中央通过谈判来说服地方贯彻中央的意志和政策，而地方则通过谈判来影响中央的政策。中央不能依靠命令来让地方服从，地方也不可能忽略中央的意志而完全自行其是。无论中央还是地方，如果得不到对方的合作，就不能把事情做好。③ 比如，中央教育行政部门将一些审批权下放给省级教育行政部门，但是中央教育行政还具有进行总量控制的权力。

总而言之，改革开放后中国大学外部治理模式在垂直结构的改革，既增加了省级政府统筹高等教育发展的权力，但也并没有因此而影响和削弱中央政府高等教育的调控能力，而是形成了"强中央"和"强地方"并存的大学外部治理结构。这种"双强模式"的典型特点是，中央和地方两级高等教育治理机构都处于重要的地位，两者不再仅仅是上下级的关系，而且还是合作的伙伴。

二、水平结构向度形成了"强政府"和"强社会"并存的外部双重治理模式

新中国成立到改革开放前，国家对社会实行全面的控制，体现的是超

---

① Cf. Anjali Kumar. China's reform : Internal trade and marketing. *The Pacific Review*, Vol.7, No.3,1994, pp.323-340.

② Cf. Gerald Segal. China Change Shape : Regionalism and Foreign Policy, *AdephiPaper*. London : Brassey's for IISS, March,1994.p.287 .

③ 参见吴国光、郑永年：《论中央——地方关系》，牛津大学出版社 1995 年版，第 36 页。

强的全能型国家模式。在全能型的社会结构中，企业和大学等专业性组织不仅履行专业化的功能，更要履行众多的非专业化的社会功能。无论企业还是大学在履行其专业功能和非专业功能时实际上都是在执行政府的指令，完成政府的计划。改革开放前中国全能型社会结构一个典型的特点就是民间社会被解体，"政企不分"、"政事不分"，没有真正意义上的现代企业，也不存在真正意义上的现代大学。改革开放前中国大学外部治理结构曾经实施的两次去中心化改革，一直局限在垂直结构层面上，问题的焦点主要是处理中央和地方政府内部权力关系。邓小平在 1980 年时曾指出，过去在中央与地方之间分过几次权，但每次都没有涉及党同政府、经济组织、群众团体等等之间如何划分职权范围的问题。改革开放后，以往从来没有涉及到的大学外部治理水平结构的分权开始出现，成为了高等教育发展的重要动力。改革开放以来，大学外部治理在水平结构的去中心化改革大致经历了三个阶段。

（一）大学外部治理在水平结构向度去中心化的准备时期（1978—1985 年）

1978 年 12 月 22 日通过的《中国共产党第十一届中央委员会第三次全体会议公报》指出：现在我国经济管理体制的一个严重缺点是权力过于集中，应该着手大力精简各级经济行政机构，把它们的大部分职权转交给企业性的专业公司或联合公司。十一届三中全会提出的经济性分权化改革目标触及到了中国改革问题的实质，也在一定程度上动摇了传统社会主义的体制框架，因此改革的阻力也相当大。中国改革的最初探索是在农村实行联产承包责任制（即所谓的"包产到户"、"包干到户"）。新制度改变了之前由集体管理的生产队或生产大队为单位的生产模式，在土地仍旧归国家所有的前提下，实行以农户为基本生产单位，由农民自我管理和生产、分配及经营。"家庭联产承包责任制"突破了"一大二公"、"大锅饭"旧体制的束缚，因此极大地调动了农民的生产积极性，极大地解放了农村生产力。

在这样一个宏观背景下，大学和政府的权力关系问题也引起了人们的重视。1979 年 12 月，复旦大学、上海交通大学、同济大学以及上海师范大学四位负责人在一次高校会议上呼吁，希望"扩大高等学校的自主权"。他们指出：中央和地方行政部门的权力太多，学校的权力太小。大学事无巨细，都需要请示上级，校长和书记缺乏办学自主权。就教学来说，教学大纲、教材甚至习题都是统一的；就经费来说，专款专用，不准机动；就人事来说，上级不批准，好的教师进不来，差的送不走。①

《人民日报》的按语说，学校应不应该有点自主权，应该有哪些自主权，希望全社会就此提出建设性意见。显然这一来自民间的呼吁得到了主流媒体的支持，为重新塑造大学和政府的关系创造了有利的舆论环境。

1984 年，中国共产党十二届中央委员会第三次全体会议通过了《中共中央关于经济体制改革的决定》，将改革的重点从农村转移到了城市。该《决定》指出：

社会主义优越性还没有得到有效发挥，一个重要的原因是在经济体制上形成了一种同社会主义生产力发展要求不相适应的僵化的模式。这种模式的主要弊端是政企职责不分，条块分割，国家对企业统得过多过死，忽视商品生产、价值规律和市场的作用，分配中平均主义严重。这就造成了企业缺乏应有的自主权，企业吃国家"大锅饭"、职工吃企业"大锅饭"的局面，严重压抑了企业和广大职工群众的积极性、主动性、创造性。以往多次实行权力下放，但都局限于调整中央和地方、"条条"和"块块"的管理权限，没有触及赋予企业自主权这个要害问题，也就跳不出原有的框框。

经济体制改革必然要求教育体制进行相应的改革，也必然引发人们对大学自主权这一问题的关注。1984 年，教育部长何东昌提出："当前中国高等学校管理权限过于集中，管得过多，统得过死，必须在改革中给学校放权。"② 这一时期，浙江、湖北等地的教育行政部门还发布了相关政策文件提出要扩大学校的自主权。

---

① 参见关根：《上海四位大学负责人呼吁：给高校一点自主权》，《人民日报》1979 年 12 月 6 日。

② 中国年鉴编辑部：《中国年鉴（1985）》，新华出版社 1985 年版，第 468 页。

这一时期国家虽然没有发布正式的文件规定高等学校的自主权，但是改革开放所释放出的宽松环境还是给大学自主改革提供了难得的机遇。这一时期改革取得成绩的学校有上海交通大学、中国科技大学、武汉大学、华中工学院（现华中科技大学）、清华大学等。这些学校都有自己独特的办学理念，并且能够充分利用当时有利的外部环境，取得教育主管部门的支持，获得了某种程度的办学自主权，提高了办学质量和办学效益。

（二）大学外部治理在水平结构向度去中心化的正式启动时期（1985—1992 年）

1985 年 5 月 27 日，中共中央发布的《关于教育体制改革的决定》中正式提出了落实高等学校自主权的问题。该《决定》指出：当前高等教育体制改革的关键，就是改革政府对高等学校统得过多的管理体制，要在国家统一的教育方针和计划的指导下，扩大高等学校的办学自主权，加强高校同生产、科研和社会其他各方面的联系，使高等学校具有主动适应经济和社会发展的积极性和能力。《关于教育体制改革的决定》中提出的高校自主权包括六个方面：（1）有权在计划外接受委托培养学生和招收自费生；（2）有权调整专业的服务方向，制订教学计划和教学大纲、编写和选用教材；（3）有权接受委托或与外单位合作，进行科学研究和技术开发，建立教学、科研、生产联合体；（4）有权提名任免副校长和任免其他各级干部；（5）有权具体安排国家拨发的基建投资和经费；（6）有权利用自筹资金，开展国际的教育和学术交流。

1985 年 6 月 25 日，国家教委召开了成立以后的第一次全体会议，决定抓好几项重点工作，其中一项就是抓紧进行高等学校的简政放权工作。[1]1986 年 3 月 12 日，国务院批转了国家教委制定的《高等教育管理职责暂行规定》，其中规定了国家教育部门、地方教育部门和高等学校各自的责任和权力。关于高等学校的自主权被细化为八个方面：（1）在保证完成国家下达的人才培养任务的前提下，可以按照国家规定的比例实行跨部门、跨地区的联合办学，接受委托培养和自费生。可以提出招生来源计

---

① 参见《人民日报》1985 年 6 月 26 日。

划建议，按照国家有关规定，录取学生，处理和淘汰不合格的学生。落实国家下达的毕业生分配计划，制订毕业生分配方案，并向用人单位推荐部分毕业生。（2）执行勤俭办学的方针并在遵守国家财务制度的前提下，按照"包干使用，超支不补，节余留用，自求平衡"的经费预算管理原则，可以安排使用主管部门核定的年度事业经费。（3）按照主管部门批准的总体设计任务书、总体规划、长远和年度基建计划，在向主管部门实行投资包干的前提下，可以自行择优选择设计施工单位。在保证实现经济效益的前提下，经过主管部门批准可以自行审定设计文件，调整长远和年度基建计划。（4）按照干部管理权限，可以根据规定的干部条件、编制和选拔步骤由校长提名报请任副校长；任免其他行政人员；聘任、辞退教师和辞退职工。（5）经过批准的高等学校，可以按照国家有关规定，评定副教授的任职资格，其中少数具备条件的高等学校，可以评定教授的任职资格；审定授予硕士学位的学科、专业，增补博士生导师。（6）根据党和国家的教育方针政策和修业年限、培养规格，可以按社会需要调整专业服务方向，制订教学计划（培养方案）、教学大纲，选用教材，进行教学内容和方法的改革。（7）在保证完成国家下达的科学研究任务的前提下，可以自行决定参加科学研究项目的投标，承担其他单位委托培养的科学研究任务，面向社会开展技术服务和咨询。在不需要主管部门增加基建投资、事业经费和人员编制的情况下，可以自行决定单独设立或与其他单位合办科学研究机构和教学、科学研究、生产联合体。（8）在国家外事政策和有关规定的范围内，积极开展对外交流活动。凡属学校自筹经费，经过上级主管批准认可可以接受的对方资助或在主管部门下达的经费外汇限额内，可以决定出国和来华的学术交流人员。经过批准的学校可以自行负责出国人员的政治审查。①

1986 年 6 月 4 日，《人民日报》发表评论员文章指出："《高等教育管理职责暂行规定》，从对高等教育要宏观管住、微观搞好的原则出发，分别对国家教育委员会、地方政府部门和高等学校自身的管理职责权限作了

---

① 参见《中华人民共和国国务院公报》1987 年第 13 号（5 月 31 日）。

具体的规定。在实际工作中，能否顺利放权，是真放还是假放，主要要看教育主管部门的态度、措施和工作，也取决于政府其他部门的配合与支持。多年来统惯了，一下子放权，有点不习惯、不放心，是可以理解的。但既然改革的方向已明，就要扎扎实实做好工作，争取把权放好。评论文章还特别提出：扩大高校的自主权后，高校的责任更重了。有了办学、财务、基本建设、人事、教师职务审定与聘任、教学、科研、对外学术交流八个方面的自主权，学校具备了主动适应经济和社会发展的能力，学校办得如何，就看学校领导的本事了。"①

1987年10月，中国共产党第十三届代表大会提出：要进一步下放权力。改变权力过分集中的现象。权力过分集中的现象不仅表现为行政、经济、文化组织和群众团体的权力过分集中于党委领导机关，还表现为基层的权力过分集中于上级领导机关。一方面，领导机关管了许多不该管、管不好、管不了的事，陷于事务主义而不能自拔；另一方面，基层缺乏自主权，人民群众的积极性难以充分调动。克服这一弊端的有效途径是下放权力，这一点已为农村改革所证明，应当在其他方面进一步实行。为了贯彻十三大的改革路线，1988年1月，国家教委召开了全国高等教育工作会，大会报告中指出："高校主管部门应当改革管理学校的方式方法，由过多的日常行政干预和管理，逐步转变为综合运用立法的、经济的间接调控手段和必要的行政干预，进行宏观的目标管理。发展联合办学和校际合作，是深化高等教育管理体制的一条重要途径。高等学校在保证完成国家指令性计划的同时，有权根据社会需要和自身条件，面向非主管部门和地方办学，签订人才培养或科学研究合作的合同，学校主管部门应予以支持。"②

中国社会转型期有一个显著特点，就是政府往往将改革文件中的目标定得很高、描述得很美好，但是改革的实施过程又往往非常艰难，新旧制度往往混杂在一起同时发挥作用，新制度失灵、旧制度回潮的现象也屡见不鲜。从权力运行的实际状况看，这个阶段大学的自主权还是政府部门恩

① 《国务院决定扩大高校管理权限》，《人民日报》1986年6月4日。
② 《中国教育报》1988年2月2日。

赐的结果，在权力给与不给、给什么与不给什么、何时给与何时收的权力博弈中，大学仍然处于不利的地位。

1988 年 1 月，《光明日报》记者就大学办学自主权的问题采访了华西医科大学校长曹泽毅。[①] 曹泽毅指出："学校没有办学自主权，就很难办出水平，办出特色。但是在担任校长以来，学校实施的每一项改革措施都有束手束脚，迈不开步子的隐痛。学校应该成为独立办学，并以自己的名义行使权力、承担义务的教育实体。在管理体制上，中央和地方都应该把办学自主权交给学校，凡是适合学校办的事情，都应由学校自行决策，这样才能增强高校主动适应经济和社会发展需要的能力和活力。现在的状况是政府主管部门对高等学校还是统得过多，管得过死，校长很少有发挥主动性、创造性的余地。"

曹泽毅认为一所大学应该具有如下 9 个方面的自主权：（1）根据国家指导性计划和四化建设的需要，允许学校自主决定招生人数和范围；（2）按国家规定的人才培养规格，允许学校自主决定学制、专业设置、教学内容和工作安排；（3）在有学位授权的基础上，允许学校按照国家标准自主授予各级学位；（4）按照精兵简政的原则和选拔干部的标准，由学校自主决定除校长之外的干部任免和奖惩，自主决定学校内部的管理体制和组织机构；（5）由学校自主聘任各级各类工作人员，包括各级教师，并自主决定其工资待遇、福利、晋级和奖惩，不搞全国划一；（6）办学经费直接下拨给学校，并完全由学校自主支配使用；（7）根据国家改革开放的总方针和外事工作的基本原则和政策，由学校自主决定同国外建立校际关系，开展学术交流，聘用外籍专家，进行科技合作，引进外资，出国学习考察等；（8）遵照《中共中央关于改进和加强高等学校思想政治工作的决定》精神，由学校自主决定思想政治教育的内容和形式；（9）校内面向社会服务的生产部门和单位，由学校自主组织经营，并根据国家物价政策和市场调节的原则，合理制定收费标准。

曹泽毅还提出，以上几项放权措施，可在少数学校进行试点，给予一

---

① 参见《光明日报》1988 年 6 月 29 日。

些类似特区的政策。如果可能，华西医科大学愿意作为试点学校。将曹泽毅主张的几项自主权和教委《高等教育管理职责暂行规定》中列举的几项自主权相比，内容虽有相似之处，但实质上有很大的不同，《高等教育管理职责暂行规定》中虽然提出了高校具有某些方面的自主权，但是几乎每一项自主权都受到限制，都是在政府部门的允许之下才可以享有的。

当时和曹泽毅有同样感触的大学校长还有很多。比如 1989 年 3 月《人民日报》记者采访了一些大学校长，校长们谈到："校园门朝哪个方向开，厕所坑位多大尺寸，校长管不了，要由教育行政部门根据基建计划审批。至于学校办什么系、设什么专业、开什么课、要多少老师、招多少学生……更有一本统一的计划管着。"记者同时采访了国家教委政研室的一位负责同志，这位同志讲到："现在教委除了新办大学的审批权和制定大学专业目录外，权已经放下去了，再没有什么可放的了。有些权，如计划、财政、人事权，并不掌握在教委手里，我们也无能为力"。记者还采访了广东省高教局的一位负责人，他说："国家教委将部分高校的管理权下放给省里。省里怎么管？还不是像教委以前那样管。"①

（三）大学外部治理在水平结构向度去中心化的发展和完善时期（1992 年迄今）

1992 年春天邓小平在南巡讲话中提出，改革开放的胆子要大一些，敢于试验，看准了的，就大胆地试、大胆地闯。从此中国改革开放事业进入了一个新的阶段，停顿了一段时间的大学外部治理结构的改革也得以重新启动。1992 年 8 月，国家教委出台了《关于国家教委直属高校内部管理体制改革的若干意见》提出："国家教委直属高校是由国家教委直接管理的教育实体，具有法人地位。学校应以国家赋予的权力，有效地管理学校内部事务，同时也要承担相应的义务和责任。国家教委有关部门不对学校办学自主权范围内的事务进行行政干预。"②同时，国家教委还发

---

① 人民日报记者罗荣兴等：《迎接商品经济的洗礼——中国高等教育改革的困惑、思考与选择》，《人民日报》1989 年 3 月 19 日。

② 《国家教委直属高校全面推进内部管理体制改革》，《光明日报》1992 年 8 月 23 日。

布《国家教委直属高校深化改革，扩大办学自主权的若干意见》，提出了16项大学的自主权，其中包括：（1）学校可根据学科发展和社会需要的变化，在学校现设置的本、专科专业内确定与调整专业方向。（2）学校可适当增加调节性的招生计划，可在年度招生计划总数的百分之二十五以内招收委托培养和自费生，委托培养和自费生比例可以打通使用。（3）学校在办学条件允许的前提下，可在国家教委核定的办学年度本、专科招生计划总数的基础上增招百分之五的委托生和自费生。（4）在年度研究生招生的计划数内，学校可根据实际情况调整在职研究生、定向研究生的比例；学校在办学条件允许的前提下，可依据社会需要，适当招收符合国家录取标准的计划外委托培养、学校自筹经费研究生和自费研究生，国家不负责安排工作。（5）学校可依据国家经济建设和社会发展需求，在不增加国家事业编制和科学事业费的前提下，根据学校所承担的科研任务，自行确定和调整校内科研机构和专职科研编制，创办科技产业实体。（6）学校可依据社会需要举办多种形式和层次的继续教育及岗位培训等非学历教育；成人高等学历教育在办学条件允许和适当提高录取标准的前提下，可在年度招生计划数的20%以内增加计划外招生人数。（7）在基建投资总额包干的前提下，经国家教委批准授权，学校可以根据批准的设计任务书自行审定生活用房及部分教学用房的设计文件。学校可利用自筹资金适当调整建房标准，有条件的学校可利用贷款解决某些基建项目的需要。（8）学校可根据办学的实际需要和所在地经济发展与群众收入水平等情况，提出年度学杂费和委培生、自费生等收费标准，报国家教委审批。（9）学校按照"包干使用，超支不补，结余留用，自求平衡"的经费预算管理原则以及有关法规，自主统筹安排使用学校的预算内经费和预算外经费。（10）学校在执行国家工资法规和实行工资总额包干的前提下，有权确定适合本校实际的校内分配办法和津贴标准。（11）学校有权依据校内各方面承担的任务和工作性质不同，选择不同的用人制度和管理体制。有权在国家核定的编制总数内，确定校内各类人员的构成比例。（12）学校有权依据教学、科研任务和师资队伍建设的需要，设置和调整专业技术职务岗位，有权依据有关规定自主进行专业技术职务评聘工作。（13）除中央和国务院明确规定学校必设的机构外，学校有权依据实际需要确定学校内部机构的设置及其人员的配置，可不参照主管部门对口设置校内机构。（14）学校可按有关规定，提名并考察副校长人选，报国家教委批准任免。学校有权任免副校长以下干部。（15）学校可根据国家教委的委托和有关规定，由校长和党委书记代行审批出国留学人员；代行审批副校长以下出国进行合作科研、参加国际会议以及校际交流等活动的人员；代行审批来华讲学的外籍人员。（16）在国家分配下达的来华留学生经费及来华留学生计划指标内，学校可直接录取来华留学生；在办学条件允许的前提下，可直接录取自费来华留学生，并规定学费标准。①

1993 年 2 月 13 日中共中央国务院发布的《中国教育改革和发展纲要》中指出：在政府与学校的关系上，要按照政事分开的原则，通过立法，明确高等学校的权利和义务，使高等学校真正成为面向社会自主办学的法人实体。要在招生、专业调整、机构设置、干部任免、经费使用、职称评定、工资分配和国际合作等方面，分别不同情况，进一步扩大高等学校的自主权。高等学校要善于行使自己的权利，承担应负的责任，建立起主动适应经济建设和社会发展需要的自我发展、自我约束的运行机制。政府要转变职能，由对学校的直接行政管理，转变为运用立法、拨款、规划、信息服务、政策指导和必要的行政手段，进行宏观管理。

1993 年 7 月国家教委颁发了《普通高等学校本科专业设置规定》，对原来的专业设置管理制度进行改革，将专业审批权更多地下放给了地方或国家业务部门。《普通高等学校本科专业设置规定》指出："本着宏观管好、微观放活的指导思想，就本科专业设置的原则、专业设置条件、专业审批权限等作出要求。国家教委除继续负责审批直属高校设置少数专业和高等专科学校设置本科专业外，不再直接审批专业。高等学校设置本科专业一般须经有关地区或部门的专业设置委员会评议并由学校主管部门审批后报国家教委备案；高等学校可根据社会需要、自身办学条件和基础，自行设置或调整专业方向，并可在专业目录所列本专业门类所属二级类范围内自

---

① 参见《国家教委扩大直属高校办学自主权》，《光明日报》1992 年 8 月 22 日。

主调整原设专业；国家重点高校在学校主管部门审核的本科专业数额内，可自主审定设置符合本校学科性质门类的专业。"①

1994 年 7 月 1 日，国务院发布的《〈关于中国教育改革和发展纲要〉的实施意见》中再次提到：要通过立法，明确高等学校的权利和义务，扩大学校的办学自主权，使学校真正成为面向社会自主办学的法人单位。学校在政府宏观管理下，自主组织实施教学、科研工作及相应的人、财、物配置，包括制定年度招生方案、自主调节系科招生比例、调整或扩大专业范围、确定学校内部机构设置、决定教职工聘任与奖惩、经费筹集和使用、津贴发放以及国际交流等。同时要深化学校内部管理体制改革，通过学校内部机构、人事制度、分配制度和后勤管理改革，进一步调动教职工的积极性，促进高等学校建立和完善面向社会自主办学和自我约束的机制。政府要切实转变职能，改善对学校的宏观管理。政府的主要职能是：制订教育的方针、政策和法规；制订各类高等学校设置标准和学位标准；制订教育事业发展规划和审批年度招生计划；提出教育经费预算并统筹安排和管理以及通过建立基金制等方式，发挥拨款机制的宏观调控作用；逐步建立支持教育改革和发展的服务体系；组织对各类学校教育质量的检查和评估等，对学校进行宏观管理。属于学校的权限，坚决下放给学校。

1997 年 1 月国家教委发布《关于转变职能，加强宏观管理，扩大直属高校办学自主权的若干意见》指出："国家教委 1992 年发布的《关于直属高校深化改革，扩大办学自主权的若干意见》以来，对促进教委简政放权，推动直属高校转换运行机制、增强办学活力，起到了积极作用。随着社会主义现代化事业的不断发展和高等教育改革的逐步深化，为适应新的形势要求，需进一步理顺国家教委和直属高校之间的关系，明确双方的责任、权利和义务，逐步建立政府宏观管理、社会积极参与、学校自主办学相结合的运行机制。国家教委将进一步转变工作作风，增强服务意识，改进和加强宏观管理的手段，充分尊重学校的办学自主权。凡明文规定属于学校自主权范围内的事务，国家教委各有关司局不得再进行行政干预。同

---

① 转引自《中国教育年鉴》，人民教育出版社 1994 年版，第 136—137 页。

时，要加强委内各有关司局的协调，杜绝政出多门的现象。学校在办学自主权逐步扩大的形势下，在充分发挥主动性和创造性的同时，要特别重视权利与责任的统一，严格遵守各项规定，建立健全校内管理规章制度，形成自我发展和自我约束的机制。"①

1998 年 3 月，第九届全国人民代表大会第一次会议批准了国务院机构改革方案，根据《国务院关于机构设置的通知》（国发［1998］5 号），将原国家教育委员会更名为教育部，在教育部划出的 12 项职能中，有 5 项权力下放给了直属高等学校。这 5 项权力分别是：（1）在实行工资总额包干和执行高等学校编制管理有关规定的前提下，将教育部直属高等学校的内部用人制度、劳动工资和收入分配的管理、内部机构的设置以及在专业技术职务宏观结构调控下学校专业技术职务岗位设置与调整的审批权，下放给直属高等学校；（2）教育部直属高等学校副校级（不含副校级）以下领导职务任免管理权，下放给直属高等学校；（3）已批准设立研究生院的高等学校及科研机构，可自行审批本单位相关专业的硕士学位授予点；（4）将博士学位授予单位的博士生指导教师的审批权，下放给已批准为博士学位授予单位的高等学校和有关科研机构；（5）教育部直属高校根据国家房改政策和教育部有关规定制定的学校住房制度改革办法，由学校报当地房改部门审批并报教育部备案。

1998 年 8 月 29 日通过的《中华人民共和国高等教育法》（以下简称《高等教育法》）中提出："高等学校应面向社会，依法办学，实行民主管理，高等学校自批准设立之日起取得法人资格"。按照《高等教育法》有关条款，高等学校应该享有的办学自主权包括：（1）高等学校根据社会需求、办学条件和国家核定的办学规模，制订招生方案，自主调节系科招生比例；（2）高等学校依法自主设置和调整学科、专业；（3）高等学校根据教学需要，自主制订教学计划、选编教材、组织实施教学活动；（4）高等

---

① 国家教委：《关于转变职能，加强宏观管理，扩大直属高校办学自主权的若干意见》，载《中华人民共和国现行教育法规汇编：1996—2001》（上卷），高等教育出版社 2002 年版，第 489—490 页。

学校根据自身条件，自主开展科学研究、技术开发和社会服务；(5) 高等学校按照国家有关规定，自主开展与境外高等学校之间的科学技术文化交流与合作；(6) 高等学校根据实际需要和精简、效能的原则，自主确定教学、科学研究、行政职能部门等内部组织机构的设置和人员配备；按照国家有关规定，评聘教师和其他专业技术人员的职务，调整津贴及工资分配；(7) 高等学校对举办者提供的财产、国家财政性资助、受捐赠财产依法自主管理和使用。

1998 年 12 月，《面向 21 世纪教育振兴行动计划》中再次提到：切实落实《高等教育法》关于"高等学校应当面向社会，依法自主办学，实行民主管理"的规定，扩大高校办学自主权。1999 年 6 月 13 日，《中共中央国务院关于深化教育改革全面推进素质教育的决定》中提到：按照《高等教育法》的规定，切实落实和扩大高等学校的办学自主权，增强学校适应当地经济社会发展的活力。加强对高等学校的监督和办学质量检查，逐步形成对学校办学行为和教育质量的社会监督机制以及评价体系，完善高等学校自我约束、自我管理机制。进一步扩大高等学校招生、专业设置等自主权，高等学校可以到外地合作办学。2002 年 6 月 6 日，《全国教育事业第十个五年计划》中再次提到：进一步理顺学校和政府的关系，依法落实和规范学校的办学自主权。

中国共产党十四届三中全会上提出，为了构建社会主义市场经济体制，就必须建立"产权清晰、权责明确、政企分开、管理科学"的现代企业制度。这以后不断有学者对现代学校制度和现代大学制度等问题进行讨论。2004 年 2 月 10 日，教育部制订的《2003—2007 年教育振兴行动计划》中正式提出了要探索建立现代学校制度的改革目标：切实转变政府职能，强化依法行政，促进决策与管理的科学化和民主化。贯彻《行政许可法》，加快政府职能转变，改革教育行政审批制度，清理教育行政许可项目，建设相关配套制度，建立公共教育管理与服务体系。规范教育行政部门在政策制定、宏观调控和监督指导方面的职能，依法保障地方教育行政部门的教育统筹权和学校办学自主权。深化学校内部管理体制改革，探索建立现代学校制度。继续深化学校内部管理体制改革，完善学校法人制度。高等学校要坚持和完善党委领导下的校长负责制，推进依法办学、民主治校、科学决策，健全学校的领导管理体制和民主监督机制。遵循"从严治教，规范管理"的原则，加强学校制度建设，逐步形成"自主管理、自主发展、自我约束、社会监督"的机制。

通过梳理改革开放后中国大学和政府之间权力关系模式的演进历程，我们可以发现中国大学外部治理结构的改革带有中国社会转型的典型烙印。中国社会转型和其他转型国家的道路有很大的不同，比如苏联的市场化改革直接吸收了美国芝加哥学派"新自由主义"理论，采取"休克疗法"，使政府迅速退出经济管理和社会管理领域，形成了"小政府"的治理模式。而中国的改革，采取的是渐进的推进模式，政府在制度变迁过程中所起的主导作用十分明显。因此有很多学者认为，中国的市场经济是一种政府主导的市场经济，中国的现代化是政府主导的现代化，中国的公民社会也是政府主导的公民社会。对于这种特殊的现象，政治学者俞可平教授认为，如果要从"国家—社会"或"政府—市场"的视角来分析中国在全球化背景下的成功，最主要的原因恰恰是利用了政府的主导作用。[①] 但是，由于市场经济条件下全能型国家和政府难以为继，社会力量逐渐强大，社会力量的自主性也受到重视，并且越来越强。在中国社会转型的特殊制度环境下，国家和市民社会，政府和社会组织，都扮演着重要的角色，呈现出"强国家"与"强社会"并存的治理模式。大学和政府的关系也具有同样的特征，在市场经济体制下政府已经不能随意支配高等学校的办学和管理，而大学也不能离开政府供给的规则而独立行动，政府和大学之间正在形成一种对话关系和机制，大学外部治理逐渐从"政府控制模式"向"政府监督模式"转变。

还值得注意的是，大学外部治理模式在垂直结构和水平结构两个向度上并不总是一致的，政府对不同性质的高等教育机构实施了所谓"分层管理、分类指导"的策略。对于精英型高等教育机构，在外部治理的

① 参见俞可平、庄俊举:《热话题与冷思考（三十四）——关于"北京共识"与中国发展模式的对话》,《当时世界与社会主义》2004 年第 5 期。

垂直结构表现出中心化的趋势，在几次体制调整中一些历史较长、办学基础较好的行业高校被纳入教育部直接管理，从而使教育部直属高校从1978年的35所增至75所。大众化高等教育机构的外部治理在垂直结构则表现出去中心化的特点，比如高职院校的管理职能主要由省级教育行政机构负责。在大学外部治理的水平结构，则呈现出相反的状态。对于精英型机构，中央政府和地方政府都采取了去中心化的改革，这些学校被赋予了更多的自主权，特别是在专业、学科设置、招生工作和教师职务评聘等方面，精英型机构比一般的本科院校和高等职业院校有着更多和更大的自主权，而政府对大众型高等教育机构的控制要明显强于精英型机构。

第四节　中国大学外部双重治理模式改革前瞻

中国大学外部治理结构经过三十多年的改革，发生了重大变化。在大学外部治理的垂直结构形成了中央和地方两级管理、以省级统筹为主的新体制。大学外部治理的水平结构也发生了重要的变化，政府有意识地向大学分权，新型的府学关系模式正在形成。由于中国改革是增量改革，新旧体制往往混杂在一起，旧体制的影子不容易消逝，甚至还会以各种形式复活。这种特殊的改革状况，要求我们既要客观地评价改革的成果，又要认识到大学外部治理结构的改革在今天仍然还是一个没有最终完成的现代性方案。

一、在外部治理结构的垂直向度，要从效率性分权转变为公平性分权

一个国家大学外部治理结构的形成受到很多因素制约，它是国家政治体制、经济体制、文化传统和发展战略等多种因素促成的。比如，美

国和欧洲一些国家有着相同的政治经济体制，但是由于文化传统上的差别，大学外部治理结构有很大的不同。而一些外生型现代化的国家，虽然在政治体制和文化传统上相差很大，但由于都实行了赶超型的发展战略，却有着比较相似的大学外部治理结构。新中国成立后，我国高等教育长期面临着供给不足的矛盾，因此大学外部治理改革的基本思路一直是提高效率。改革开放以来中央教育行政部门将部分高等教育管理权限下放给地方，其目的也在于此。这一改革思路无疑是正确的，也起到了预期的效果。

对于一个大国而言，大学外部治理结构实行去中心化模式，一个重要的原因就是利用地方政府之间的竞争促进地方对高等教育公共物品的供给。由于中央教育行政部门难以掌握地方提供高等教育公共品的效率的有关信息，也不容易了解地方公众的高等教育偏好等信息，最有效的方法就是让地方政府去提供当地的公共品。西方有学者认为，在这样的分权机制下，看上去地方政府是公共高等教育物品的垄断者，难以保证公共品供给的效率。但是，在居民可以自由搬迁的机制下，居民可以通过"用脚投票"的机制来形成地方政府之间的竞争，从而保证地方公共产品的提供效率。[1] 中国的情形虽然有所不同，但是一个地方高等教育的发展水平无疑会直接影响到这一地区的经济建设、人才引进和城市声誉等，也就造成地方领导有着较强的发展高等教育的愿望。

20世纪90年代末和21世纪初大批行业高校在原有投资体制不变的情况下放给地方，地方对于这种改革无疑是欢迎的。对于中央来说，在分税制的体制下，解决高等教育资源短缺的一个好办法就是让地方增加投入。中央和地方两者的需求结合在一起就创造出了中国独有的外部双重治理模式，一大批省部共建校应运而生。省部共建高校大部分都是历史悠久、学科实力强的重点高校，通过共建分别从中央政府、省级政府（还有个别市级政府）获得资助。在这场大规模的体制调整中，中央政府减轻了

---

[1] Cf. Tiebout, Charles. A Pure Theory of Local Expenditures, *Journal of Political Economy*, 1956（64），pp.416–424.

财政负担、强化了高等教育的投入，地方政府通过资助属地的部属高校得到优先录取本地生源等诸多优惠条件，大学也无疑是受益者，可以说实现了三方面共赢的局面。

随着时间的推移，中央和地方双重治理模式的问题也逐渐显露出来。比如，共建模式的实施对没有实行共建的地方高等学校不公平。共建高校由于有中央和地方两个方面的支持，它们在审批专业、引进人才、申请学位点和科研项目等方面都处于绝对优势地位，没有共建的地方高校根本无法与之公平竞争。还有一个更为严重的问题是，作为对地方共建投入的回报，省部共建的全国重点大学不同程度地存在生源属地化的现象，有些大学在属地的生源竟高达60%—70%之多。2009年按照教育部的有关规定，各大学减少了在本地招生的名额，但是仍然保持在30%—40%的比例。重点大学招生本地化现象，一方面严重违背了教育公平的原则，将本来是全国性的公共产品转化为地方性公共产品；另一方面也必然影响大学招生的质量和办学水平的提高。

2005年12月中共十六届五中全会通过的《关于制定国民经济和社会发展第十一个五年规划的建议》中，突出强调了中国的改革要"更加注重社会公平，使全体人民共享改革发展成果"。新的"改革共识"不再强调效率优先，而是更加注重公平和谐。这种背景下，大学外部治理结构的变革也应该在新的改革共识引领下进行，将以往的以效率为目标的分权转变为以实现公平为目标的分权。世界银行《发展中国家的高等教育：危机与出路》报告中也指出：一个有效的高等教育系统有赖于政府对高等教育的积极监督。政府必须保证高等教育为公共利益服务，保证整个高等教育系统财政方面的透明性和公平性。[1]

按照西方国家的经验，公共物品与公共服务的提供，主要应按受益原则、能力原则、效益原则在中央与地方之间进行适当划分。[2] 由于中央政

---

[1]　参见蒋凯：《从"奢侈品"到"生存的必需"——世界银行关于发展中国家高等教育的新观点》，《全球教育展望》2002年第6期。

[2]　参见邵明阳：《从效率性分权到公平性分权：当代中国中央与地方权力调整轨迹分析》，《经济社会体制比较》2008年第3期。

府和地方政府具有不同的属性，中央政府和地方政府在公平与效率上的价值取向可能有很大的差别。一般来说，地方政府因为关注地方利益而会更注重效率，而中央政府则可以超越地方利益而更加关注社会整体的公平问题。从这个角度出发，中央财政资助的高等学校提供的是全国性的公共产品，地方财政资助的高等学校是地方性的公共产品，两者之间在性质上不可以混淆。由于我国高等教育布局结构存在较为严重的不平衡的现实，中央可以通过转移支付等形式对高等教育不发达地区进行一定的补偿，以促进高等教育均衡发展，最大限度地实现高等教育公平。

二、在外部治理结构的水平向度，要强化制度化和规范性分权

英国历史学家哈罗德·帕金说："高等教育发展的一个中心主题就是自由和控制的矛盾。"[①] 改革开放前中国大学和政府的关系是单向度的关系，政府发号施令，大学照章办事。改革开放后，政府改变了过去包办一切的治理模式，大学的自主权不断拓展，并且得到相关法律的确认。在这一过程中，大学也因此产生了发展的内驱力，大学内部的改革得以进行。但是，我们也要看到在大学外部治理的水平结构，政府和大学还没有形成良性的互动，法律赋予大学的自主权还没有完全得到实现，还受到很多不应有的限制。

哈尔滨工业大学校长王树国 2005 年在接受《南方周末》记者采访时说：高等教育改革的关键，我认为就是让高校成为名副其实的独立法人。我再次强烈呼吁还以自主权。[②]2008 年笔者访问了一位大学校长，他这样对我说：如果没有记错的话，《高等教育法》赋予大学的各项自主权一项也没有真正落实。上面提到的两位校长都不是专门研究教育的，讲这番话的时候也许没有过多地思考，但既然他们都这样讲，则无疑可以看出他们

---

① ［美］伯顿·克拉克：《高等教育新论——多学科研究》，浙江教育出版社 1988 年版，第 27 页。

② 参见 http://news.xinhuanet.com/school/2005-08/31/content_3181250.htm。

在治校过程中还受到很多不应有的限制。

2009年2月《人民日报》刊登了湖南师范大学张良田教授的来信，他在来信中讲了这样一个真实的故事：湖南一所大学，各专业开设的课程大体分为公共课与专业课两大块，两大块所占课时及学分比大致为4.5：5.5。这一比例分配，削弱了专业课的分量。对此，各个专业颇有意见，想要提高专业课的比重，纷纷向教务处提交课程结构调整报告。教务处被迫召集各专业负责人与教师代表开会，专门讨论课程结构调整问题。大家提出了"政治理论课门类太多，可以整合"、"公共外语课课时太多，需要压缩"、"专业课是大学教育的基石，必须加强"等建议。教务处长说："我的想法跟大家的差不多，但我做不了主，还是请主管校长来吧。"主管校长听取意见以后说："大家的意见都很好，我也是这么想的。不过，公共课的开设是教育部定的，各个高校都这样，我们不能动，也不敢动！"于是，大家白忙活了一场。① 从1979年上海四位高校领导在《人民日报》上呼吁增加大学自主权到现在已经30年了，《人民日报》登载教授的来信，再次呼吁给大学自主权，不能不令人沉思。其实张良田教授提供的这个故事没有多少新意，大学里的人对这个问题都看得很明白，只是因为无力改变，大家也就等闲视之了。

《高等教育法》实施已经十余年了，为什么大学自主权到现在还让大学的领导和教师不满意？笔者以为，一方面我们必须客观看待历史，不能简单否认改革以来中国大学外部治理所取得的进展，而且改革的成果在很大程度上也是政府努力的结果；另一方面，我们也要看到，大学外部治理结构的现状和中国建立现代大学制度的客观需要相比还有很大的差距，大学自主权的落实方面的确还存在着种种问题。

高等学校自主权得不到落实，在一定程度上是委托人担心代理人可能存在的道德风险所致。在高等教育治理的委托代理关系中，教育行政部门无疑是代表国家和全体公民履行委托人的角色，而大学中的各级管理干部无疑是在履行委托人赋予的责任，属于代理人的角色。在高等教育委托代

① 参见 http：//news.xinhuanet.com/school/2009-02/05/content_10765352.htm。

理关系中的确存在一定的道德风险，即代理人为自己谋私利的问题。西方学者哈特认为，政府和市场的边界取决于产品的性质。当产品的质量比较容易监督的时候，通过市场来组织生产就比较有效。但是当产品的质量不易监督的时候，如果通过市场来供给这种产品，就会出现道德风险，私人部门就会牺牲质量来降低成本。这种情况下，由政府提供这些质量难以监督的产品，就会比较有效。①毋庸置疑，高等教育服务就是典型的质量不易监督的社会产品，因此政府的介入是正常的，也是必要的。但是政府的介入也应该是有限度的，不能超越大学和政府之间正常的权力边界，违反法治的精神。比如1999年1月1日实施的《高等教育法》中明文规定："高等学校依法自主设置和调整学科、专业。"而就在该法律正式实施后不久，教育部高教司发布的《高等学校本科专业设置规定》中就规定："高等学校的专业设置实行总量控制，在学校主管部门核定的专业数内，学校年度增设专业数一般不超过3个。国务院有关部门所属的高等学校，在专业审批时，除了主管部门要同意之外，还要征求学校所在地省级教育行政部门的同意。省属高校设置专业由省级教育行政部门审批。"虽然教育行政部门的初衷是为了保证专业结构的优化和专业质量的保证，但是这项规定也有行政违法的嫌疑，它的出台将《高等教育法》所赋予的高校的专业自主权轻而易举地剥夺了。

政府介入原本属于大学内部的事务，除了忧虑代理人的道德风险外，也不排除这种介入背后还隐匿着寻租的动机。通过两个例子，我们就可以清楚地看出行政干预给政府部门带来的收益。第一个例子是：某省教育行政部门组织对高等学校已经举办了一年的新专业进行评估。虽然评估指标定得很全面，评估程序也看似规范，但是实际上不过是搞形式主义、走过场。参与评估的专家绝大多数是各大学主管教学的副校长和教务处长，虽然专家不参与对自己学校专业的评审，但是由于工作关系平时大家都很熟悉，而且今天你评我校的专业，明天我就可能去评审你校的专业。这种评

① Cf. Hart, Oliver,1997. The Proper Scope of Government : Theory and an Application to Prisons, *Quarterly Journal of Economics*, Nov.,pp. 1127-1161.

估实际上是变相的既当裁判员又当运动员。评估一个新专业，高校要上交省教育厅高教处 3 万元，还要负责评审专家的交通费和食宿费。评估结束后，专家拿到了学校送的纪念品和教育厅发的评审费，教育厅则从这次评审中得到了一大笔收入。毫无悬念，参加评估的新专业无一例外地都顺利通过了评审。第二个例子是：某省规定，高等学校学生的学费要先交到省财政厅，然后再下拨给各高校。高校的人不理解，觉得这不是人为地增加管理环节吗？最后才知道，学费统一交到省财政厅后，省财政要沉淀一部分后再下发给大学。政府部门利用行政管理权将本来属于大学的经费转移到其他地方去了。上边两件事情都是公开性的，至于在政府组织的各种评审和审批环节中暗箱操作更是习以为常的事。因此，政府加强管制、不放权的背后是丰厚的部门和个人利益，不打破这种利益驱动机制，高校的自主权就很难得到真正的落实。

政府干预大学自主办学的行为之所以经常发生，也和国家有关制度不健全有关。全国人大通过的法律和政府制定的文件到底哪个更有权威，这在法治化程度很高的国家本来不应成为问题，但是在中国则不然。在转型期的特殊阶段，高等教育发展中往往是新旧问题同时存在，政府为了解决新的问题而制定了新的规章，但是由于旧问题还存在，过去的章程也没有被废弃。由于新旧章程自相矛盾，在大学外部治理的实际过程中按哪套规则办事，给不给你权力往往全凭长官的好恶。2005 年《中国高等教育》召开一次关于高教改革的座谈，一位已卸任的大学校长发言说：

关于校长负责制，还是党委领导下的校长负责制，这在中国不是根本问题，即使是校长负责制，但如果上头教育部把你管得死死的，也没有用。我记得我当校长时，曾经和教育部的领导吵过架，但吵到最后我不得不让步，他说你如果再吵下去，这个权我就不给你了，这是根本性的问题。①

上述问题的根源是我国大学和政府之间的权力边界模糊，政府和大学的分权还没有制度化、结构化，因而导致政府对大学不规范行政、违法行

---

① 参见《高等教育改革下一步抓什么》，《中国高等教育》2005 年第 2 期。

政等现象较为突出。针对这些问题，大学外部治理结构改革应该进一步调整和规范大学和政府之间的权力关系，形成制度化的分权结构。正如西方学者伯达尔提出：政府和大学需要形成某种建设性的关系，通过某种机制将政府的责任和学者的自治联系在一起。[①] 2009 年 1 月，国务院总理温家宝发表讲话指出：教育方针、教育体制、教育布局和教育投入，属于国家行为，应该由国家负责。具体到每个学校如何办好，还是应该由学校负责、校长负责。不同类型学校的领导体制和办学模式应有所不同，要尊重学校的办学自主权。教育事业还是应该由懂教育的人来办。[②]

在建立大学外部治理制度化的分权结构过程中，政府需要真正树立政府管理的本质就是服务的理念，将法律作为公共治理的最高准则。大学是学术传播、学术生产和学术转化的主体，政府如果想要促进学术的繁荣和进步，必须重新定位自己的角色，从控制塔上走下来，利用法律赋予的权力切实为大学发展提供有效的公共产品和服务。正如欧洲大学协会（EUA）在 2005 年《格拉斯哥》宣言中所指出的："政府必须认识到给予大学信任和权力的重要性，政府的角色应该是监督者（supervisor），而不是管制者（regulator），政府的主要责任就是为高等教育机构提供帮助和引导。"[③]政府应该从审批制向备案制转变，通过民主、公开和科学的程序进行相关决策。在大学学科专业设置、办学层次制定、招生规模等方面制订相应的准入标准和条件，只要符合相应准入标准的大学就应该毫无困难地开展某些方面的活动，只需要向教育行政部门备案，不再审批。这样做的好处是显而易见的，鼓励后来者通过制度创新和观念创新等正常手段实现发展，造成一种竞争的局面，更可以减少政府管理成本，杜绝寻租行为，减少教育经费的无效利用。

---

① Cf. Berdahl, Robert. Academic Freedom, Autonomy and Accountability in British University. *Studies in Higher Education*,1990, Vol.15,p.169.

② 参见 http：//news.xinhuanet.com/school/2009-02/05/content_10765352.htm。

③ 参见 http：//www.eua.be/publications#c398。

三、在大学外部治理结构中要引入中介组织，强化社会参与

20 世纪以来，西方大学外部治理的一个成功的经验就是发展介于政府和大学之间的中介组织，将它们作为政府与大学之间的缓冲器和多元化高等教育利益主体表达诉求的制度安排。伯顿·克拉克甚至认为："20 世纪高等教育最重要的发明是它的组织形式，即通过中介组织来缓和中央集权控制的主要结构部分。"[①] 中介组织在高等教育内部以及高等教育与中等教育、政府和社会的关系方面发挥着多种功能，这些功能主要体现在：协调高等院校与政府的关系，实现政府管理和高教自治的有机结合；确立高等院校基本入学资格，促成高等教育与中等教育的衔接；规范高等院校及其专业设置基准，维护高等教育质量，整合高等教育系统；维护教师的权益，促进教师专业化。[②]

改革开放以后随着政府职能的改变，中介组织在中国也开始兴起，并且在改变政企不分和推行社会化管理中起到了重要的作用。1994 年国务院关于《中国教育改革和发展纲要》的实施意见中首次提出要通过建立中介组织改善大学的外部治理结构。此后，我国诞生了一批地区性和全国性的高等教育中介组织。不过这些高等教育中介组织功能单一，大都为高等教育质量评估机构，而且这些组织还存在行政依附性强、专业化程度差、社会认同度低和受利益驱动等种种问题。

中介组织加入到大学外部治理结构中来，主要的目的在于通过上下互动的管理过程和合作、协商、伙伴关系等方式，实施对高等教育事务的管理。治理的最终目标是实现善治（good governance），而善治的本质特征就在于它是政府与公民社会对公共生活的合作管理，是政治国家与公民社

---

① ［美］伯顿·克拉克：《高等教育系统——学术组织的跨国研究》，王承绪等译，杭州大学出版社 1994 年版，第 305 页。

② 参见杨凤英、毛祖桓：《美国高等教育中介组织的功能及其启示》，《比较教育研究》2006 年第 1 期。

会的一种新颖关系，是两者的最佳状态。[①] 因此，中介组织参与大学治理，能够为高等教育多元化利益主体表达诉求提供一个制度性安排和整合的机制，可以起到单一的政府治理所达不到的作用。特别是在高等教育区域化和全球化发展趋势明显的社会背景下，仅仅依靠国家和地方政府治理大学，已经不能满足高等教育发展的需要了。

在国外大学外部治理的变革中，这方面成功的事例很多。比如美国"西部洲际高等教育委员会"（WICHE），就是一个跨越行政区域的地区性高等教育中介性组织。它由西部各州根据"西部地区教育协定"而成立的地区性组织，它成立的初衷是为了促进西部地区高等教育资源的共享。WICHE 由各州产生的委员共同管理，每个州的三名委员都是由州长任命。根据协定，各州每年都要提供经费支持 WICHE 的基本运转。WICHE 的首任行政负责人哈罗德提出，WICHE 的主要功能就是帮助州和大学进行有效的合作，以提高大学的入学机会和改进高等教育质量。它的具体任务是：提供评估西部高等教育需求的工具，并且启动相关的项目以满足这些需要；协商和管理各州提供给区域高等教育服务的经费预算，作为财政代理人分配这些资金；作为西部高等教育发展的信息中心；研究高等教育机构和地区关于改进高等教育的一些难题；提供一个供所有教育家合作讨论大家共同面对的问题和解决方案的平台；在适当的时候，帮助大学和学院处理它们和国家基金委员、工业界和联邦政府有关的高等教育事务；促进公共官员和教育家在处理双方事务中相互理解，以便教育经费能够合理使用，并且将大学的研究、教学和服务集中于解决西部发展中的问题。[②]WICHE 第二任行政负责人罗伯特对委员会的功能进行了拓展，他提出 WICHE 的主要任务是：改进区域内大学和学院的教育质量；拓展教育机会，特别要关注西部短缺领域的专业化人才的培养；帮助协调和拓展洲际和校际间的合作项目，以便能最大限度地利用高度专业化的设备和人

---

① 参见俞可平：《中国离"善治"有多远——"治理与善治"学术笔谈》，《中国行政管理》2001 年第 9 期。

② Cf.Frank C.Abbott.*A History of the Western Interstate Commission for Higher Education : the First Forty Years*. Publication No.2A348B.WICHE Publications, p.232.

员，避免不必要的浪费；提高公众的对高等教育重要性的认知能力，使他们理解高等教育需要充足的财政支持；帮助大学和学院对西部教育需求和社会需求的变化进行评估和作出反应。① 可见，中介组织性质的 WICHE 作为跨越行政区的大学外部治理机构，它起到了政府组织所起不到的作用。

再比如 2001 年新成立的"欧洲大学协会"，是一个跨越传统国家边界的高等教育中介服务组织。它成立的目的在于加强欧洲 46 个国家高等教育机构间的合作，帮助这些机构把握高等教育和科学研究政策的最新发展趋势。欧洲大学协会经常性的工作包括：(1) 促进高等教育相关政策的制定，以便使大学和其他高等教育机构能够对不断变化的社会期望作出反应，为欧洲知识型社会的发展作出贡献；(2) 向不同层次的高等教育政策的制定者提出政策建议，保证大学的声音能够被政府和社会所知晓；(3) 为高等教育政策争论的各方提供信息服务，促进他们在相关问题上达成一致；(4) 通过各项计划促进每一个高等教育机构提升知识和技能，以便支持相关政策的发展；(5) 通过一系列旨在促进交互学习、经验交流和向最优化实践转变的活动，来强化对大学和学院的治理、领导和管理；(6) 促进欧洲高等教育机构和世界其他地区的高等教育机构形成伙伴关系，以保证欧洲大学在全球化背景下能够保持自己的地位。② 从欧洲大学协会履行的职能看，它正在积极扮演高等教育全球化治理的新角色。

上面提到的两个高等教育中介组织，在平衡大学、政府和社会的关系，促进不同地区间大学的合作，保证大学外部治理的效率和公平等诸多方面都发挥了重要的作用。我们国家区域广大，地区间高等教育发展水平极不平衡，在计划经济时代形成的高等教育布局结构和管理体制目前仍保留着相当清晰的痕迹。因此可以断言，在促进我国地区间高等教育合作、协调不同政府部门高等教育的权力关系、解决大学外部双重治理模式的各

---

① 　Cf. Frank C. Abbott.A History of the Western Interstate Commission for Higher Education : the First Forty Years. Publication No.2A348B.WICHE Publications, pp. 236–237.

② 　资料来源为欧洲大学协会的官方网站（http : //www.eua.be/about–eua/）。

种问题等方面，高等教育中介组织大有可为。目前问题的关键是：政府、大学和社会都要为高等教育中介组织的成长创造有利的条件，使它们能够承担起大学外部治理的重要责任。

四、大学外部治理需要适度引入市场机制，提高治理的效率和效益

高等教育服务是典型的准公共产品，既具有公共产品的性质，也具有私人产品的性质。因此，在大学外部治理中政府和市场的作用都很重要。高等教育服务具有极强的外部性，我国要实施建设创新型国的发展战略，必须要把发展高等教育看成是政府的责任，高等教育的公益性必须得到政府强有力的保障。但是，在具体的大学外部治理实践中，可以根据国际的经验和高等教育资源优化配置的原则，适度引入市场的价格机制、供求机制、竞争机制和激励机制等手段来保证资源的有效利用。

大学外部治理引进市场机制是近 30 年来世界高等教育改革发展的一个共同趋势。20 世纪 80 年代后，以重视学术权力而著称的西欧高等教育也开始向美国等国一样，开始重视市场在高等教育资源配置中的作用。高等教育市场化改革的理论基础是 20 世纪 70 年代末兴起的新公共管理理论。在新公共管理理论看来，传统公共行政更多地表现为政府的消极控制，政府的作用不是为提高效率进行有效的激励，而是致力于如何避免犯错误。新公共管理理论则信奉市场的力量和"以消费者为中心"，倡导建立"企业家政府"和"企业化的政府"。高等教育借鉴市场机制，更重要的原因还是在公共教育经费增长受到经济增长的限制的情况下，政府试图通过市场的力量来提高资源的使用效率、拓宽经费的来源渠道、提升高等教育对外界的反应能力。1999 年世界银行关于教育发展的一份报告指出："在过去的十年时间里，我们的社会环境发生了五个方面的重大变化：一是政治的民主化，二是经济的市场化，三是市场的全球化，四是技术的革新，五是公共部门和私人部门角色的转换。政府在经济中越来越少直接干预，在教育中政府仍然担负着重要的角色，但是私人部门的影响越来越显

著了。"①

在高等教育引入市场机制的改革中，英国政府的反应最为积极，一个典型的例子就是从 1986 年开始英国政府委托中介组织对大学实施科研水平评估（Research Assessment Exercise，RAE）。RAE 的设计理念是根据大学各学科研究成果的质量分配科研经费。从 1986 年开始英国先后开展了 6 次科研水平评估。2008 年是最新的一次评估，一共有 159 个高等教育机构参与。② 2008 年的评估将参评高校的学科质量分成 5 个等级：第一等级是根据原创性、重要性和困难程度，研究质量达到了世界一流水平；第二等级是根据原创性、重要性和困难程度，研究质量达到了国际卓越水平，但是没有达到世界最高水平；第三等级是根据原创性、重要性和困难程度，研究质量达到了国际水平；第四等级是根据原创性、重要性和困难程度，研究质量达到了国内水平；第五等级是研究质量没有达到国内水平，或者研究成果的发表不符合评估的标准。③2008 年 RAE 的结果可以说牵动着全英国大学研究人员和官员们的心，因为这不仅与声誉相关，还涉及研究经费的分配。英国政府在未来 5 年中用于高等教育的经费约为每年 15 亿美元。尽管英国的大学和特定研究大约一半的预算来自竞争性基金、项目、工业界和教育慈善机构，但大学"研究评估排名"决定了在相当长一段时间里每个机构可获得的年度政府基金。④ 从历次评估的结果看，总有一些不知名的新大学在科研评估中脱颖而出。虽然英国国内有人对科研水平评估持不同意见，但是它作为一种按绩效分配资源的手段肯定不会发生根本性改变。2003 年英国政府在《高等教育的未来》白皮书中也提到：政府继续承担高等教育经费的主要部门，但是政府需要仔细考虑研究资金管理和分配的方式，使之能够以最有效的形式发挥作用。⑤

---

① 　The Word Bank. *Education Sector Strategy*,1999, pp.1–3.

② 　参见 http : //www.rae.ac.uk/aboutus/history.asp。

③ 　参见 http : //submissions.rae.ac.uk/Results/intro.aspx。

④ 　参见 http : //www.ebiotrade.com/newsf/2009-1/20091792500.htm。

⑤ 　参见杨凤英、毛祖桓：《市场取向高教改革的成效、问题及原因》，《高等工程教育研究》2008 年第 3 期。

在高等教育服务全球化不断发展的背景下，大学外部治理的市场化取向也影响到了亚洲的大学治理。其中最为典型的例子是在激烈争论了 5 年之后，日本在 2004 年 4 月正式开始实施了"国立大学法人化改革"。法人化改革的基本思路是在公立大学治理中引进市场管理机制、竞争机制和第三者评估体系。从此各大学不再是文部科学省的"下属机构"，而是市场化的办学实体，拥有完全独立的经营权。

我国自从 2001 年加入世界贸易组织之后，高等教育开始面临越来越大的竞争压力。目前高等教育的生源市场、教师市场的竞争已经不仅发生在国内各省区和各大学之间，还发生在国际高等教育的大海洋中。国际高等教育市场既是中国政府不可以自行调控的，也是中国大学缺乏竞争经验的领域。在这样的背景下，我国的大学外部治理需要根据国际高等教育改革的整体发展趋势，适度引入市场机制作为资源配置的手段，以提升中国大学的核心竞争力。

第三章
多元利益相关者的博弈：中国大学内部治理模式的变革

现代大学是一个典型的利益相关者组织。不同的大学利益相关者都倾向于以自己的视角解读大学，都力图在大学内部治理中表达自己的诉求，现代大学内部治理结构就是多元利益相关者博弈的结果。中国大学内部治理在总体性社会格局下基本等同于国家的政治治理，大学外部治理和大学内部治理没有本质上的区别。随着市场体制的确立，大学内部治理的政治化、行政化倾向开始淡化，其他利益相关者的诉求得以表达，并且越来越趋向于制度化。改革开放以来，中国大学内部治理中"理性主义万岁"和"以消费者为中心的"的口号越来越响亮。但是，由于制度变迁中路径依赖的存在，中国大学内部治理还有明显的"官本位"特征，大学的内部治理和外部治理还没有形成比较清晰的边界，大学内部治理结构在一定程度上还是外部治理结构的附庸和延伸。

第一节　大学内部治理结构中的权力模式分析

大学内部治理结构反映的是大学内部的权力关系模式，是协调大学内部不同利益主体权力关系的正式制度安排。这里所说的"结构"兼有制度（Institutions）、体系（Systems）和控制机制（Control mechanism）三种基本的含义。大学内部治理模式受着多种因素的制约，其中大学利益相关者构成要素及各个要素的影响力是大学内组织治理结构形成和变革的关键性因素。同时，大学内部治理和大学外部治理也存在内在的关联，大学外部治理主体往往通过影响和规定大学内部治理结构来实现自己的治理理念与利益诉求。因之，大学内部治理结构中的权力模式会根据环境的变化而适度加以调整，在不同的环境下呈现出多样化的特征。

一、利益相关者与大学的内部治理结构

大学治理虽然是一个较新的概念，但是大学治理结构中的相关问题在早期大学中就存在了，只不过早期大学内部治理的结构相对单一而已。早期的巴黎大学是教师自治的团体，遵循着"教师至上"的治理原则。而早期的博隆尼亚大学，则是学生的自治协会，信奉的是"学生万岁"的治理原则。不过，以巴黎大学为代表的"教师的大学"，在历史的选择中显得更有生命力，"北部意大利早期大学的学生主导管理模式后来为巴黎大学的教师主导模式所取代"。[①] 不过，学生的权力影响始终存在于大学的治理结构中，他们的利益诉求一直有相关的制度安排来保障。

随着大学规模的扩张和大量行政事务性工作的出现，在教师和学生群体之外又出现了独立的行政管理者群体，他们的出现极大地改变了大学治理的结构。这样，大学内部的权力主体逐渐分化为教师群体、学生群体和行政人员群体三个主要部分。伯顿·克拉克指出："当大量校园行政人员相互联系在一起的时候，有关自身的准自治文化将同校园中的教师文化和学生文化一起形成。"[②] 当大学内部治理的主体分化后，如何体现各个群体的利益和意志，就必然成为大学内部治理结构的主要问题。

20 世纪 80 年代后，大学内部治理的问题在高等教育领域逐渐成为热

[①] 别敦荣：《管理学的观点：高等教育管理中的权力问题》，载潘懋元主编：《多学科观点的高等教育研究》，上海教育出版社 2001 年版，第 333 页。

[②] [美] 伯顿·克拉克：《高等教育系统——学术组织的跨国研究》，王承绪等译，杭州大学出版社 1994 年版，第 131 页。

门的话题，这其中一个方面的原因是受到了公司治理变革和新的治理理论的影响。其中"利益相关者理论"的提出，为人们重新认识和改革公司治理与大学治理提供了重要的理论依据。"利益相关者理论"是对传统经济学的"股东至上理论"的修正和超越。"股东至上理论"认为，公司的投资者是公司的所有人，因此公司的所有活动都应该优先考虑满足投资者的需要，公司在本质上就是股东利益最大化的工具。这种股东利益至上的理论在经济全球化发展的大趋势下，受到了严峻的挑战。1984年，经济学家弗里曼出版了《战略管理：利益相关者管理的分析方法》一书，首次提出公司治理的利益相关者理论。这一理论认为，公司的成长壮大是全部利益相关者共同参与的结果，因此公司应当满足每一个利益相关者的诉求，而不应该只考虑股东的利益。在弗里曼看来，任何可以确认的，能够影响公司目标实现或被公司目标实现所影响的群体或个人都是企业的利益相关者。它们包括股东、债权人、雇员、消费者、供应商等交易伙伴，也包括政府部门、本地居民、本地社区、媒体、环保主义等压力集团，甚至包括自然环境、人类后代等受到企业经营活动直接或间接影响的客体。因此可以说，企业是一种智力和管理专业化投资的制度安排。①

"利益相关者理论"的提出，对大学制度变革具有很强的解释功能和启发意义。一些中外学者认为，和企业相比，大学更是一个典型的利益相关者组织。公立大学作为非赢利性组织，没有严格意义上的股东，没有人能从大学获得剩余利润，没有特定的人群能对大学行使独立控制权，大学只能由利益相关者共同治理。②关于大学利益相关者的构成，中外学者的观点大同小异。罗索夫斯基在《美国校园文化——学生、教授、管理》一书中，根据与大学的关系密切程度，将大学的利益相关者划分为四个层次：第一层次是教师、行政主管和学生，他们是学校最重要的利益相关者；第二层次是董事、校友和捐赠者，他们是学校重要的利益相关者；第

---

① Cf. Freeman, R.E., W.M.EVAN. Corporate governance : a stakeholder interpretation. Journal of Behavioral Economic，1990（19），pp. 337–359.

② 参见李福华：《利益相关者理论与大学管理体制创新》，《教育研究》2007年第7期。

三层次是政府和议会，他们是"部分拥有者"的利益相关者；第四层次是市民、社区、媒体，他们是次要层次的利益相关者。中国学者张维迎提出大学的利益相关者包括教师、校长、行政人员、学生、校友、社会（纳税人）。①

大学利益相关者的利益诉求往往不尽一致，甚至相互冲突。因此，如何协调不同利益相关者的利益诉求，就成为大学有效运行的关键性因素和大学实现善治的基础。从某种意义上说，大学治理结构就是大学利益结构的体现，不同的利益结构会导致不同的大学治理结构。一般而言，传统大学的利益相关者比较单一，或者特定的利益相关者独占权力。现代大学的治理结构则积极寻求一种协调多方力量的平衡机制，使每一个利益相关者的诉求都能够得到表达和满足。

二、大学内部治理的二元权力结构

大学内部治理在不同的历史时期和不同的外部制度环境下，总是体现出不同的结构模式。就现代大学制度发育的实际看，大学内部治理表现为两种典型的二元权力结构模式。一个是垂直向度的院校权力和基层权力的二元结构，另一个是水平向度的学术权力和行政权力的二元结构。

（一）垂直向度的二元权力结构：院校权力和基层单位权力

从大学内部来看，高等教育的权力系统可以分为三个层次：第一层次是研究所或系的权力；第二个层次是学部或学院的权力；第三个层次是大学的权力。② 由于"大学是学科和事业单位组成的矩阵，各个院系就是矩阵的诸多交汇点"③，因此我们可以将大学内部权力系统中的第一层和第二层统称为"基层的权力"或者是"学科的权力"。这样，在大学权力系统

---

① 参见张维迎：《大学的逻辑》，北京大学出版社 2004 年版，第 17 页。

② 参见 [美] 约翰·范德格拉夫：《学术权力——七国高等教育体制比较》，王承绪等译，浙江教育出版社 2001 年版，第 4 页。

③ [美] 伯顿·克拉克：《高等教育系统——学术组织的跨国研究》，王承绪等译，杭州大学出版社 1994 年版，第 11 页。

的垂直系统就形成了院校和基层学术单位二元的权力结构。和外部治理相类似，大学内部治理在垂直结构层面的核心问题也是权力的中心化和去中心化。院校的权力和基层的权力在大学内部治理结构中并不是完全均衡的，在不同的政治、经济和文化环境中这两种权力的作用有很大的差异。一般而言，西方发达国家大学治理结构中的权力模式可概括为如下三种类型：

第一种是以欧洲大陆高等教育系统为代表的权力结构，也称为哑铃型，即两头大中间小。一方面，大学在资源配置方面受到政府的严格控制，大学层面的权力被削弱，高等教育外部治理的中心化特征显著；另一方面，由于欧洲大学具有学者治校的传统，学科层面的基层组织在大学内部治理中具有很大的权力。在哑铃型的高等教育权力结构下，大学内部的权力结构集中地表现为"底部沉重"的特征，大学的领导实际上"处于既没有权力和条件，又无意过多介入的境地"①。

第二种是以美国高等教育系统为代表的权力结构，又称为纺锤形，即两头小中间大。这种结构的典型特征是：政府对大学控制较弱，基层单位的权力也相对较弱，而在学校层面的院校董事和行政人员的影响较为强大，构成纺锤形强有力的中部。

第三种是以英国高等教育系统为代表的权力结构，也被称为金字塔形，即底部大顶端小。这种权力结构的特征是：政府不直接干涉大学的内部事务，构成权力金字塔狭窄的顶端；基层学术单位教授群体的权力基础雄厚，构成高等教育权力金字塔宽阔的底端；作为自治机构的院校构成高等教育权力金字塔的中端。

（二）水平向度的二元权力结构：行政权力和学术权力

在现代大学内部治理中，治理的客体包括学术事务和非学术事务两种类型。相应地，大学内部也存在两种并行的权力系统：一种是以行政管理组织结构为网络的行政权力系统，另一种是以教授、专家、学者为核

---

① 邢克超：《必须建立有效的机制——简析法、德两国大学内部管理》，《比较教育研究》1996年第3期。

心，以学术组织为主体的学术权力系统。① 行政权力和学术权力，它们在性质上不同，但没有层级上的差别，构成了大学内部治理水平向度的二元结构。

除了权力主体和权力作用的范围不同外，行政权力与学术权力的区别还在于权力的来源和权力的运行机制不同。行政权力属于"法定"的权力，它以严格的等级制度为依据，是一种"制度化"的权力，它以追求学术效率为目标，倾向于集中管理；学术权力则属于一种"理定"的权力，它的合法性基础是高深学问的性质和大学自身内在的逻辑，它重视学术自由高于重视学术效率，倾向于分散管理。台湾政治大学校长吴思华教授根据自己的实际经验提出：学术工作和行政工作的本质不同，学术追其独特，行政追求周严；学术强调精致，行政强调效率，学术重视理想，行政要考虑现实。②

行政权力和学术权力都是大学内部治理不可或缺的权力要素，但是它们之间的矛盾冲突一直存在，原因就在于两种权力主体之间有着不同的价值取向和利益。西方学者鲍尔指出："由于两者都坚持自己的专业地位，管理阶层与教师之间渐生狐疑，组织管理与教学自主已相互冲突。"③

在具体的大学内部治理实践中，行政权力和学术权力经常会交织在一起发挥作用。这种情况的出现主要有两个方面的原因：一是学术事务和行政事务经常混杂在一起。比如，教师聘任和评价等工作，既是行政性事务也是学术性事务。二是行政权力的主体和学术权力的主体也经常出现合二为一的情况。比如，英国大学副校长往往扮演着"行政首脑"和"学者观点的主要代言人"的双重角色。④

---

① 参见钟秉林：《现代大学学术权力与行政权力的关系及其协调》，《中国高等教育》2005年第19期。

② 参见林杰：《从管控走向治理——2007"海峡两岸高校内部治理"学术研讨会综述》，《江苏高教》2008年第1期。

③ 华勒斯坦等：《学科·知识·权力》，三联书店1999年版，第136页。

④ 参见约翰·范德格拉夫：《学术权力——七国高等教育管理体制比较》，王承绪等译，浙江教育出版社1989年版，第92页。

三、大学内部治理的三种典型模式

由于各利益相关者在大学内部治理中的意愿和能力不同，大学内部治理结构的权力配置经常表现出非均衡性的特征。迄今为止，大学内部治理主要表现出三种典型的模式。

（一）大学内部治理的官僚模式

大学内部治理的官僚模式以韦伯（Max Weber）的组织理论为依据，代表人物有斯特鲁普（Herbert Stoup）和布劳（P. B. Blau）等。大学内部治理官僚模式的显著特征如下：(1) 大学依据国家法律来运作；(2) 大学有一个正式的阶层体制，譬如不同级别的行政人员、不同职衔的教师；(3) 大学有正式的沟通渠道；(4) 大学的行政人员对其他人员执行官僚权威关系；(5) 学校有正式的政策和规定来规范制度的工作；(6) 大学有整套的制度运作，例如学生的录用、注册、修课等要求；(7) 行政人员通过正式的行政结构和固定的程序来进行决策。[1]

官僚模式的治理结构中，主导性的权力要素是行政权力，治理过程一般按照理性的、层级化的（hierarchical）、程式化的（programmed）和例行化的标准执行。官僚模式的治理结构中，大学的目标可以明确地用可测量的形式予以规定，注重数量方面的指标，而在质的方面则很少考虑，秩序和效率是大学治理官僚模式的主要概念。[2]

大学内部治理官僚模式的优点是它有正式的结构与权威、分工明确、有标准的作业程序，不容易引起争端，是一种效率较高的治理模式；官僚模式的缺点是它忽略了非正式权力的影响力，过于强调组织的正式结构，对组织运作的动态过程则较为忽视，特别是对大学校内外各种利益群体间

---

① 参见陈金贵、张雪梅:《我国大学教授治校问题之探讨》，行政院发展考核委员会，1998 年，第 9 页。

② Cf. G. Lester Anderson and Assoicates,*Reflection on University Values and the American Scholar* ED127895（ERIC），June, 1976.

的权利关系协调没有给予应有的注意。①

(二) 大学内部治理的同僚模式

大学内部治理同僚模式的代表人物有古德曼 (Paul Goodman)、密雷特 (John D. Millet) 等。同僚模式的主要特征是: (1) 学术界自己管理自己的事物; (2) 专业能力的权威受到重视; (3) 决策过程采取共同担负、参与或其他均权的方式 (power equalization decision—making); (4) 强调研究与改变, 提倡以问题为中心的决策方式; (5) 教授与行政人员彼此坦诚、互信; (6) 教授有发自内心的满足感; (7) 强调人文教育。②

同僚模式实际上就是大学内部治理中学术权力占主导的权力结构, 治理过程根据分享的、参与的、共同规则的、团体意见一致的原则和标准进行。大学治理中若采用同僚模式, 大学的目标则相对模糊, 质性的指标更得到关注, 效率的考虑退而其次。

大学治理的同僚模式有着较为深厚的文化传统作支撑, 因此容易得到学者的认同, 也能够体现出大学组织的独特性格; 同僚模式的问题在于它容易引起竞争和冲突。因为权力的分散势必会导致团体利益的分化及次要目标的发展, 继而造成各次要目标间的竞争, 甚至出现与大学整体目标相冲突的状况。③

(三) 大学内部治理的政治模式

政治模式的理论依据来自西蒙 (Herbert J. Simon) 的组织理论, 代表人物有马奇 (James G. March) 和鲍德里奇 (Victor J. Baldridge) 等。倡导政治模式的人认为, 大学组织类似微缩的行政系统, 组织中的成员都设法影响政策, 大学实际上处于一种"有组织的无政府状态" (organized anarchy), 因此大学内部决策的制定乃是一个由不同利益相关者相互讨价

---

① Cf. Gary L. Riley and Victor J. Baldridge, *Governing Academic Organizations.* Berkeley, Calif. : McCutchan Publishing Corp.,1977, p.11.

② 参见张建邦:《台湾六所大学官僚同僚政治管理模式之研究》, 台北惊生文物供应公司 1982 年版, 第6—7 页。

③ Cf. Michael D. Cohen and James G. March, *Leadership and Ambiguity : The American College President.* New York : McGraw-Hill,1974, pp.36-46 .

还价的结果。政治模式的特征如下：（1）强而有力的政治因素促成问题之出现；（2）争论决定某人或某一团体负责制定决策；（3）决策经常"是预先决定的"（performed）；（4）政治争执多因关键性的决策所引起，并非因例行性的决策而引起；（5）必须发展一套复杂交织的决策网络，以收集资料；（6）冲突是必然的，而妥协、交涉和讨价还价是达到决策的必经之路；（7）官僚体系所规定的正式权威受到严重的限制；（8）即使决策已定，争论依然不休。①

政治模式将大学内部治理看成是一种政治体系，若政治模式主导大学内部治理，那么大学内部事务的决策和执行过程将以谈判的、讨价还价的、彼此妥协的方式进行。政治模式为解释和解决大学组织权力冲突提供了一个可操作性的结构模式，但是它过分强调妥协的价值信念也在一定程度降低了大学作为知识制度的特殊属性。台湾学者张建邦认为，同僚模式、官僚模式和政治模式在大学内部治理中都有存在的意义，但是三者适用的范围不同。同僚模式适宜于大学的专业次级系统，官僚模式适宜于大学的组织次级系统，政治模式则适宜于大学的社会系统（见表3—1）。②

表3—1：大学内部治理三种模式适宜的范围及组织特征

模式及适宜系统 层面和特征	同僚模式 专业次级系统	官僚模式 组织次级系统	政治模式 社会系统
目标	含糊不清 竞争 不一致	确定 少争论	含糊不清 竞争 不一致
技术	不明显 有问题 以知识为主	明显 例行化 以经验为主	不明显 整体性的
环境	较不确定 约束少	较确定 约束多	依环境及工作要求而定

---

① Cf. Gary L. Riley and Victor J. Baldridge, *Governing Academic Organizations*. Berkeley, Calif.：McCutchan Publishing Corp.,1977, pp.17-20.

② 参见张建邦：《台湾六所大学官僚同僚政治管理模式之研究》，台北惊声文物供应公司1982年版，第111页。

模式及适宜系统 层面和特征	同僚模式 专业次级系统	官僚模式 组织次级系统	政治模式 社会系统
领导	民主领导 关系趋向的	权威领导 工作趋向的	首长和政治 家之领导
结构	非正式的 有机性的 自主 分权制 高度分化	正式的 机械性的 层级化 集权制 高度整合	混乱组成的组织，既需要次级系统之高度分化又需要整体系统之整合
决策	参与 流动性参与 意见一致 差强人意	独裁 稳定参与 理性化 最佳程度	谘商 讨价还价 差强人意
动机	发自内心 工作内容丰富 四海为家 各种效忠对象	外在因素 工作理性化 安于本乡 效忠学校	根据技术高度之评估而设之奖励制度

总之，大学内部治理模式反映了多元化利益相关者的权力关系，在大学内部治理的水平向度和垂直向度都存在着比较典型的二元权力结构。大学内部治理，在历史和现实中都存在不同的结构模式，反映了大学制度的多样化特征。

第二节　改革开放前大学内部治理模式变革的过程和特征

改革开放前，中国大学走过了相当曲折的道路，其内部治理结构变动幅度之大、频率之高、冲突之显著，在世界高等教育史上都堪称一绝。在新中国成立后至改革开放前的 30 年左右时间里，中国大学形成了世界上独一无二的内部治理模式。它既留有西方现代大学的痕迹，也有苏联模式的成分、延安模式的影响，更有基于现实环境变化而作出的应激反应。改革开放后 30 年，中国大学内部治理虽然几经变革，但是没有能够根本上离开前 30 年的制度架构，甚至又一次重复了前 30 年的运行轨迹，当下大学内部治理的诸多问题，都可以从追溯前 30 年来寻找其根源。

一、移植苏联大学内部治理模式的制度变迁时期（1950—1956 年）

解放前，中国大学主要学习借鉴欧美体制，大学内部治理结构及其具体的制度安排体现出如下的特征：从内部治理的水平结构来说，学术权力的影响力很大，教授会作为学术权力的制度化形式，在大学内部事务管理中具有毋庸置疑的权威，行政权力在一定程度上是为学术权力服务的；从内部治理的垂直结构看，基层组织掌握着很大的权力资源。至于学校其他的利益主体，如初级学者、学生和其他教职工可以通过参与校务委员会等制度化形式作为他们发声的舞台。解放前大学治理结构的上述制度安排，是以大学自治和学术自由等内在论大学理念为基础建构起来的。

解放后，中国大学面临着一个全新的制度环境，内在论大学理念及其相应的制度安排被贴上了殖民主义和帝国主义的标签，成为了革命的对象。解放初期，中国大学既有原来的旧式大学，也有学习社会主义苏联大学模式新建立的大学，也有共产党解放区举办的大学。在百废待兴的社会背景下，大学内部治理在充分采纳新的设计理念的同时，也顾及到了一点现实基础，将旧有的大学制度、苏联的大学制度和解放区的大学制度，进行了一定程度的整合。1950 年 6 月第一次全国高等教育会议通过的《高等学校暂行规程》，就是在上述设计理念下形成的。《高等学校暂行规程》突出了以校长为首的行政权力的作用，实行校长负责制。其中第 19 条规定：大学及专门学院采校（院）长负责制。大学校（院）长的职责是：（1）代表学校；（2）领导全校（院）一切教学、研究及行政事宜；（3）领导全校（院）教师、学生、职员、工警的政治学习；（4）任免教师、职员、工警；（5）批准校务委员会的决议。①

新中国成立之初，大学内部治理实行校长负责制，是学习苏联高等教育经验的一个重要成果。苏联建国后不久首先在经济管理部门推行"一长制"，后来高等学校也逐渐实行这一制度。1938 年苏联人民委员会颁布的《高等学校标准规程》中明确规定："高等学校校长的职责，根据个人负责的原则，领导全部高等学校的业务并代表学校。"②

新中国成立初期担任校长的人士包括两部分人，一是在学术上有一定造诣、新中国成立前就在政治上倾向于共产党的民主人士；二是接受过较为正规的高等教育的职业革命家。"一长制"在强调行政负责人权力的同时，也附以委员会制度来拓宽管理的基础。《高等学校暂行规程》中规定：大学及专门学院在校（院）长领导下设校（院）务委员会，由校（院）长、副校（院）长、教务长、副教务长、总务长、图书馆长、各院（大学中的学院）院长、各系主任、工会代表四至六人及学生会代表二人组成之，校（院）长为当然主席。校（院）委员会的职权如下：（1）审查各系及各教研组的教学计划、研究计划及工作报告；（2）通过预算和决算；（3）通过各项重要制度及规章；（4）议决有关学生重大奖惩事项；（5）决议全校（院）重大兴革事项。③

在变革大学内部领导体制的同时，旧中国大学普遍实行的源于美国大学的学院制组织模式也逐渐被废止，取而代之的是苏联大学的组织架构。学院制模式下，大学管理的重心在学院，大学教学活动的基本组织是系，科研活动的基本组织是研究所。苏联模式的管理重心在学校，系是大学的二级学术组织，其职能主要是贯彻和执行学校的指令。系下设教研室，作为教学和科研的基本单位。教研室是一个由担任一门或几门同类课程的教师们组织起来形成的集体。这一新的组织形式，据称最大的优势就是可以克服旧大学组织常见的"资产阶级与小资产阶级知识分子的散漫、个人

---

① 参见《中国教育年鉴（1949—1981）》，中国大百科全书出版社 1984 年版，第 777 页。

② 《苏联高等教育法令选集》（1950 年），转引自《从列宁关于一长制的论述看高校校长负责制的实行》，《高等教育》（中国人民大学书报资料中心）1986 年第 6 期。

③ 转引自同上书，第 778 页。

主义与无政府主义"，使教师具有"刻苦钻研的精神与良好的劳动纪律"，发挥"高度的集体的力量，完成非常困难的任务"。①

这一时期中国大学的内部治理体现出如下三个特点：

第一，采取个人负责和委员会集体领导相结合的原则。校长由国家行政机关委派，校长对高等学校的管理负全责，在校长领导下成立校务委员会，吸收行政人员代表、教师代表、学生代表和职工代表参加。校长定期召开校务会议，讨论学校工作中的重大问题，并且定期向职工代表大会报告工作。

第二，这一时期党组织在大学内部治理中还处于有限介入的阶段。当时大学中党的组织和行政组织之间没有领导和被领导的关系，党组织的作用被定位在政治上起核心作用，不具体负责学校的行政领导工作。

第三，大学制度学习借鉴的目标模式由美国等西方国家转向了社会主义的苏联。这种转向导致了大学内部治理结构中学术权力萎缩、行政权力膨胀，大学治理的同僚模式被官僚模式所取代。

二、大学内部治理革命性模式的探索（1957—1961 年）

1956 年 4 月，毛泽东发表了题为《论十大关系》的讲话，其中专门指出要避免重复苏联走过的弯路。这表明，在经历了新中国成立初期移植式的制度变迁后，中国共产党人开始准备走出一条独特的现代化的道路。大学制度变迁也从全面学苏中解脱出来，解放区大学的办学理念和制度重新得到肯定。1956 年 9 月，中国共产党第八届代表大会通过的《党章》中规定："在企业、农村、学校和部队中的党的基层组织，应当领导和监督本单位的行政机构和群众组织积极实现上级党组织和上级国家机关的决议，不断改进本单位的工作"。这表明新中国成立初期建立起来校长负责制的大学内部领导体制，已经发生了巨大的变化，党组织在大学内部治理的权力结构中开始占据主导地位，大学内部治理的革命性模式取代了学术

---

① 参见成仿吾：《中国人民大学的教研室工作》，《人民教育》1951 年第 6 期。

性模式。

1957 年 2 月毛泽东发表《论人民内部矛盾》之后，一些学者对于大学内部治理结构的这种转变提出了不同意见。比如，厦门大学校长王亚南指出大学内部管理有三方面的缺点：第一，行政机构太大，工作效率太小；第二，用领导机关工作的办法来领导学校；第三，党员干部水平不高，党员的优越性在大学里看不出来。有人将王亚南的意见反映给了毛泽东，毛泽东表示王亚南的说法有一定的道理。[1]1957 年 4 月 30 日，毛泽东在国务会议上谈到民主人士有职无权这个问题时问北大校长马寅初说："你那里怎样？"马寅初回答说："是不够的"。毛泽东又问："他们要不要你管？"马寅初回答说："矛盾是有的"。毛泽东当即就指出："教授治校恐怕有道理。是否分两个组织，一个校务委员会管行政，一个教授会议管教学。这个问题要研究。由邓小平同志负责找党外人士和民盟、九三学社等开座谈会，对有职有权和学校党委制的问题征求意见。"[2]可惜，随后开展的反右运动将这些本来属于人民内部矛盾的问题上升到了阶级斗争的高度来认识，当时很多主张教授治校的人或者对大学党委工作提出意见的人被错划成右派分子，关于大学内部治理结构的正常讨论也就不可能再继续下去了。

1958 年 8 月，毛泽东视察天津大学时说："高等学校应该抓住三个东西：一是党委领导；二是群众路线；三是把教育和生产劳动结合起来。"[3]根据毛泽东这一新的教育革命指示，1958 年 9 月中共中央、国务院发布了《关于教育工作的指示》。其中明确提出：必须同教育只能由专家领导的资产阶级思想做坚决的斗争；"在一切高等学校中，应当实行党委领导下的校务员会负责制；一长制容易脱离党委领导，所以是不妥当的"；把教育工作神秘化，以为只有专家才能办教育、"外行不能领导内行"、"党委不懂教育"、"群众不懂教育"、"学生不能批评先生"的观点都是错误的。

---

① 参见逄先知：《毛泽东传（1949—1976）》，中央文献出版社 2003 年版，第 661 页。

② 逄先知：《毛泽东传（1949—1976）》，中央文献出版社 2003 年版，第 671—672 页。

③ 转引自《中华人民共和国教育大事记》(1949—1982)，教育科学出版社 1983 年版，第 229 页。

在学校内部，在政治工作、管理工作、教学工作、研究工作等方面，也应该贯彻党委领导下的群众路线的工作方法。①

《关于教育工作的指示》的发布，表明"教育革命"运动的正式开展，而教育革命的对象除了西式大学的理念和制度外，也包括引自苏联的大学治理模式。教育革命的目标制度是以老解放区大学为样本，在西式大学和苏式大学之外，独立自主地构建一种特殊制度架构的中式大学。这一中式大学的内部治理模式有两个典型的特征：一个是学校的教学、科研和行政管理工作都由党委统一领导；二是贯彻群众路线的原则，强调共产党员、革命干部，特别是革命学生在治理结构中的作用。这种所谓新的大学治理结构，更加强调行政权力的作用，只不过行政权力由校长那里转移到了党委手中，新的治理结构也同样具有官僚模式的特点。同时由于大学治理的基础得到扩展，并经常采用"大鸣大放、大字报"的形式作为治理手段，因此这一新的模式也具有典型的政治模式的特征。

新的治理模式在经历了三年左右时间大张旗鼓的实验后，伴随着"大跃进"运动的困境而走入低谷。

三、大学内部治理学术性模式和革命性模式的整合时期（1961—1966 年）

基于政治控制和群众热情的教育革命，并没有达到意想中的效果，反而引发了高等教育质量的下降和教学科研秩序混乱。在"调整、巩固、充实、提高"八字方针的引领下，1961 年 10 月中共中央正式批准试行"高教六十条"。从此大学内部治理模式又有了新的变化。新的大学内部治理结构的主要特征是试图调和新中国成立初期"移植式制度变迁"和 20 世纪 50 年代末期"创设式制度变迁"之间的矛盾，意欲将学术性模式和革命性模式整合在一起。

---

① 参见《中国教育年鉴（1949—1981）》，中国大百科全书出版社 1984 年版，第 688—689 页。

这个整合性的模式在继续保持党委领导地位的同时，校长的行政权力也得到加强。"高教六十条"规定："高等学校的领导制度，是党委领导下的以校长为首的校务委员会负责制。高等学校的校长，是国家任命的学校行政负责人，对外代表学校，对内主持校务委员会和学校的经常工作"。"高教六十条"还规定校务委员会是学校实行集体领导的机构，该委员会接受学校党委的直接领导，但是由校长和副校长担任委员会的正副主任，党委正副书记是校务委员会的一般成员，人员构成要有一定数量的非党人士和专家。校务委员会讨论和决定学校工作的如下重大问题：学校的教学工作、生产劳动、研究生培养、科学研究、物质设备、生活管理和思想政治工作等计划；各系工作中的某些重大问题；招生计划、毕业分配、师资培养、教师职务提升等工作；修订和修改全校性的规章制度；审查通过学校的预算、决算；其他重大事项。"高教六十条"发布后，各高等学校陆续按照规定成立了新的校务委员会。例如，湖南师范学院在 1961 年 11 月成立了以院长为主任的院务委员会，委员会由 35 人组成，其中党员 20 人，非党员 15 人；党政干部 15 人，教授、副教授、讲师代表 20 人。各系也通过成立系务委员会。在湖南师范学院院务委员会的第一次院会议上，院长和院务委员会主任刘寿祺作了题为《加强党的领导，积极发挥院务委员会的作用》的报告。这次会议对湖南师范大学院务委员会的性质和运行机制作了明确规定：第一，建立健全院长负责制的院务委员会，是使学校行政领导的组织形式适应于教学工作领导的需要，使党委摆脱一般的行政事务工作，集中精力加强对党的方针政策的研究贯彻。第二，院务委员会是党委领导下的行政工作的集体领导组织。学院工作中的重大问题，都应由院长提交院务委员会讨论，作出决定，再由院长负责组织执行。第三，院务委员会与以往有过的院务会议的咨询参谋性质不同，它对学校行政方面的重大问题，有权根据党委的决定和建议，根据院长的提议作出决定，在一定程度上履行了权力机关的职责。[①]

---

① 参见湖南师范大学校史编写组：《湖南师范大学五十年》，湖南师范大学出版社 1988 年版，第 76—77 页。

　　"高教六十条"在重新突出校长和专业人士管理权力的同时，更加明确了党委在大学治理结构中的地位和作用。其中规定：高等学校的党委会，是中国共产党在高等学校的基层组织，是学校工作的领导核心，对学校工作实行统一领导。高等学校中，党的领导应集中在学校党委会一级，不应该分散。学校党委会的主要任务是：领导校务委员会，正确贯彻党的教育方针和其他各项方针政策；完成上级党委和行政领导机关布置的任务；做好思想政治工作和党的建设工作；主管学校的人事问题，向上级和校务委员会提出建议；领导学校的共青团、工会、学生会和其他群众组织，团结全校师生员工。"高教六十条"中还专门提出：学校党组织应该善于发挥学校行政组织和行政负责人的作用，不要包办代替；学校党组织一定要和党外人士密切合作，充分调动他们的积极性，认真听取他们的意见，善于同他们商量问题，进行工作。

　　大学内部治理这一新的整合模式试图解决党组织对学校事务包办代替的问题，但实际的效果可能是将党政不分的问题转化成党政之间的权力冲突。"高教六十条"中一方面规定校长是校务委员会的负责人，党委书记在校务委员会中只是一般的成员；另一方面又规定党委书记为首的党委会具有领导和监督校务委员会工作的权力。这种特殊的治理结构，在客观上促使大学内部的行政权力再度分化，形成了独特的党政二元权力结构，大学内部治理不仅存在着行政权力和学术权力的矛盾冲突，而且在行政权力体系内部出现了以书记为首的党组织和以校长为首的行政组织的权力冲突。这一权力结构的症结在于学校权力主体的错位。按照党委集中领导的原则，党委书记应该是学校的最高的权力主体，校长的实际地位应该低于书记甚至副书记。而校长对外又是学校的代表，是学校行政权力机构的最高负责人。由于权力运行过程中党政不分的现象大量存在，党政之间的矛盾实际上主要表现为党委书记和校长之间在治校理念、工作方式和权力欲望等方面的冲突。

　　"高教六十条"所规定的新的治理模式还有一个很重要的特点，就是学校层面的权力结构和基层组织层面的权力结构不对称。在学校层面实行的是"党委领导下的以校长为首的校务委员会负责制"，形成书记和校长并行的两个权力主体，校长负责的校务会从属于书记领导的党委会。而在基层单位则明确系主任是系的行政负责人，系主任在校长的领导下，主持系务委员会和系的日常工作。这一体制下，系的党总支书记是系务委员会的一般成员，系党总支委员会不对系务会负有领导的责任，它的作用是对行政工作实行保证和监督。

这种结构下，系务委员会除了要向校长为首的校务委员会负责外，也要向书记为首的党委会负责。系党总支委员会除了要向学校党委会负责外，也要向校务委员会负责。在学校层面党委书记从制度上说是学校的最高权力主体，他掌握着学校中最重要的权力资源。而在基层组织系主任是系的最高权力主体，党总支书记在系务委员会中的身份是一般的成员，在制度上没有规定他以及他所领导的党总支可以领导系务委员会的权力，因此系党总支保障和监督的权力来源不清，保障监督的形式也不甚明确。

由于当时高度强调阶级斗争和政治挂帅，因此大学中各级党组织的保障监督作用，更多的体现为按照主流的政治标准对行政工作和学术工作进行评价，如果政治评价不过关，则其他工作的成绩也就被一票否决了。

这一时期，中国共产党内部对如何建设社会主义现代化国家这一问题存在认识上的分歧，"文化大革命"中则将这种分歧表述为"两条路线的斗争"。所谓两条路线的斗争在大学内部治理中的表现，其实也就是"学术性模式"和"革命性模式"的分歧。"高教六十条"是在革命性模式陷入困境的背景下产生的，因此学术性模式回潮的迹象比较明显。不过，由于革命性模式更适合当时的政治需要，因此仍然对学术性模式保持着巨大的张力。在当时特殊的制度环境下，大学治理模式的设计者们也只能选择调和来解决两种模式的冲突。这种调和暂时平息了两种模式的矛盾，但是也给大学内部治理带来了许多难以解决的问题，比如权责不对称、权力关系混乱等。改革开放后中国大学内部治理中一些长期难以解决的问题，基本上在这一阶段就已经形成了。

四、大学内部治理革命性模式占主导的时期（1966—1976 年）

1958—1960 年三年教育革命期间，大学内部治理实施的政治化、去专业化和重视群众参与的革命性模式，在 1961 年以后被修正。1966 年以后，大学内部治理的革命性模式再度登场。在这场批判和搞垮党内走资产阶级道路的当权派的社会政治运动中，根据"高教六十条"形成的大学内部治理结构，被群众性的造反派组织彻底的解构了，不仅所谓的"资产阶级学术权威"受到批判，连学校党委和行政的权力也都被剥夺了。"大跃进"时期曾经初步尝试过的革命性治理模式，在这时期得到了新的发展，大学内部治理的权力结构发生了根本性的改变。

各大学在校和系两级组织中陆续建立了由工宣队队员、军宣队员和革命干部教师三方面代表组织的革命委员会，作为大学内部治理的权力机构。比如，当时中山大学的革委会由 28 名成员组成，包括干部、教师、学生、职员和工宣队员。中山大学的革委会下设两个行政机构：一个是政工组，一个是后勤组，它们下设若干办公室来管理学校。由于大学中的革委会是在党组织活动恢复之前建立的，革委会接管了党委的功能，党的工作由政工组下属的组织部和宣传部承担。党委恢复以后，革委会仍然保留了这些功能。[1]大学革委会主任主要由军宣队或工宣队代表担任，例如 1968 年 3 月成立的南京大学革委会，主任一职就是由当时学校的军代表担任。[2]

无论从组织名称、人员构成还是组织功能来说，革委会都属于一个"新生事物"。革命委员会的基本经验有三条：一条是有革命干部的代表，一条是有军队的代表，一条是有革命群众的代表，实现了革命的三结合。革命委员会要实行"一元化"的领导，打破重叠的行政机构，精兵简政，

① Cf. Suzanner Pepper. China's Universities：New Experiments in Social Democracy and Administrative Reform—a Research Report. *Modern China*, Vol.8, No.2（Apr.,1982），pp.147-204.

② 参见王德滋、龚放、冒荣：《南京大学百年史》，南京大学出版社 2002 年版，第 381 页。

组织起一个革命化的联系群众的领导班子。①

以革委会为组织形式的大学内部治理结构，彻底颠覆了大学的学术性模式，使革命性模式发展到了极致。如此治理模式下的大学，和当时中国其他社会组织具有同样的权力结构，大学内部治理体现出典型的政治化模式。新的治理结构运行的机制就是认真贯彻执行上级党组织和行政组织的指令，组织各类政治斗争，大学俨然变成"阶级斗争的主战场"和"无产阶级专政的工具"，大学本体性的学术功能反而退居为附属性的功能。

"文化大革命"后期，大学治理中的混乱局面得到一定的整顿，一些老专家从"五七"干校重返学校，担任了一定的领导职务。但是，由于治校理念的巨大差异，新老干部群体在治理结构中很难形成合力，他们之间的结合很少有成功的案例。

第三节　改革开放以来大学内部治理模式变革的过程

改革开放后，大学内部治理结构变革的一个基本特征就是利益相关者更加多元，并且不同利益相关者的权力诉求都在制度层面得到表达。从权力结构的水平向度看，长期处于隐形状态的学术权力走向大学治理的前台，形成了行政权力和学术权力并存的新的二元权力结构模式。"文化大革命"前就已经形成的党政二元权力结构模式得到恢复并且发生了新的变化；从权力结构的垂直向度看，大学内部治理去中心化趋势显著，基层学术组织的自主权不断得到加强。由于办学体制的变革，大学内部治理中还出现了一个新中国成立后从来没有的利益相关者，即公立大学合作办学的伙伴，这些合作伙伴因为投入了大量的资源，也在大学内部治理中扮演一定的角色。

---

① 参见社论：《革命委员会好》，《红旗》1968 年第 1 期。

一、大学内部治理结构中学术权力从隐性权力变为显性权力

改革开放前大学曾长期作为阶级斗争的工具，因此大学内部治理结构的权力配置也被赋予强烈的政治色彩，学术权力被视为资产阶级统治学校的象征。在这种制度环境下形成的大学内部治理结构中，理定的学术权力从属于法定的行政权力，也没有形成制度化的结构。即使在"学术模式"占主导的时期，大学内部的学术权力往往也只是表现在专业人员个人获准参与院校决策，学者群体的制度化权力在大学内部治理中基本没有得到体现，学术权力在当时的治理结构中只是处于隐性状态。

改革开放后，中国共产党的工作重心由阶级斗争转移到了国家的现代化建设。邓小平提出"尊重知识、尊重人才"和干部队伍要"革命化、年轻化、知识化、专业化"的思想后，鄙视、排斥知识分子的状况得到了纠正。大学内部治理结构中的学术权力也在这样的背景下得以显现，并逐渐形成自己的权力边界和制度结构。大学内部治理中学术权力从隐性到显性的转变，是通过如下几种方式实现的。

（一）学者群体的学术权力逐渐被制度化

十年"文化大革命"结束后，高等教育开始了拨乱反正的工作。1978年教育部重新修订了1961年发布的"高教六十条"，定名为《全国重点高等学校暂行工作条例》。新修订的条例没有作大的改动，但其中有一个明显的变化是取消了原来的校务委员会这一组织形式，提出大学中要设立学术委员会。学术委员会的职责是：在校长或副校长领导和主持下，对学校教育事业发展规划、科学研究工作和研究生培养工作中的重大问题提出建议、审查、鉴定科学研究的成果、评议研究生毕业论文、毕业设计、参与提升教授、副教授工作的审议，主持校内学术研讨会、组织参加国内和国际学术交流活动。

条例发布后，中国几乎所有的大学都陆续成立了学术委员会，作为审议学校重要学术事务的专门化的机构。大学学术委员会的建立，是新中国高等教育发展史上的一件大事，它表明中国大学在内部治理结构上的一个

根本性的变化，因为这为学术权力发挥作用提供了一个组织架构。

1998 年通过的《高等教育法》再一次明确提出："高等学校设立学术委员会，审议学科、专业的设置，教学、科学研究计划方案，评定教学、科学研究成果等有关学术事项。"《高等教育法》实施后，各大学加强了对学术委员会这一制度的建设，一些学校陆续出台了学术委员会的工作条例或章程。譬如，华中科技大学经过多年的酝酿后，在 2001 年 10 月通过了《华中科技大学学术委员会工作条例》。其中将华中科技大学学术委员会定位成"在校党委与校长领导下的学术权威机构，其工作直接对学校党委与校长负责"。华中科技大学学术委员会的任务分别为"审议"、"评定"和"咨询"。审议的工作包括：审议学校专业设置、学科建设方案；审议院、系及重要研究机构的调整与设置；审议学校教学改革、科学研究计划；审议学校重大教学、科研及学科建设立项；审议学校重要的教学、科学研究、人才培养等学术基金。评定的工作包括：评定学校教学研究、科学研究成果；评定学校重要的教学、科学研究等学术奖励；咨询的工作包括：咨询学校重要的国内外学术交流计划；咨询学校教师职称评聘中有关学术的条例。《华中科技大学学术委员会工作条例》中还规定：各院和学校直属的系，均应设立学术委员。校的学术委员会对院（系）学术委员会是学术指导关系。[①] 曾担任该校校长的杨叔子教授，卸任后仍任学校的学术委员会主任。他认为，学术委员会制度，是教授治学的具体体现，可以有效地调动学术人员在学科建设等方面的积极性、主动性和创造性。[②]

改革开放后，大学内部治理结构中学术权力制度化的组织还有"学位评定委员会"。1980 年 2 月 12 日，第五届全国人民代表大会常务委员会通过的《中华人民共和国学位条例》（以下简称《学位条例》）规定："学位授予单位，应当设立学位评定委员会，并组织有关学科的学位论文答辩委员会"；"学位答辩委员会负责审查硕士和博士学位论文、组织答辩，就

---

① 参见《华中科技大学学术委员会工作条例（试行）》，《高等工程教育研究》2002 年第 1 期。

② 参见杨叔子：《论教授治学——兼议"华中科技大学学术委员会工作条例（实行）"》，《高等工程教育研究》2002 年第 1 期。

是否授予硕士或博士学位作出决定，报学位评定委员会"；"学位评定委员会负责审查学士学位获得者名单；负责对学位论文答辩委员会报请授予硕士或博士学位的决议，作出是否批准的决定"。

"高教六十条"中曾规定学校的校务委员会是研究生学术管理的机构。由于校务委员会构成中有大量的非专业人士和行政人员，并且他们在校务委员会中角色十分重要，因此这种制度下的学术权力只能沦为政治权力或行政权力的附庸。1980年《学位条例》的颁布，对大学学术权力的彰显起到了非常重要的作用。学位评定委员会作为学校最高层次的学位审定部门，它的合法性基础就是学术权力，因此其成员全部由相关学者和专业化的学术管理人员构成，运行规则也主要是根据学术的逻辑来制定。

大学内部治理结构中"学术委员会"和"学位评定委员会"制度的推行，都属于政府主导下的制度变迁。20世纪90年代后，学术权力一时间成为高等教育理论界出现频率很高的词汇。高等教育界重视学术权力的研究，一方面是因为受到相关汉译西方高等教育学术名著的影响，另一方面也是中国大学发展的客观需要。20世纪90年代中后期实施的"211工程"和"985工程"，不仅促使大学增加了投资，也引发了各界对现代大学制度的讨论，讨论中很多学者都提出制度创新是中国大学实现世界一流的必要条件。关于如何进行大学制度创新，大家的目光都不约而同地指向了过去长期得不到重视的学术权力。在这样的背景下，改革大学内部治理结构、凸显学术权力的作用，也就顺理成章地成为改革者的目标指向，学术权力制度化也因此进入了一个新的阶段，即由政府主导改革转变为大学自主创新。

2000年5月，东北师范大学在各二级学院实施"教授委员会集体决策基础上的院长负责制"。这是高等教育从政府主导的强制性制度变迁，走向大学主导的诱致性制度变迁的一个典型案例。东北师范大学校长史宁中提到："建立教授委员会制度的出发点是从行政本位向学术本位转变，让教师真正成为学校的主人，破除大学的'官本位'现象。"[①]《东北师范

---

① 　参见史宁中：《实行教授委员会制，凸显"教授治学"》，《中国高等教育》2005年第3、4期。

大学教授委员会章程》规定：学院教授委员会是学院改革、建设、发展中重大事项的决策机构，是学校建立"党委领导、行政管理、教授治学"新型高校管理领导模式的重要基础和保证学院自主管理与自主发展的必要组织形式。学院教授委员会的权力是学校根据相关法律和内部相关制度赋予的，主要包括8项内容：(1) 讨论、确定学院发展规划；(2) 讨论、确定学院本科生、研究生教学计划或培养方案；(3) 讨论、确定学院学科建设和教师队伍建设规划；(4) 讨论、确定学院教学与科研组织形式；(5) 讨论、确定学院开展国际学术交流与合作；(6) 讨论、确定学院资源配置原则和自主支配经费使用原则；(7) 讨论、确定学院教师和其他系列人员考核评价原则与标准，负责职务聘任工作；(8) 听取、审议院长的学年工作计划和年度工作汇报。[1] 东北师范大学制度设计的初衷，就是将学术权力交还给教授群体，使学术权力与行政权力相对分离，教授委员具有学术事务的决策与非学术事务的咨询两项基本功能。[2]

继东北师范大学之后，国内很多高等学校陆续成立了教授委员会。由于在现有的治理模式下，学校层面很难实施教授委员会制度，因此各大学的教授委员会无一例外的都建在二级学院。教授委员制度的基本理念来自西方大学和民国大学内部治理的实践，这点对各大学而言都一样。不过由于受制于各种因素的影响，当下中国大学的教授委员会制度和西方大学的教授委员会有着很大的区别。据笔者的观察和相关文献显示，目前各大学实行的教授委员会，在制度设计上也有很多不同之处。比如在教授委员会的性质上，有的是决策机构，有的则是审议机构，还有的是咨询机构。再比如，教授委员会的成员构成，有的大学如东北师大，学院党委书记是教授委员会的当然成员，也有的大学学院党委或党总支书记如果不是教授或者没有被遴选上，就不作为教授委员的成员。教授委员会目前还处于一种自发的探索阶段，也存在很多值得进一步研究的问题。这些问题包括：如

---

① 参见史宁中:《实行教授委员会制，凸显"教授治学"》,《中国高等教育》2005 年第 3、4 期。

② 参见张君辉:《中国大学教授委员会制度的本质论析》,《教育研究》2007 年第 1 期。

果把教授委员会定义成一个"决策机构"，那么谁当教授委员会主任？很多大学的做法是学院院长是当然的教授委员会主任。这样的设计便于决策和实施，但是也极有可能使教授委员会沦为半行政性的组织。如果将教授委员会定义是一个"审议"和"咨询"的机构，那么其权威性如何体现？这样的定位不过是将原来院系的学术咨询审议机构换了一个好听的名词而已。再有，党的基层负责人如果是教授委员会的当然成员，而不管其学术水平和专业技术职务的话，那么他如何行使学术责任？如果党的基层负责人不能参加教授委员的决策，那么党组织的保障监督作用又如何落实？凡此种种，都反映出了中国大学内部治理结构改革面临的两难选择，也体现了学术权力在中国大学内部治理结构中遭遇的种种尴尬。

(二) 学者个人的学术权力得到认可和强化

大学内部治理结构中的学术权力，在某种程度上也表现为学者的个人权力。学者的个人权力不是制度化的权力，而是类似社会学家马克斯·韦伯所说的"魅力权威"。韦伯认为，在社会中人们自愿服从魅力权威的支配，并不是因为传统或条律的规定，而是因为人们对魅力权威怀有信仰。西方管理学家莫迪指出："在大学内部，流行的观点可以概括为'知识即权力'，在任何领域决定权应该为有知识的人共享，知识最多的人有最大的发言权，没有知识的人没有发言权。"[1] 由于这种独特大学文化的影响，知名学者在大学中无论是否担任正式职务，他（她）都具有很强的学术影响力，在学术事务和学校发展的重大问题上具有话语权。

从中世纪大学开始，教师群体就实行了学衔制度，其目的主要是为了便于识别学者的文化身份。学衔制度，一方面可以激发初级学者的发展动机，另一方面也是高级学者享有更大学术权力的象征。新中国成立初期，中国大学制度经历了从"西化"到"苏化"的转型，不过大学教师的学衔制度并没有废弃。到"文化大革命"前夕，大学教师的职称从高到低划分为四级：教授、副教授、讲师、助教。"文化大革命"开始后，学衔制度

---

[1] ［美］伯顿·克拉克：《高等教育系统——学术组织的跨国研究》，杭州大学出版社1994年版，第174页。

被指责为是资产阶级教育的遗物和资产阶级统治学校的手段。经过"文化大革命"各种形式急风暴雨般的"洗礼"，教授基于个人学识而享有的学术权力几乎被荡涤一空。

"文化大革命"结束后，"知识越多越反动"的极左观念得到根本纠正，被废弃的学衔制度也很快得到恢复和重建。1978 年 3 月，国务院批转了教育部《关于高等学校恢复和提升教师职务问题的请示报告》，决定恢复高等学校教师的职称制度，原来已经是教授、副教授、讲师、助教职务的，恢复原来的职称，不需要重新申报。在评审教授和副教授职务时要把在群众中有威望、在学术上有成就的优秀教师提升起来。对少数有重大发明创造的教师可以越级提升。[①] 职称制度恢复后，学衔较高的教师在工资和住房等福利分配中相对占有优势，因此很长一段时间里教师评审职称的目的主要是占有学校中的稀缺性资源，而对于高级学术职务所蕴涵的学术权力没有给予应有的重视。20 世纪 90 年代后期开始，很多大学将学科建设作为学校的重点工作，学科带头人的地位和作用因此得到重视，一些大学为学科带头人设立了"责任教授"、"首席教授"、"特聘教授"等名目繁多的岗位。虽然这些内部设定的"学术称号"让外人不明就里，但是人们都很清楚，这些被各种冠以修饰词的学者都是在本单位具有学术权威的人，他们在学校的学术管理活动中比其他人具有更大的影响力和话语权。

（三）学校领导者发挥学术权力作用的意识得到增强

大学内部治理中学术权力和行政权力博弈的结果，取决于多种内外部因素的影响，而学校领导者的价值取向是其中一个重要因素。一般而言，学者出身的大学领导者在决策中倾向于发挥学术权力的作用，而企业和政府背景的官员在决策中则更习惯于动用行政权力。改革开放前，中国大学主要领导者的角色首先是革命家，其次才是教育家，而他们中的绝大多数人都没有专业化的学术研究经历。"文化大革命"十年中，大批执行"修正主义路线"革命家党委书记和校长被迫"靠边站"，大学内部治理由官

---

① 《中国教育年鉴（1949—1981）》，中国大百科全书出版社 1984 年版，第 365 页。

僚模式变成了政治模式，革命学生、造反派、工宣队、军宣队等非传统的利益相关者联合控制了学校。"文化大革命"结束后，大学中被打倒的老干部被陆续恢复了原来的职务。这些高校领导，对"文化大革命"期间大学治理政治模式盛行带来的危害有切身的体会，因此他们对恢复官僚模式持积极的态度。

改革开放后，中国大学内部决策和管理的专业化问题得到了中央的重视。邓小平提出，学校领导班子中，有三个人必须选好，"党委统一领导，书记很重要，一定要选好，这是第一个人。第二个是领导科研或教学的人，要内行，至少是接近内行或者比较接近内行的外行。还有一个管后勤的，应当是勤勤恳恳、扎扎实实、甘当无名英雄的人。有了这样的三把手，事情就好办了。"[①] 从表3—2中我们可以看出，虽然经过几年的调整，改革开放初期中国大学领导者不仅年龄偏大，而且教育程度普遍较低，大学毕业和中学毕业的人数几乎相等。在大学领导者整体处于这种教育程度下，大学内部的管理和决策显然不具备实施同僚模式的条件，大学的学术权力也不可能有太大的生存空间。

表3—2：中国大学领导集体年龄和学历结构（1982年2月）

学校	学校数	干部数量	平均年龄	教育程度		退居二线	
				大学	中学	名誉校长	顾问
总计	665	4254	59.5	2242	2012	22	361
重点学校	96	812	61.2	548	264	12	86
一般学校	414	2684	59.9	1367	1317	9	256
专科学校	155	758	56.0	327	431	1	19

资料来源：《中国教育年鉴》(1949—1982)，中国大百科全书出版社1984年版，第355页。

改革开放后，干部队伍年龄老化和文化程度较低的问题，引起了中央的重视，1982年12月，中国共产党第十二届代表大会修改的新党章中明确提出了干部队伍和领导班子要坚持"革命化、年轻化、知识化、专业

---

① 《邓小平文选》第二卷，人民出版社1994年版，第53页。

化"的标准。此后大学领导班子成员的素质结构逐渐得到改善，一些学有所长的专业人员被陆续提拔到领导岗位，职业革命家办学的历史宣告结束。改革开放后中国恢复了和西方国家的学术交流，大批留学生来到西方高等教育发达国家学习和访问，他们中的学成归国者陆续成为中国大学教学、科研和管理工作的骨干。经过近三十年的发展，中国大学领导者的素质结构得到了根本性的改善（见表3—3）。

表3—3：中国大学校长的年龄和学历结构（2006年10月）

学校类型	学校数量	校长平均年龄	校长学历结构			海外留学经历
			博士	硕士	本科	
985院校	36	55.1	82.9%	11.2%	5.7%	85.7%
211院校	101	54.9	71.1%	22%	6.2%	73.2%
本科院校	617	51.9	61.1%	24.4%	13.7%	36.1%
高职院校	1085	51.6	21.8%	37.6%	40.1%	16.3%

资料来源：《中国教育报》2007年8月17日。

这些在改革开放环境中成长起来的大学校长们，由于大多数有留学的经历，因此他们更容易对学术自由、学者治校等大学治理理念产生认同。新的大学校长群体在从事领导工作之前，一般都有较长时间的学术工作经历，这使他们对学术工作有着比较深刻的了解。正因为如此，中国大学的领导者们虽然处于行政体系中的中心，但是在治校过程中也能够有意识地发挥学术权力的作用。

二、党政并行"二元权力结构"的制度化

（一）领导体制的恢复和微调

根据"高教六十条"建立起来的"党委领导下的以校长为首的校务委员会负责制"，所受的冲击不仅包括以校长为首的行政系统，也包括以党委书记为首的党务系统。直到1977年9月19日，邓小平在同教育部主要负责人的讲话时指出："科学研究机构已经确定实行党委领导下的所长负

责制，并决定恢复科研人员的职称。这是很大的决策，解决了很多重要的问题，……教育部门要紧紧跟上。"① 根据邓小平的指示，教育部对"高教六十条"进行了修改，并于 1978 年 10 月重新发布，新颁布的文件命名为《全国重点高等学校暂行工作条例》。新的条例将原来"领导制度和行政组织"一章改名为"领导体制和行政组织"。在这个新修订的条例中，高校内部管理体制的表述为：高等学校实行党委领导下的校长分工负责制，系一级实行系党总支委员会（或分党委）领导下的系主任分工负责制。这样的修订一方面强化了党对大学基层学术单位的领导，另一方面也理顺了学校和基层权力结构不对称的问题。关于这一新的内部治理机构的运行机制，《全国重点高等学校暂行工作条例》是这样规定的：高等学校的校长，是国家任命的学校行政负责人，对外代表学校，对内主持学校的经常性工作。学校的教学、科学研究、后勤工作中的重大问题，一定要经党委讨论。党委作出决定后，由校长负责组织执行。校长可召集有副校长、系主任、行政办事机构负责人和其他有关人员参加的校务会议，讨论和处理日常行政工作中的重要问题。学校党委会要支持以校长为首的全校行政指挥系统行使职权，并督促检查他们的工作。在基层学术单位，重大问题提交系党总支或分党委讨论决定，报学校党委批准后执行。

为了避免重复以往大学内部治理中党政不分和以党代政的问题，制度设计者们也试图通过各种办法消解这一制度性缺陷的影响。1978 年 3 月 18 日，在全国科技大会上的开幕式上邓小平发表讲话，对科研院所党委、行政之间的权责关系作了具体的指示。他指出：在科学研究机构实行党委领导下的所长负责制，这是重要的组织措施。它既有利于加强党委的领导，又有利于发挥专家的作用。科学研究机构的基本任务是出成果出人才。衡量一个科学研究机构党委的工作的主要标准，也应当看他能不能很好地完成这个基本任务。党委的领导，主要是政治上的领导，保证正确的政治方向，保证党的路线、方针、政策的贯彻执行，调动各方面的积极性。做好后勤保证工作，为科学技术人员创造必要的工作条件，这也是党

---

① 《邓小平文选》第二卷，人民出版社 1994 年版，第 70 页。

委的工作内容。科学技术的业务领导，应当放手让所长、副所长分工去做。无论是党内的还是党外的专家，担负了行政职务，党委就应当支持他们的工作，充分发挥他们作用，使他们真正有职有权有责。党委应当了解和检查他们的工作，但不能包办代替。[①]1980 年 12 月 27 日，中共中央组织部和教育部联合颁发《关于加强高等学校领导班子建设的意见》，提出：党政干部要明确分工，党委对学校工作的领导，主要应该是路线、方针、政策的领导，党委要着重致力于做好政治思想工作，组织建设工作。学校的所有行政工作，都应由校院长为首的行政人员去处理，要使他们有职有权有责。[②]

客观而言，这一制度设计在实践中很难操作，同时试图通过提高领导者自身觉悟的方式来避免制度性和结构性问题，也很难取得长久的效果。中国大学制度设计中二元行政权力并行的结构，很容易导致行政决策和执行过程中出现"议而不决，决而不行，行而不查，查而无果"等行政成本过高的现象。[③]

（二）校长负责制的试点

1984 年 6 月开始，部分国有企业开始了厂长负责制的试点工作。与此同时，高等学校也开展了校长负责制的试点。1984 年 10 月 27 日至 11 月 2 日，中央宣传部、教育部联合召开高等学校校长负责制试点工作座谈会。会议提出：

实行校长负责制是学校内部领导体制的重大改革，也是教育体制改革的一个有机组成部分。对于这项改革，态度要积极，步子要稳妥，要有计划、有步骤、有准备地进行，经过试点逐步推广。[④]

这次会议召开之前，有关部门已经确定北京师范大学、同济大学、辽

---

① 《邓小平文选》第二卷，人民出版社 1994 年版，第 97 页。

② 参见何东昌：《中华人民共和国重要教育文献》，海南出版社 1998 年版，第 1886 页。

③ 参见刘鹏：《谈谈试行校长负责制的体会》，《辽宁大学学报》（哲学社会科学版）1987 年第 1 期。

④ 参见冯治益：《中宣部、教育部召开部分省市高校校长负责制试点工作座谈会》，《中国高等教育》1985 年第 1 期。

宁大学、西北工业大学、南京工学院、天津医学院、北京工业大学等 15
所高校为首批试点院校。在这次会议上，曾任教育部副部长，时任中宣部
部副长的曾德林指出："1978 年以后高等学校实行的党委领导下的校长负
责制存在两方面的问题，一是党政不分，以党代政，削弱了党的建设和思
想政治工作。有些学校的党委领导同志成天陷在行政事务之中，'党不管
党'；二是职、权、责分离，校长在全局性的重大问题上无权负责、无法
负责、无力负责；即使是责任感、事业心和工作能力很强的干部，也难以
有所作为。如果不从制度改革着手，只是强调人的因素和精神作用，学校
里很难建立起科学的责任制来的，而没有岗位责任制，必然会给工作带来
许多有形和无形的损失。总之，现行领导体制很不适应当前形势发展的要
求，不利于党的教育方针的全面贯彻和培养人才的要求，看来实行校长负
责制已是大势所趋，势在必行。"①

这次会议召开后，全国各高等学校都将校长负责制作为大学内部治理
结构改革的方向。1985 年《中共中央关于教育体制改革的决定》指出：学
校逐步实行校长负责制，有条件的学校要设立由校长主持的、人数不多
的、有威信的校务委员会，作为审议机构。要建立和健全以教师为主体的
教职工代表大会制度，加强民主管理和民主监督。学校党组织要从过去那
种包揽一切的状态中解脱出来，把自己的精力集中到加强党的建设和加强
思想政治工作上来，要团结广大师生，大力支持校长履行职权，保证和监
督党的各项方针政策的落实和国家教育计划的实现。

这里我们以校长负责制的首批试点单位河海大学为例分析一下这个新
的治理结构的特征。《河海大学校长负责制暂行条例》中提出："经水电部
和中共江苏省委决定，我校自 1984 年开始试行校长负责制。"从这一条可
以看出，校长负责制并不是大学为了实现治理结构的优化而自行设计的，
而是在学校主管部门和当地党委共同推动下实现的，属于自上而下的制度
创新。《河海大学校长负责制暂行条例》指出：校长是国家任命的学校行
政负责人，受国家委托，负责领导学校的全面工作。党委应当对党和国家

---

① 曾德林：《有关校长负责制试点工作的一个问题》，《中国高等教育》1985 年第 1 期。

的方针政策在本校的贯彻执行情况实行保证监督。校长的责任是对外代表学校，对内全面领导学校各项行政工作，并对国家负责。党委的责任是支持校长按规定充分行使职权，并对重大问题提出意见和建议。关于如何处理校长和党委之间的关系，《河海大学校长负责制暂行条例》中是这样规定的：（1）凡政策性较强，带有全局性的重大问题，校长在决策前主动向党委通报，提请党委讨论，听取意见和建议，并充分尊重党委的意见。校长与党委意见不一致时，应当经过充分协商，力求一致。对教学、科研及各项行政工作中的重大问题，经过讨论仍有不同意见，校长可根据党的方针、政策和国家的规定，作出决定，或者请示上级机关处置。（2）建立每周至少一次的党政领导联席会议制度，经常沟通情况，及时交换意见，协调党政工作，对校内重要活动作出统一安排。（3）校长办公会讨论决定行政重要工作时，及时告知党委书记，必要时请党委书记参加，以便党委了解学校教学、科研、行政工作的情况。（4）学校各项行政工作由校长决策、指挥，党委尊重和支持校长行政指挥权。决策前，党委给校长出主意，想办法；决策后，发挥党组织的思想政治工作的力量，保证校长指令的实施。[①] 从上述内容看，河海大学"校长负责制"所提出的内部治理结构，和前一段时间实施的"党委领导下的校长分工负责制"相比，的确有很大的创新之处。党委的在治理结构中的作用主要是"提出意见和建议"、"保障和监督"，而不再是"党委作出决定后，由校长负责执行"。

一些校长负责制试点的学校，对这项新的治理模式给予了充分的肯定。同济大学一份经验材料介绍说：实行党委领导下的分工负责制时，由于党委的主要精力没有随着党的工作重点的转移而转移，因此教学和科研工作的事项在党委会排不上议事日程，而校长又无权决定开党委会，只能被动等待。1982年，同济大学召开了50次党委会，专题讨论教学、科研的仅2次，加上涉及一些教学、科研内容的也只有6次。1983年，开了70次党委会，专题讨论教学和科研工作的仅有4次。而实行校长负责制以后，每周一次的校长办公会或校务会议，差不多都把教学和科研工作

---

① 参见袁克昌等：《河海大学管理改革》，河海大学出版社1989年版，第219—220页。

放在首位来研究，职责明、决策快、效率高，改变了以前校长被动、等待的状况，增强了工作的主动性与责任心。[1] 同济大学高教研究室两位学者对本校实行校长负责制的状况进行了问卷调查研究，在回收的 1641 份问卷中，67.6%认为校长负责制成绩显著，认为一时还难以断定结果的占31.2%，持否定态度的只有 1.1%。[2]

当然这项新的制度在实施过程中也遇到一些困难，主要的问题是大学外部治理环境还不能适应于内部治理结构改革的需要，这也让人对校长负责制的效果产生怀疑。1984 年 6 月，新华社《瞭望》半月刊记者曾问武汉大学校长刘道玉说："全国有些大学在试行校长负责制，听说你曾放话，绝不当校长负责制的试点，等全国所有的大学都实行了校长负责制，你最后一个搞校长负责制。大家很不理解，似乎与你一贯锐意改革的改革者的形象不符，不知这又是为什么？"刘道玉的回答是："我的确说过这话，虽然偏激了一点，但都是真话。试想一下，在教育部目前仍然实行大一统体制的情况下，一个大学校长没有调动一个教师的权力，没有批准建筑一平方米房屋的权力，没有使用一美元外汇的权力等等，何以能实行校长负责制？又有什么责可负呢？还不如把重点放在既是被教育部所忽视的但又是十分重要的教学制度的改革上，踏踏实实地做一点有益的探索。"[3]

从 1984 年开始到 1987 年年底，在全国 1063 所高校中，有 103 所高等学校实行了校长负责制。[4] 从数量上看，试点的学校的确所占比例较低。以往的改革往往有一哄而上的特点，1961 年的"直属高校条例"和 1978 年的"重点高校工作暂行条例"公布后，无论何种层次和何种类型的大学很快都按照这两个条例的规定进行了相应的调整。而校长负责制作为《教育体制改革的决定》明确提出的改革目标，其推进速度应该说是十分缓慢

---

[1] 参见同济大学：《校长负责制给我校带来了活力》，《高等工程教育研究》1987 年第 1 期。

[2] 参见方耀楣、王建云：《实行校长负责制几个问题的理性思考》，《高等工程教育研究》1986 年第 4 期。

[3] 刘道玉：《一个大学校长的自白》，长江文艺出版社 2005 年版，第 176—177 页。

[4] 参见朱开轩：《贯彻党的十三大精神，深化和加快高等教育的改革：在全国高等教育工作会议上的讲话》，《中国高等教育》1988 年第 4 期。

的。可见，当时在大学内部治理的改革方面，制度的设计者们还存在着意见的分歧，对这项制度能否顺利实施还持有疑虑。

（三）"党委领导下的校长负责制"的确立

1996年3月18日，中央印发《中国共产党普通高等学校基层组织工作条例》，其中明确规定高等学校实行党委领导下的校长负责制的。条例中规定高校党委会的主要职责是：（1）学习、宣传和执行党的路线、方针、政策，坚持社会主义的办学方向。依靠全校师生推进学校的改革发展，培养社会主义事业的建设者和接班人；（2）加强学校党组织的思想、组织、作风建设，发挥党的总支部的政治核心作用、党支部的战斗堡垒作用和党员的模范先锋作用；（3）讨论决定学校改革和发展以及教学、科学、行政管理等工作中的重大问题；（4）领导学校的思想政治工作和德育工作；（5）按照干部管理权限，负责干部的选拔、教育、培养、考核和监督；（6）领导学校的工会、共青团、学生会等群众组织和教职工代表大会；（7）做好统一战线工作。对学校内民主党派和基层组织实行政治领导，支持他们按照各自的章程开展工作。院系党的总支部委员会的主要职责是：（1）保证监督党和国家的方针、政策及学校的各项决定在本单位的贯彻执行；（2）参与讨论和决定本单位教学、科研、行政管理工作的重要事项。支持本单位行政负责人在其职权范围内独立负责地开展工作；（3）加强党的思想、组织和作风建设，具体指导党支部的工作；（4）领导本单位的思想政治工作；（5）做好本单位干部的教育和管理工作；（6）领导本单位工会、共青团、学生会等群众组织。[1]

这个条例中所规定的大学内部治理模式，既不同于前一阶段试点的校长负责制，也不同于改革开放初期的"党委领导下的校长分工负责制"，而是类似于20世纪60年代初期的领导体制，即在学校层面党委的权力要高于行政的权力，而在基层学术单位，党组织的作用主要是保证监督，行政负责人掌握实质权力。

---

[1] 参见教育部政策研究与法制建设司：《中华人民共和国现行教育法规汇编：1996—2001》（上），高等教育出版社2002年版，第7—13页。

1998 年 8 月 29 日，全国人大通过《高等教育法》，其中对大学内部治理中的党政关系作了如下法律上的规定："学校实行中国共产党高等学校基层委员会领导下的校长负责制"。这部法律从开始酝酿到最后通过立法历经了十多年的时间，原因是有些问题一直处在争论之中，不好下结论。这些争论中的问题包括办学体制、大学办学自主权和大学内部的领导体制，而后者最为棘手。在企业、中小学校和其他事业单位都实行行政首长负责制的社会治理环境下，唯独大学实行党委领导下的校长负责制，这种体制虽然有现实需要的一面，但是很容易引发争论。也正因为如此，这部法律也突出了大学校长在治理结构中的作用。《高教法》中规定：党委是学校的领导核心，总揽全局，协调各方，统一领导学校工作，支持校长独立负责地行使职权。校长为高校的法定代表人，全面负责本校的教学、科学研究和其他行政管理工作。

《中国共产党普通高等学校基层组织工作条例》和《高等教育法》实施后，很多高等学校根据这两个文件制定了本校实行党委领导下的校长负责制实施细则，目的在于协调党政关系、完善大学内部行政运行机制。但是实践表明党委领导下的校长负责制实施过程中仍然存在着很多问题。比如，2002 年 12 月，河北省委教育工委组织干部处发表的一份调查报告中指出：在 20 所省属普通本科院校中，党政一把手不太协调的有 7 所，其中问题比较严重的有 5 所。极个别高校的党政一把手之间的矛盾已经公开化，工作已经不能正常开展，严重影响到学校的改革发展稳定，影响到学校重大事项的实施。对于大学内部治理中党政二元结构引发的诸多问题，高等学校主管部门提出的解决办法有两个：一是仍然是强调人的因素，试图通过统一思想、提高领导班子成员的政治素质和业务素质来解决制度本身的缺陷；二是要求建立有效的沟通协商机制，降低党政二元权力结构所造成的管理成本。

对于党委领导下的校长负责制引发出的种种问题，人们的认识也不一致。党和政府期望通过完善这一制度、提高大学领导者素质来解决这些问题，而一些学者专家则期望继续推行以校长负责制为目标的内部治理改革。2005 年 12 月 13 日，在全国政协和民盟中央联合召开的"关于高等教育的谈话会"上，原北京航空航天大学校长沈士团发言说："高等教育改革从 1985 年开始，1992 年又进行了大规模的改革，到今天，应该好好地总结一下，敏感问题也应该提出来。比如说，我当了 14 年校长，经历了校长负责制，也经历了党委领导下的校长负责制，经历了 4 个党委书记，深有体会，还是应按照 1985 年《中共中央关于教育体制改革的决定》来办，校长负责制仍然应当提出来再讨论讨论。"①

三、基层学术单位权力得到拓展

在高度集中的计划经济体制下，大学和企业一样都是接受政府直接的计划管理，没有多少自主权。正因为如此，大学内部的组织结构几乎等同于政府部门，以便于接受政府的指令。由于处于这样一种外部制度环境，大学内部治理的权力同样表现出中心化的特点，学校控制了绝大部分权力，基层学术单位是一个单纯的执行机构，没有实质性的决策管理权。在高度结构化的官僚治理模式下，大学基层学术组织被异化为行政组织，其学术属性被弱化，学术权力只能以隐性的方式出现。改革开放以来，大学内部治理也和外部治理一样经历了一个去中心化的过程。基层学术单位的自主权不断得到扩展，基层学术组织的行政化色彩逐渐淡化，为学术权力生长和发挥作用提供了制度性空间。

（一）去中心化改革与大学内部两级管理体制的初步形成

改革开放初期，中国大学通过再中心化的运动，结束了"文化大革命"时期治理结构混乱的局面。但与此同时，中心化的传统弊端也又一次暴露出来，典型的问题就是基层组织内部活力不足、创新精神缺失。20世纪 80 年代以后，在农村联产承包责任制成功经验的鼓舞下，各行各业都陆续开始了放权的改革。

在高等教育领域，当时改革的先进典型是上海交通大学。时任上海交大党委书记的邓旭初曾这样评价当时学校体制性的弊端："上海交大由于

---

① 《高等教育改革下一步抓什么》，《中国高等教育》2005 年第 2 期。

受高度集中统一的影响，学校管得过死，基层缺乏自主权，难以从实际出发创造性地进行工作。"①上海交大党委副书记刘克也指出："在集中统一的体制下，学校党政部门事无巨细，样样皆管，结果上面越积极、下面越忙乱。基层为解决一个问题，层层报批，公文漫步旅行。在这种体制下，我们这些官僚主义者管理许多不该管、管不了、又管不好的事，使学校整个机构运转不灵，效率很低。"②

基于上述的认知，上海交大党委决定通过改革，将部分权力下放给基层学术单位。1981年上海交通大学颁发《关于扩大系、所在科研工作中自主权若干问题的决定》，扩大了系、所在科研经费管理和使用上的自主权。新的制度实行科研经费"预算包干、按课题核算、结余留用、超支抵扣下年度指标"的政策。新政策的效果很快就显露出来了，1981年的科研项目数比上一年度增加了近50%，年度总支出非但不超支，而且下降了近四分之一。在这样的成绩的鼓舞下，上海交大又下放了"接受任务、购置设备、人员聘用和奖惩手段"方面的权力，从而进一步调动了基层单位完成科研任务的积极性。1983年全校科研项目、研究经费和科技服务经费等三项指标，分别比1982年增长46%、77%和157%。③

在改革取得初步成果后，上海交大加大了权力去中心化的力度，制定了《关于实行责任制、扩大系（所）自主权的暂行规定》。其中指出：要进一步改变领导体制权力过分集中的状况，下放责权，扩大系（所）自主权，实行系主任和所长负责制，使系主任、所长的责任和权利相结合。权力下放过程中要防止产生那种名为下放权力，实为下放事务的状况，使基层负责人真正能有职、有权、有责。《关于实行责任制、扩大系（所）自主权暂行规定》中下放给基层负责人的权力有如下几个方面：（1）在人事（组织）工作方面的权力。包括人事、组织审批权；人事调配与聘用权；职称审批权；工资、奖金、劳保福利审批权；假期审批权。（2）在教学工作

---

① 《上海交大的教育改革（重要资料选编）》，人民出版社1985年版，第22页。

② 同上书，第46—47页。

③ 参见同上书，第22页。

方面的权力。包括有权制定本科教学实施计划和研究生培养方案；有权组织制定本系开设的各门课程的教学大纲，编写和选用教材，编制各种教学文件；有权聘任和决定各学科的研究生导师，以及各类课程的任课教师；有权在系内新设学科小组；有权提出设置、撤销、合并有关专业的建议；有权在教育部批准的学科范围内，确定或调整研究生培养的研究方向；在完成学校下达的教学任务后，有权组织教师承接各种层次和各种形式的办学任务。(3) 在科研工作方面的权力。包括有权提出本单位优先发展领域，重点学科和试验基地等建设规划和实施计划；在完成国家和学校下达的任务后，有权承接科研、顾问、咨询、测试、加工等任务；对本单位的科研经费、科研及实验室发展基金、教学设备经费、实验室经费有支配权；有权对科研项目或实验室建设中的人员和计划进行调整；有权提出设置、撤销、合并有关研究室或实验室的建议；有权聘用本校在校研究生兼任科研任务；有权审查本单位的科研成果，有权使用本单位奖励基金。①

从以上内容看，上海交大向基层系、所下放的这些权力还是受到很多限制的。这些限制，一方面来自政府部门，政府不向学校放权，学校也自然无法向基层单位放权；另一方面也来自学校行政机关的限制，基层单位很多权限在行使时还需要学校行政部门的审批。还有一点就是，很多权力在性质上属于"建议权"，没有实质性意义，学校相关部门和领导采不采纳，采纳多少，什么时间采纳等，都是一个未知数。

即便如此，上海交大的改革在当时也属于重大的制度创新。概括起来就是两点，一是在基层建立了系主任、所长负责制的治理模式，超越了1978 年中央新修订发布的高校工作条例中"实行党总支领导下的系主任负责制"的政府规定，因此这项改革措施改变了传统上制度变迁的路径，开创了大学内部治理诱致性制度变迁的先河；二是学校在政府向学校放权幅度很小的情况下，将学校层面的权力通过制度性条款下放给基层学术单位，也体现了当时上海交大领导前瞻性的改革意识。

上海交大的改革，使基层单位有了一定的人、财、物等权力，改变

---

① 参见《上海交大的教育改革（重要资料选编）》，人民出版社 1985 年版，第 77—82 页。

了原来系、所的"收发站"和"运转站"角色，激活了基层学术单位的能量。当时上海交大一位系主任曾说："过去学校权力过分集中，管得太死，往往弄得下面干部无所适从，束缚了我们的手脚，如今学校领导开明了，将部分权力下放，上面放手让我们基层干部自己去干，工作起来顺手多了。"① 由于改革取得了突出的成果，上海交大的改革虽然"偏离了常规"，但是仍然得到中央的重视和肯定，并对其他一些高校相继进行的内部治理改革起到了引领作用。譬如，1985 年前后东北工学院（现东北大学）在借鉴上海交大改革经验的基础上，相继制定了《系主任工作条例》、《人事（组织）管理工作改革办法》、《财务管理工作改革办法》、《科技服务提成办法》、《人员流动办法》等新的规章制度。东北工学院之所以出台这些管理条例，目的是使系真正获得自主权，避免出现"名曰权力下放，实为下放事务性工作"的现象。②

20 世纪 80 年代中后期开始，一些大学开始陆续实施学院制改革。学校将一些相近学科和专业进行整合，成立了实体性或虚体性学院，这也是中国大学自下而上进行制度创新的又一次尝试，学院制的实施实际上是对新中国成立初期大学移植苏联模式的否定。针对学院制改革快速发展的局面，1993 年国家教委下发的《关于高等学校内部管理体制改革的意见》中提出，要加快院系调整，实行学院实体化。学院制的实施为大学向基层单位学院下放权力提供了一个更为便利的平台，从此以后大学内部治理逐渐形成了校院两级管理的体制。比如，哈尔滨工业大学在 2003 年实施的内部管理体制改革中，赋予了院（系）如下的自主权：教职工的岗位聘任、职称评定、国家政策工资以外工作贡献报酬的分配及财务管理、教学规划的制订、学科发展方向的确立等。③2006 年年初，武汉大学开始了校院（部、系）两级财务管理体制改革，通过预算制管理，学校直接"分钱到院"，由院系自主"理财"。院内人员工资、水电费、科研经费、学费

① 参见《上海交大的教育改革（重要资料选编）》，人民出版社 1985 年版，第 45—46 页。
② 参见林载碧：《实行系主任责任制，扩大系的自主权》，《高等教育》（中国人民大学书报资料中心）1986 年第 2 期。
③ 参见 http://news.xinhuanet.com/school/2003-04/09/content_822234.htm。

收入、小型基础设施建设费等全部划归院系管理分配。到 2008 年时，学院已掌握了全校 70%的经费。①

(二) 基层学术组织变革与学术权力的回归

新中国成立初期的院系调整中，民国时期遗留下来的综合性大学被调整为众多单科性的学院。与此相适应，大学内部的学院建制也被取消，取而代之的是系，系下面附设各专业教研室，作为教学和研究的基本单位。这种模式完全从苏联移植而来，是与计划经济体制和总体性社会结构相适应的。一方面教研室体制有助于培养窄口径的专业人才，另一方面教研室制度也有利于进行社会动员和政治控制。

20 世纪 80 年代后，中国大学的使命发生了重大变化，一方面重点大学要办成教学和科研"两个中心"，另一方面大学的通识教育模式也有复活的迹象。在这样的情况下，教研室制度开始受到非议。大连工学院院长钱令希认为教研室制度存在如下的弊端："在管理体制上教研室的行政化倾向越来越明显，教研室逐渐演化成了一级行政机构，担任教研室主任的业务骨干要用很大的精力地去处理行政事务，这样把行政管理和学术组织结合在一起，必然造成学术发展受行政干预过多的局面，束缚了学术的自由发展。"②

上海交通大学校长翁史烈则从大学科学研究事业发展的角度指出了教研室制度的缺陷。他说："科学研究往往是以学科作为基点的。而 50 年代成立的教研室，不是以学科为核心而组建的。从前，高校的科研工作很少，所以矛盾还不突出。80 年代后，学校的科研工作蓬勃发展，事实证明教研室并不是一个研究工作的有力组织者。"③

关于教研室制度如何改革，钱令希校长建议在大学建立"学术细胞"，将其作为大学教师群体"生命活动"的基本结构和功能单位，以及教学与科研工作的共同基础。这种学术细胞的特点是：学术细胞是以学术带头

---

① 参见《人民日报》2008 年 4 月 17 日。

② 钱令希：《谈大学教师组织的基本单位——"学术细胞"》，《高等工程教育研究》1986 年第 1 期。

③ 翁史烈：《建立学科组实行教师聘任制的探索》，《高等工程教育研究》1986 年第 1 期。

人为核心，让教师在共同的学术方向的基础上自由组合；学术细胞在管理上要体现学术自由；学术细胞的运行实行理论与实践、教学与科研紧密结合；学术细胞要富有弹性，可以分解、可以重组、可以交叉、可以联合。[①]

上海交大从 1984 年开始，已经开始了"撤销教研室、建立学科组"的试点工作。到 1985 年年底，上海交大各专业教研室都已撤消，建立起了 135 个学科组，保留了极少数公共课教研室。按照上海交大机构改革的设想，新建立的学科组是教学和科研的基本单位，是学术组织，不是行政机构，有关行政事务工作均由系承担。学科组必须完成系下达的教学任务，同时又是科学研究中非常活跃、相对独立的基本单位，学科组要把精力集中在学科建设上，特别是要把研究工作推向本学科的最前沿。学科组是由志同道合的人组成的，一个学科组就是一个学科梯队，每个学科组都要有学科带头人。学科组要有明确的科研方向和研究课题，并具有独立承担教学、科研工作的能力。学科组的形成应与博士点建设和为学有专长的同志创造工作条件紧密结合。学科组成员是动态的，根据需要可以充实学科组的力量也可以撤销和解体。[②]

20 世纪 90 年代以后，各大学普遍实行了学院制，教研室在整体上已经被重新组合为系，保留教研室建制的大学越来越少了。目前各大学主要的做法，是在学院下面设系和研究所。系主要负责本科教学的管理和实施，所主要负责学科建设和科学研究工作。还有的大学成立了"教授研究室"，并将教授研究室作为大学的基层学术组织来建设，进而将学术管理的相关权力直接下放给教授，以建立教授治学的管理机制。[③]

大学基层学术组织结构和功能的变革，从大学内部治理角度来说，它的意义就是恢复了大学学术组织的本性，新的组织架构为学术权力的回归提供了制度性保障。

---

① 参见钱令希：《谈大学教师组织的基本单位——"学术细胞"》，《高等工程教育研究》1986 年第 1 期。

② 参见同上。

③ 参见赵大宇、朴雪涛：《大学基层学术组织创新的探讨——沈阳师范大学实行教授研究室制度的理念和实践》，《中国高等教育》2004 年第 20 期。

四、社会力量参与大学内部治理

改革开放前，中国大学内部治理的结构和机制带有鲜明的计划经济的特点，治理主体单一，大学内外的行政权力主导大学内部治理，而同样作为大学利益相关者的社会力量对大学内部治理的影响极其有限。在"文化大革命"期间，大学内部治理引入了多种非学术的社会力量，不过这种变革的目的不是发展学术，而是加强社会控制，其本质上是反智的，是与大学的本体功能背道而驰的，因而这种特殊形式的社会参与，不可避免地以失败而告终。改革开放后，计划经济体制开始解体，政府在经济和其他一些社会事业管理中的角色逐渐淡化，市场在高等教育资源配置中的作用越来越明显。市场经济体制下的大学内部治理，不仅需要超越计划经济和总体性社会行政导向与政治控制的局限，而且也需要超越理性主义的文化传统，通过倾听社会和市场的声音来修正自己的结构和运行机制。

20世纪80年代中期以后，中国一些大学成立了董事会，作为社会参与大学治理的制度安排。当然这种董事会和西方大学的董事会在结构和功能上都有很大的不同，但是这毕竟开了大学内部治理引入社会力量的先河。20世纪80年代成立的大学董事会主要有三种形式：一是在民办高等学校中设立的董事会。这些董事会提供大部分办学经费，并有权决定学校的重大事宜；二是以行业对口为原则，组成有关部门一起参加的董事会。这些董事会的功能主要是行业指导和部分经费支持；三是学校主动谋求社会各方面的支持，和某些行政机关、企事业单位以及个人组成的董事会。这样的董事会的主要目的是建立学校与社会双向参与的新机制。国内公立大学较早实施董事会制度的是安徽大学，1988年4月，安徽大学开始筹备组建董事会，12月正式成立。董事会成员包括安庆石化总厂、攀枝花钢铁公司、淮南矿务局、铜陵有色金属公司、中国扬州电器公司、亳州市、大庆市、安徽省交通厅等。董事会成立后，安徽省交通厅投资120万元，举办了安徽大学交通分校，开设了公路与桥梁专业、交通企业管理专业。《安徽大学董事会章程》中提出定期召开董事会全体会议或常务董事会议，研究有关学校改革和发展的重大问题。章程中对董事会成员的权利作了这样的规定：评议学校工作，听取校长关于学校工作的报告，参与研究和修改学校发展规划，参与审议学校的大型工程，决定学校董事会基金的使用，向上级机关提出对学校领导工作的奖惩建议等。①

20世纪90年代以后，大学内部治理的社会参与显得越来越重要，政府部门也通过相关的制度安排推进这项改革的发展。《中华人民共和国教育法》中规定："国家鼓励企业事业组织、社会团体及其他社会组织同高等学校、中等职业学校在教学、科研、技术开发和推广等方面进行多种形式的合作。企业事业组织、社会团体及其他社会团体和个人，可以通过适当的形式，支持学校的建设，参与学校的管理。"1993年2月13日颁布的《中国教育改革和发展纲要》指出："高等教育要逐步形成以中央、省（自治区、直辖市）两级政府办学、社会各界参与办学的新格局。"1994年11月7日，《关于国家教委直属高校积极推行办学与管理体制改革的意见》指出："高等教育体制改革的重要任务是要进一步改变政府包揽办学的格局，形成政府办学与社会各界参与办学相结合的新体制。委直属高校办学和管理体制改革当前的重点是放在促进多种形式的联合或合作办学上，要通过多种途径和形式，积极争取地方社会各界参与办学，改变委直属高校单一的办学和管理体制。条件成熟的学校，还应积极组建有地方政府、企业（集团）、科研单位及社会各界参加的学校事业发展基金会、院一级的董事会或建立校董会，推动社会各方面参与学校办学的咨询、审议、资金筹措等工作，逐渐探索学校面向社会办学的新路子。"

目前，大学合作办学的伙伴主要有三个方面：一是行业、企业，包括商业银行等金融贷款机构等；二是其他社会机构及个人；三是境外合作者。这些合作伙伴与大学合作办学，虽然不乏公益性的目标，但是也有较为强烈的牟利动机。比如，辽宁省共有本科公立高校39所，其中有32所高校有合作办学的方式，而且有的学校不仅仅是一种合作方式。在我国现阶

---

① 参见孙献忠：《建立双向参与机制，深化教育体制改革——关于高校董事会的探讨》，《安徽大学学报》（哲社版）1989年第3期。

段，追求自身利益最大化是合作投资者在投资中国公立高校时优先考虑的问题，如果合作办学者不能有效地表达其利益诉求，他们就会失去对办学的兴趣，使合作难以为继，而如果对合作者出于自身利益考虑而对办学施加的影响不予设防的话，就可能损害教育的公益性。[①]

这些社会机构和大学合作举办的二级学院，在管理体制上一般都实行了"董事会领导下的院长负责制"，投资方直接参与二级学院办学，成为中国公立大学制度创新的重要形式。

第四节　中国大学内部治理结构改革前瞻

改革开放以来，中国大学内部治理结构在社会转型的大背景下发生了重要的变化，外部治理改革的分权模式也在内部治理中得到体现。但是，大学内部治理目前仍处于转型的时期，不同治理理念和新旧治理主体交织在一起，权力主体和权力客体的边界模糊，离善治的标准还有很大的差距。这种现实状况要求中国大学内部治理结构做进一步改革，以适应中国大学参与全球化竞争的需要。

一、重新平衡各种不同的大学内部治理理念

大学内部治理结构的形成和发展是多种因素促成的，其中大学的理性主义传统始终是决定大学内部治理结构最重要的因素。大学的特殊之处就在于它"是一个以理性为基石的国家圣殿，是奉献给纯粹理想的地方"[②]。因为大学具有如此特殊的属性，世界上所有的著名大学无不重视在内部治

---

① 参见于文明:《中国公立高校多元利益主体的生成与协调研究——构建现代大学制度的新视角》，高等教育出版社 2008 年版，第 100 页。
② 赵文华:《高等教育系统论》，广西师范大学出版社 2001 年版，第 21 页。

理中发挥专业权力的作用。可以说，理性主义是大学现代性最集中的体现，也是具有普适性的大学理念。

1949 年以后，中国大学经过半个世纪左右时间形成的理性主义精神气质，在历次的政治斗争中几乎被荡涤一空。与此同时，大学也从一个单纯的学术组织被异化成为计划经济制度下的"单位"。计划经济条件下的单位，不仅是一个工作场所，而且也是国家统治的结构。单位制度结构中的大学组织，不仅需要履行专业职能，更要履行政治职能、经济职能和其他各类社会职能。大学职能泛化的结果是，大学作为学术组织的本体属性被遮蔽了，大学内部治理也沦为外部治理的附庸。改革开放 30 年来，大学内部治理结构经历了"自上而下"和"自下而上"两种形式的改革，其制度安排已经发生了很大的变化。但是，我们也注意到，由于文化惯性的影响和路径依赖原理的作用，单位制度的设计理念和制度安排对大学内部治理结构的影响仍然存在。比如，我们今天仍然还像计划经济时代评选劳模的办法那样考评大学的学术人员。因此，对于中国大学而言，建立现代大学制度首先要做的事情还是要回到起点，弘扬大学的理性主义传统，按照学术组织的特点改革和完善大学的内部治理结构。只有完成这项未竟的现代性计划，才有可能真正在中国建立现代大学制度。

中国大学内部治理未来变革，还必须直接面对市场竞争和高等教育大众化引发出的新的治理问题。20 世纪 80 年代以来，高等教育进入了一个全球化的时代，西方高等教育发达国家为了能在日趋激烈的国际竞争中获得和保持优势地位，开始有意识地改变高等教育政策，积极引导院校和教师走向市场，从而使大学运行中表现出一种"学术资本主义"（academic capitalism）的价值取向。"学术资本主义"价值取向的弥散，对大学内部治理产生了重要的影响，出现了类似企业组织的公司化大学（corporate university）。这样的大学将大学组织负责人的角色定位为首席执行官（CEO），将大学教师的角色定位是雇员，将学生定位是消费者。大学组织运行的原则是"利润边际"（profit margin）。[①] 随着我国市场经济体制

---

① Cf. Peter Jarvis. *University and Corporate University*. Stylus Publishing Inc,2001, pp.3-4.

的建立和完善以及加入世界贸易组织，"学术资本主义"的大学理念和运行机制已经对中国大学内部治理结构产生了重要的影响。

西方高等教育发展的实际经验以及相关理论表明，大学内部治理结构在高等教育发展的不同阶段，也有不同的价值取向和制度安排（见表3—4）。截至2008年，我国高等教育总体规模已经达到2907万人，毛入学率达到23.3%。在未来的10—20年时间里，我国即将进入高等教育大众化的中后期阶段。根据西方的经验和马丁·特罗的理论，我们可以断定，中国高等教育规模的扩张必然引起大学使命的变化和大学内部治理结构的重组。

表3—4：高等教育不同发展阶段大学内部治理的特征

	精英阶段	大众化阶段	普及化阶段
毛入学率	15%以下	15%—50%	50%以上
大学为谁服务	少数人的特权	有资格者的权利	一种义务
大学的功能	塑造人的心智和个性，培养社会统治阶层和各界精英	传授技术和培养能力，培养更广泛的精英阶层	培养人的适应能力，造就现代社会公民
大学和社会的关系	边界分明，大学封闭办学	边界模糊，大学开放办学	边界消失，大学和社会一体化
大学的领导与决策	少数学术精英群体	决策民主化，利益相关者的影响显现	公众和多元利益相关者更多地介入决策
学校管理成员	学术人员兼任行政工作	主要由专业管理人员承担	高度专业化的管理人员大量出现
学校权力结构	教授治校、高级学者垄断管理权力	中初级学者和学生享有一定的管理权力	民主参与，大学外部的利益相关者的大量介入

资料来源：马丁·特罗有关著作和论文资料整理。

通过以上分析我们可以看出，中国大学内部治理结构的改革将面临着两种不同价值取向的冲突，冲突的双方为传统的以学术为中心的治理理念和公司化大学的治理理念。以上两种大学内部治理理念，都是中国大学所缺失的，因此未来中国大学内部治理改革的任务将更为艰巨。在这种情况下，我们更需要借鉴西方大学治理改革的经验，有意识地引入"共治"（shared governance）的概念，在不同的大学内部治理理念中寻求一种动态的平衡，并以此构建新的制度安排和运行机制。[①]

二、重新确立权力边界，建立协调不同利益相关者权力诉求的制度性安排

不同的大学利益主体对大学的认知往往有着巨大的差异，这很容易造成大学不同利益相关者的冲突。法国社会学家布尔迪厄在研究了 20 世纪 60 年代和 70 年代法国大学内部的权力结构后指出：大学中存在多种不同性质的权力冲突，大学是一个权力场，围绕权力的"场域"发生着各种各样的排他性权力争夺。

我们应当认识到，大学的发展离不开任何一个利益相关者的参与，因此大学各个利益相关者的诉求都需要得到重视。市场经济体制下，中国公立高校多元利益主体生成的客观现实，要求我们必须将各利益主体都纳入到公立高校的管理结构中，以保证各利益主体都能够在充分表达自己利益诉求的同时，实现公共利益的最大化。[②] 但是，由于大学组织经常性的处于"有组织的无政府状态"，协调不同利益相关者的工作十分复杂。正如英国伦敦政治经济学院院长霍华德·戴维斯所指出的：大学决策制定的过程与大多数公司的做法存在着极大的差异。在大多数成功的公司都存在着强大的"支配和控制"力量。纪律在实现公司的核心目标中是极为重要的。而在大学里，无纪律是不言而喻的，甚至是希望如此。因此，我们需要更复杂的机制来达成学校全体成员与那些帮助和支持他们的人之间的意见一致，我们至少应该考虑五个利益相关者群体：政府、大学教师、学生团体、其他投资者、校友。其他的利益相关者还有雇主、媒体和大学的管

---

① Cf. Michael Shattock. Re-Balancing Modern Concepts of University Governance. *Higher Education Quarterly*, Vol.56, No.3, July 2002, pp. 235—244.

② 参见于文明：《中国公立高校多元利益主体的生成与协调研究——构建现代大学制度的新视角》，高等教育出版社 2008 年版，第 183 页。

理者。①

笔者认为，中国大学治理结构中的任何一种权力都有其客观现实性，都不能忽视它的存在，但必须进一步明确不同利益相关者各自的权力边界。如前所述，中国大学内部治理的二元权力结构包括三种典型的形式：院校权力和基层权力的二元结构，学术权力和行政权力的二元结构，以及党委权力和行政权力的二元结构。从中国大学内部的运行机制看，不同权力结构存在较为严重的边界模糊和权力僭越的现象。下面以武汉大学为例，说明中国大学内部治理结构改革的现实处境。

2008 年 4 月 7 日，《人民日报》介绍了武汉大学改革的经验和思路，主要内容包括：将财权等下放给二级学院，大幅精简管理部门，探索"大部制"管理体制，使学院成为办学的主体；学术事务由校学术委员会和二级学院教授委员会决策，校长和院长不兼任学术委员会和教授委员会主任职务，实现"学者治学"、"教授治教"。这样做的目的是从根本上突破传统的"政学不分"的管理体制，促使行政权力与学术权力分离。②

2008 年 9 月 16 日，《东方金报》的记者来到武汉大学，想跟踪采访武汉大学改革的进展。但是，结果却出人意外。一位行政人员对《东方金报》记者说，《人民日报》的报道刊发后，武汉大学关于"政学分权"的改革受到了诸多好评甚至追捧，但是也有质疑的声音，受到各方面的种种压力，现在"政学分权"已经成了学校内部敏感话题，不让再说了。在记者这次采访中，武汉大学一位不愿具名教授指出：

所谓学者治学、教授治教的改革目前只是停留在形式上，并没有真正实现。从大学来讲，行政的管理权和教授治校的权力看来是对等的，事实上，行政管理大大控制了学术科研，改革都是空的。武汉大学不但有校学术委员会和各院系的教授委员会，也有专门的博导委员会，尽管按照规定这些组织在学术方面有着高于行政机构的决策权，但实际上并不能左右行

---

① 参见 [英] 霍华德·戴维斯：《五种环境变化导致大学竞争日趋激烈》（在第二届中外大学校长论坛上的主题讲演），《北京晨报》2004 年 8 月 4 日。

② 参见田豆豆：《武汉大学试水"政学分权"欲回归学术本位》，《人民日报》2008 年 4 月 17 日。

政机构作出的决定。①

作为内部治理结构改革先进典型的武汉大学尚且处于如此尴尬的地步，那么中国大学内部治理改革的整体状况如何也就不难想象了。笔者以为，中国大学内部治理之所以出现这种权力边界模糊和混乱的状况，主要有两方面的原因：其一，中国大学内部治理结构是在计划经济和总体性社会背景下形成的，鉴于外部制度环境的制约，大学内部治理结构的转型还在进行中，因此大学内部治理改革中出现这样或那样的问题是十分正常的；其二，大学内部治理和公司治理以及政府治理相比，其结构更为复杂、内容更为多样化。正如西方学者唐纳德·福克纳指出的："大学和学院校长的工作，在各种职业中是最复杂和最难以执行的职位之一。高等教育中的大多数令人困扰的难题，直接起源于学院或大学管理中立法、司法和行政权力的冲突。管理系统涵盖了大学治理的三个领域：政策的制定、政策的解释和政策的实施。"②

我们应该充分认识到，大学内部权力的二元结构是一种常态，不存在哪一个权力更优越的问题，问题的关键是要划分好权力边界，使它们在各自的场域中发挥作用。西方国家大学内部治理的成功经验就在于有效地分割了院校的权力，比如哈佛大学办学的至理名言就是"各人管各人"。

近年来在中国大学内部改革中，大家都认同分权化模式，有很多人将中国大学内部治理结构中权力配置的理想模式概括为："党委治党、校长治校、教授治学"。笔者以为，这种分权模式，虽然在理论上有助于克服"党政不分"、"政学不分"的积弊，但是由于这种模式没有真正理解大学内部权力的性质和分权的内容，因此在实践中必然无法实施，缺乏可操作性。

就党政二元权力结构看，目前实施的分权模式可谓困难重重，下面两位大学党委书记的观点非常有代表性。其中一位在党委书记的岗位上工作

---

① 参见 http://www.jinbw.com.cn/jinbw/xwzx/fcda/2008101051.htm。

② Donald Faulkner. Principle of College Executive Action : The Responsibilities of the College President. *The Journal of Higher Education*, Vol.30, No.5（May., 1959），pp. 266-275.

了 14 年，他认为："我国公立高校管理过程中最核心同时也是最难处理的就是党委的地位和作用问题，这也是中国大学制度区别于国外大学制度的特殊性所在。"①另外一位党委书记，在任现职之前曾经担任过大学的校长和教育厅的厅长，他说："党委领导下的校长负责制如何贯彻执行，在很大程度上还靠个人对这个制度的理解和把握，还缺乏操作性的制度规范。"②

笔者以为，党委领导下的校长负责制之所以存在各种问题，主要的原因还在于分权的思路不清晰。过去我们思考和解决党政二元结构权力关系的时候，总试图将大学内部事务分成两类，一类是党的事务，一类是行政的事务，并理想化的认为只要书记为首的党务系统只管党的事务、校长为首的行政系统只管行政事务，则传统体制的弊端就可以解决。其实，在大学治理的实际中，党政系统决策管理的事务在相当大的程度上是交叉的，甚至说是重叠的，在操作层面根本无法将党和政的事务区别开。"党管人才"、"党管干部"也就意味着党要对大学的学科建设、队伍建设和组织建设负责，而这些从根本上说也是行政的主要职责。基于这种现状，笔者认为应当变换一种分权思路：将党委书记为首的大学党委定位成"决策系统"，并扩充党委会人员的组成（比如说教师党员代表、学生党员代表等），它的职责类似于西方大学的董事会或治理委员会，是党和国家在大学层次的委托代理人，行使《高等教育法》规定的"领导"的责任，比如制定大学章程、遴选校长和筹措经费等。党委会在决策的过程中还应当通过相应的制度设计适当吸收社会人士参与，将校长为首的大学行政组织定位成"执行系统"，校长的职责是高等学校法人组织的代表，代表党和政府以及大学党委会独立自主的行使权力。

就学术权力和行政权力的二元结构看，目前的分权模式和党政关系的困境一样，也是认识上的误区和制度上的缺陷所导致的。大学层面的学术

---

① 于文明：《中国公立高校多元利益主体的生成与协调研究——构建现代大学制度的新视角》，高等教育出版社 2008 年版，第 209 页。

② 同上书，第 249 页。

委员会和院系层面的教授委员会，在制度设计上是管理学术事务的机构；大学层面的行政机构和院系的党政机构被定位为管理行政事务的机构。而实际上，大学治理的对象很难界定出哪些是学术性的事务，哪些是行政性的事务。比如，教师职称聘任的工作，其实既是行政事务也是学术事务。实际上，以教授为代表的教师群体，并不只是大学治学的主体，他们也是大学治理的主体。美国麻省理工学院在办学中提出："第一流专家教授的作用绝不仅仅是在研究室和课堂中，或者仅仅是在局部的专业领域中。聘请一流教授的目的还有另一个重要方面，就是让他们参与学院的学术管理和长远建设规划，也就是让他们去办学。"[1] 所以，通过简单地划分学术治理主体和行政治理主体权力范畴的思路和做法在实践中很难行得通。

笔者认为，解决中国大学内部治理中学术权力和行政权力这一水平向度的权力关系难题，要和垂直向度的权力关系（即学校和院系权力关系）放在一起思考。我们不能简单地理解"政学分离"，而应该正确理解"政"和"学"这两种不同性质权力的作用范围。学者群体治理的对象主要应该是院系的事务，而不是学校的整体事务，因为对学校整体事务的决策需要了解学校的整体情况和更专门化的知识。而院系事务既是学者群体熟悉的，也是和他们的利益直接相关的。诺贝尔经济学奖的获得者哈耶克认为，一个组织的效能取决于决策权威和决策所依据的专门知识之间的匹配关系。他指出："最终的决策必须要由那些熟悉这些具体情况，直接了解有关变化，并知道资源可迅速满足他们需要的人来作出。我们不能指望这个问题通过事先把全部知识传输给一个全能的中央委员会并由它发出指令这种途径来作解决。我们必须通过权力的分散化的方法来解决这个问题。"[2]

因此在大学内部治理未来的改革中，应树立如下新的分权思路：决策权和执行权分离，决策权归党委，行政权归校长；学校和院系权力分离，行政权力上移，学校的行政组织是权力的主体，学术权力下移，院系的学者群体是权力的主体。

---

[1]　张成林：《MIT 工程教育思想初探》，《高等工程教育研究》1988 年第 1 期。

[2]　[美] 科斯等：《契约经济学》，经济科学出版社 1999 年版，第 31 页。

第四章
高等教育制度化精英主义与
中国大学"向上漂移"

在中国高等教育的现代转型过程中，中央政府的作用始终处于主导地位，地方和民间社会的作用较为有限。作为赶超型的后发现代化国家，中国的高等教育资源长期处于匮乏状态，因此政府不得不动用外在制度将稀缺性的资源集中到它认为最有效率的地方。这种高等教育现代化的发育模式和西方早期现代化国家有着很大的差异，早期现代化国家高等教育资源配置虽然也依据政府的高等教育政策，但是学术市场和学术共同体的内在规则也起着不可替代的作用。笔者将中国高等教育现代化过程中这种由政府主导来集中分配稀缺性资源的现象称之为"高等教育制度化精英主义"①。高等教育制度化精英主义在中国现代性发育的不同阶段都有不同程度的存在，中华人民共和国成立后，特别是改革开放以来，制度化精英主义对中国大学发展的影响更为显著，并导致中国大学系统普遍的向上漂移。

---

① 笔者提出这一概念，受到赵炬明教授有关研究成果的启发。

第一节　高等教育制度化精英主义的由来

一、高等教育制度化精英主义的界说

所谓精英主义，是指"从所有的组织成员中挑选出一小批人，给予他们特别的教育和培养，把他们安排到最重要的岗位上，创造各种有利条件使他们能作出杰出成就，通过对这些人的成就给予特别的表彰，希望他们能够领导组织不断前进"。我国学者赵炬明认为，精英主义存在于所有等级社会中，并不是中国的特色，中国的特色是把精英主义制度化（institutionalized elitism），使之成为一种正式的制度（official institution）。他还认为制度化精英主义是中国高等教育系统的一个非常显著的特征。[1] 笔者认为，高等教育制度化精英主义，特指中国高等教育系统中个体和组织获得优势身份的一种特征。在高等教育制度化精英主义的结构中，个体或组织的"精英身份"是外在制度赋予的，而不是在平等竞争的制度环境中获得的。[2]

中国高等教育制度化精英主义的表现主要有两种形式，一种是在大学组织中少数人借助现行制度结构的有利条件不断垄断稀缺性资源，形成学术人员内部结构等级化的状态；另一种则是在大学系统中少数大学借助制度结构的有利条件不断独占稀缺性资源，形成大学系统内部等级制结构的状态。概言之，制度化精英主义在中国高等教育系统中的表现形式是学者群体和学术组织被塑造成金字塔式的等级结构，并且根据这个结构分配资源（资金、政策、声誉等）。处在金字塔顶端的少数人或组织，是这项制

---

[1]　参见赵炬明：《精英主义与单位制度：中国大学研究》，《北京大学教育评论》2006年第1期。

[2]　参见朴雪涛：《知识制度视野中的大学发展》，人民出版社2007年版，第286页。

度的获益者，他们在稀缺性资源争夺的博弈中保持绝对的优势。这样一个严密的等级制结构形成的动力机制是多方面的，但是政府的导向往往是最为重要的因素。

中华人民共和国成立之前，大学系统内部的精英主义就有所表现，比如存在国立和省立大学的层次之分。不过，由于解放前高等教育办学体制多样化，政府对高等教育资源控制的能力还较弱，因此制度化精英主义的表现和影响还不甚突出。新中国成立后，制度化精英主义在新的制度环境下得到高度强化，重点大学制度的形成就是一个明显的例子。"文化大革命"开始后，重点大学制度被废止。改革开放后，高等教育制度化精英主义很快得以恢复，并不断得到发展和强化。政府通过制定不同的高等教育公共政策，有意识地将稀缺性的高等教育资源集中在某些组织团体和个体手里，期望实现高等教育资源的效用最大化。制度化精英主义在中国高等教育系统的盛行，形成了非常显著的高等教育资源配置的马太效应，导致高等教育系统的分化和地位的不平等。这种因公共政策所导致的不平等不仅存在于公立大学和私立大学之间，也存在于公立高等教育系统内部和大学的学术人员群体之间。可以说，高等教育系统的制度化精英主义已经使知识共同体变成一个等级森严的金字塔结构。高等教育系统中制度化精英的身份一旦确立，某种意义上就获得了遗传的特性和继承的权利，从而使金字塔的结构保持稳定。

二、高等教育制度化精英主义形成的原因

高等教育系统的制度化精英主义并非中国所独有的，不过它在中国高等教育系统中的表现最为突出。之所以如此，笔者认为是由以下几个因素决定的：

（一）中国的文化传统

在任何时代国家和社会中都存在着如何分配稀缺性资源的问题，资源的有限性和对资源需求无限性的矛盾往往是社会制度建立的基础。中国社会长期经受儒家文明的熏陶，因此中国的学术制度带有儒家文化的典型特

征。儒家文化在思考如何分配稀缺性资源这一问题上，不注重培育平等竞争的精神，而是强调组织和个体等级身份文化。孔子看到"八佾舞于庭"就批判说："是可忍，孰不可忍也？"秦汉以后，中国大一统的封建社会结构更加固化了儒家这种制度化精英主义的文化传统。儒家文化导向的社会文化结构中，皇城必然是一个国家的文化中心，重要的学术机构都集中在首都。以皇帝为代表的权力阶层也同样被赋予了学术权威的身份，并且根据权力集团的不同等级来分配和使用文化学术资源。中国现代大学制度的发育虽然是外来模式的制度移植，但是其生成过程也或多或少地受到文化传统的影响。加拿大著名比较高等教育专家许美德教授曾指出："中国大学面临的压力同世界上其他地方的大学相似，但是中国大学对全球化的反应呈现出一定的独特性，这种独特性植根于中国的文化。"[①]

（二）后发现代化国家高等教育赶超型发展战略

中国在历史上曾经是高等教育发达的国家和东亚文明的核心。近代以来，中国学术的优势地位，逐渐被西方现代科技文明所取代。如何摆脱学术上"弟子之国"的窘态，也就成为中国高等教育现代化最重要的任务。作为后发国家，中国在科技学术领域的现代化道路上别无选择地采取了追赶型的发展战略。一般来说，一个积弱积贫的前现代国家在发展现代学术上的资源是极为有限的，并且民间的现代化动力也往往不足。这种情况下，一个理智和可行的做法就是由政府出面来配置高等教育资源，由政府来规定学校的学术地位和声誉，使少数大学能够超常规的发展，赶超发达国家的大学。比如日本在发展近代大学过程中也曾由政府规定了一两所大学的一流地位。中国近代大学发展也同样经历了这样的一个过程，1898年成立的京师大学堂，其目的就是通过政府自上而下的改革，实现学术制度的现代转型。这种发展策略在加速国家学术制度现代化的同时，也导致了学术的非均衡性发展和不平等现象的发生。中国学术现代化采取的这种模式，总体上得到了精英知识分子阶层的认可。胡适在1912年发表的

---

① ［加］许美德、查强：《追求世界一流：面向全球化和国际化的中国大学》，林荣日译，《复旦教育论坛》2005年第3期。

《非留学篇》中提出：留学是"国之大耻"。为了尽早结束这种局面，首要的任务就是举办"国家大学"。国家大学应该直属于中央教育部，设在北京、天津、上海等大城市；国家大学应该"代表全国最高教育，为一国观瞻所在"。因此国家大学"教师宜罗致海内名宿充之。所编各学科讲义，宜供全省大学之教本"①。20世纪40年代末期，胡适又提出争取"学术独立"的十年计划，按照他的设想，在5年的时间内集中国家的力量培植出5个国内的一流大学，使他们在短时间成为"现代学术的重要中心"。在第二个5年再挑选出5个大学，用同样的力量培植它们，也使它们在短时期发展成为现代学术的重要中心。②

这种基于赶超发达国家高等教育水平而产生的制度化精英主义，在高等教育早期现代化国家中几乎很少存在或者表现得不明显。一个突出的例子就是美国建国后一直没有建立联邦直接管理的大学，而将私立大学、州的公立大学置于一个平等竞争的制度环境中。

（三）社会主义国家的资源配置方式

传统社会主义国家实行的是政府主导下的计划经济。这种体制在资源配置和使用方式上与市场经济体制国家有着根本上的不同。邓小平认为："社会主义同资本主义比较，它的优越性就在于能做到全国一盘棋，集中力量，保证重点。"③ 因此，长期以来社会主义制度的优势被形象地概括为能够"集中力量办大事"。所谓集中力量办大事，就是通过行政动员的方式集中全社会的人力、财力和技术去攻克国家发展中最为重要的任务，在某些领域实现跨越式发展。集中力量办大事的过程，也是不同利益主体之间的矛盾冲突的过程。这种利益冲突往往被定性为全局利益和局部利益的冲突，集体利益和个体利益的冲突。由于社会主义制度的价值体系重视全局利益和集体利益，因此集中力量办大事也是在顾及大局的说辞下重点发展对象对次要发展对象的资源占有和剥夺的过程。集中力量办大事不仅体现在新

---

① 胡适：《非留学篇》，《留美学生年报》（第三年本）1914年1月。
② 胡适：《争取学术独立的十年计划》，《中央日报》1947年9月28日。
③ 《邓小平文选》第三卷，人民出版社1993年版，第16—17页。

中国的经济建设上，在文化教育建设和大学发展中也始终贯彻这一项原则。原教育部长何东昌曾指出："中国特色的社会主义教育的特征就是集中力量办大事，抓重点，再由重点带动全局，如实施 211 工程和 985 工程"。[①]

第二节　改革开放前中国大学制度化精英主义金字塔结构的初步形成

改革开放以后中国大学中的制度化精英主义，是 20 世纪 50 年代和 60 年代中国重点大学制度设计理念和制度安排的发展。这里简单回顾一下改革开放前制度化精英主义的表现形式——重点大学制度的形成过程。

一、新中国成立初期以"移植苏联模式"为目标的高等教育制度化精英主义

新中国成立初期，中国为了建立适应新的社会制度和工业化发展战略的高等教育体系，采取了"全面学苏"的大学改革模式。这一新的移植式的大学制度变迁，和 19 世纪末的改革一样，同样是自上而下的由中央政府主导的强制性制度变迁。为了完成这一任务，中央决定按照苏联高等教育的模式和根据老解放区办教育的经验建设两所大学，即中国人民大学和哈尔滨工业大学，建设这两所大学的目的是为了给其他大学的改革提供样板。1949 年 12 月中央政务院发布的《关于成立中国人民大学的决定》中指出：中国人民大学的任务是"接受苏联先进的建设经验，并聘请苏联教授，有计划、有步骤地培养新国家的各种建设干部"[②]。1950 年 6 月，周恩来总理在全国高等教育会议上指出："有重点地稳步前进，不是不进和冒

---

① 何东昌：《〈中华人民共和国教育史〉导语》，《高校理论战线》2007 年第 9 期。
② 教育部：《关于成立中国人民大学的决定》，教育部档案 1950 年永久卷（卷八）。

进，也不是齐头并进。如果把摊子铺得很大，没有重点，形式上好像配合了国家建设，实际上却不是。什么都满足，结果是什么都不能满足。办事情总要有个次序。先搞重点，其他就可以逐步带动起来。比如综合大学办几个像样的，其他的也就会跟着学。"①

这次会议后，中央人民政府在当时的各大行政区设定了一所重点建设大学（见表4—1）。

表4—1：1951—1953年各大行政区重点建设学校名单

地区	确定时间（年）	学校名称	地区	确定时间（年）	学校名称
华东大区	1951	复旦大学	华中大区	1952	武汉大学
东北大区	1952	吉林大学	华北大区	1952	南开大学
西北大区	1953	兰州大学	华南分区	1953	中山大学
西南大区	1953	四川大学			

1954年12月5日，高等教育部发布《关于重点高等学校和专家范围的决议》，提出全国重点大学必须具备三个方面的条件：第一，师资设备条件较好；第二，有苏联专家的指导和帮助；第三，教学改革有显著的成绩和经验。根据这三项标准，确定了6所高校为全国性的重点大学，它们分别是中国人民大学、北京大学、清华大学、哈尔滨工业大学、北京农业大学、北京医学院。

1954年首批全国重点大学的任务是要"在贯彻中央所规定的方针政策，学习苏联经验，进行教学改革，加强行政管理等各方面先走一步，取得经验，由高等教育部及时总结推广，以带动其他学校，共同前进"。由于全国重点大学被赋予了比其他大学更为重要的任务，首批6所全国性重点大学，除了哈尔滨工业大学外，其余5所都设在首都北京。这6所重点高校承担如下具体的任务：（1）培养质量较高的各种高级建设人才及科学研究人才；（2）为其他各级各类高等学校培养师资，包括培养研究生和进修师资；（3）在培养师资和教学工作等方面给予其他高校以经常性的帮

---

① 《周恩来教育文选》，教育科学出版社1984年版，第79页。

助；（4）协助教育部进行有关教改的试验工作。①

　　新中国成立初期举办重点大学的主要目的是让这些大学在学习苏联大学制度的变革中先走一步，成为其他大学仿效的对象，并帮助其他大学完成大学制度新的转型。当时的重点大学制度并非实行高等教育分层次办学的考量，而是鼓励其他非重点大学按照重点大学的目标和改革路径前进。当然，这些作为样板作用的重点大学也获得了更多的发展机会和资源。比如，1953 年全国高校共聘请苏联专家 146 人，其中清华大学、人民大学、哈尔滨工业大学三家单位就占了 60 人。1955 年高等教育部抽调 33 名教师去苏联进修，重点大学的教师占据了绝大多数。在校舍和试验设备上，国家也加大了对这些重点大学的投资力度。②。

二、20 世纪 50 年代末和 60 年代初以"提高质量"为目标的高等教育制度化精英主义

　　20 世纪 50 年代末，由于中苏两国政治分歧的出现，移植苏联模式而来的高等教育模式也开始受到质疑，具有中国特色的革命性高等教育模式开始试验。高等教育发展的"大跃进"以及"开门办学"，不可避免的带来了两个问题：一是高等教育资源的严重不足，二是高等教育质量的下滑。为了解决这两个问题，50 年代末和 60 年代初的重点大学制度发生了相应的改变。举办重点大学的目的从学习苏联模式的需要转变为保证高等教育质量的需要，意欲通过完善重点大学制度消解"大跃进"带来的质量下滑的问题。

　　由于重点大学制度设计的目标发生变化，也由于"教育革命时期"高等教育外部治理实施了去中心化改革，这导致重点大学的数量快速膨胀。和前一个阶段相似的是，被列为重点高校，也就意味着在"领导、管理、

---

① 参见《中国教育年鉴（1949—1981）》，中国大百科全书出版社 1984 年版，第 330 页。
② 参见胡炳仙：《中国重点大学政策：历史演变与未来分析》，华中科技大学博士论文，2006 年。

人力分配、专业设置、经济分配上"得到优先考虑和重点支持。[①]

1959 年 3 月 22 日，中共中央发布的《关于在高等学校中指定一批重点学校的决定》中指出："为了既能发展高等教育，又能防止平均使用力量招致高等教育质量的降低，和为了将来逐步提高高等教育质量起见，从现有的比较有基础的高等学校，指定少数学校，从现在起就采取措施，着重提高教育质量。非经中央同意，重点大学不得再扩大学校规模，不得增加学生数目和增设科系；必须招收和认真培养研究生，适当地负担高等学校教师进修的任务，同其他院校交换材料、交流教学经验等等，以这些方式为提高全国高等教育的质量服务。"[②] 这次新增 10 所高等学校为全国重点大学，其中包括：复旦大学、中国科技大学、上海第一医学院、天津大学、上海交通大学、西安交通大学、华东师范大学、北京工业学院、北京航空学院、北京师范大学。加上 1954 年确定的 6 所重点院校，全国重点大学的总数达到了 16 所。1959 年 8 月 28 日，国务院批复卫生部同意确定中国医学科学院开办中国医科大学，定为全国重点高校。同时，还增设哈尔滨军事工程学院、第四军医大学、解放军通讯工程学院 3 所军委所属重点高校。全国重点大学增加为 20 所。

1960 年 2 月，在教育部召开的全国重点学校问题座谈会上，关于举办重点大学的目的又有了新的提法：重点学校的任务是一方面要在全国同类学校中起到提高教育质量和科学研究水平的作用，另一方面应在 3—8 年内成为世界上最先进的高等学府。1960 年 10 月 22 日中共中央发布《关于增加全国重点高等学校的决定》，决定再次增列 44 所高校为全国重点大学。其中综合类院校 11 所、工科院校 34 所、师范类院校 2 所、农林院校 3 所、医药院校 5 所、外语院校 1 所、政法财经类院校 3 所、艺术院校 1 所、体育院校 1 所和军委所属院校 3 所。加上前期确定的 20 所重点高校，全国重点大学总数达到 64 所，其中北京 27 所，占总数的 42.2%，上海 9

① 参见何东昌：《中华人民共和国重要教育文献》(1949—1975)，海南出版社 1998 年版，第 875 页。
② 《中国教育年鉴 (1949—1981)》，中国大百科全书出版社 1984 年版，第 330 页。

所，占总数的 9%，重点大学区域分布集中的特征十分显著。《关于增加全国重点高等学校的决定》指出："全国重点高等学校是我国高等教育的主要骨干，办好这些学校，对于迅速壮大我国科学技术队伍和理论队伍具有重要意义。因此，在高等教育工作中，集中较大力量办好全国重点高等学校，这应作为中央教育部、中央各主管部门和各省、市、自治区党委共同的首要职责。"①

由于新增加的全国重点大学数量众多，且分布在全国各地，隶属于多个国家部委，这客观上增加了对重点大学管理和建设的难度。为此教育部还颁布了《关于全国重点高等学校暂行管理办法》，确立了如下新的全国重点高校的管理体制：(1) 全国重点高等学校的领导和管理，由中央教育部、中央各主管部门与地方分工负责，实行双重领导（教育部主管的学校）或三重领导（中央业务部门主管的学校），上下结合，各负专责；(2) 全国重点高校的专业设置、修业年限、每年招生名额、学校发展规模、学校主要领导干部的配备，由中央教育部、中央各主管部门和地方共同商定，作出规划，报中央批准；(3) 全国重点高等学校的经费和基本建设投资，按照学校所属领导关系的中央教育部或中央主管部门作出预算，由各部直接划拨给学校，或交与地方转发给各校；(4) 全国重点高校的经常工作，由地方负责领导。②

1963 年 9 月 12 日，经国务院批准，教育部发出通知，确定浙江大学、厦门大学、上海外国语学院这 3 所高校为全国重点大学。1963 年 10 月 24 日，国务院批准国家科委、国务院文教办公室和农林办公室的建议，确定南京农学院为全国重点大学。③

改革开放前，中国重点大学制度的形成过程具有典型的制度化精英主义的特征。全国性的重点大学全部都是教育部和中央部委直属的高校，这些重点高校的身份是由中央教育行政部门和各行业学校主管部门通过行政

---

① 《中国教育年鉴（1949—1981）》，中国大百科全书出版社 1984 年版，第 330 页。

② 参见同上书，第 786 页。

③ 参见《中国教育年鉴（1949—1981）》，中国大百科全书出版社 1984 年版，第 93 页。

的手段认定的，重点高校集中主要集中在北京、上海等文化中心和国家重点建设地区。一旦被确认为是重点高校，就会享有政府赋予的优先发展的权利和资源，并且重点的身份不会轻易发生改变，几乎没有绩效评估等手段的有效介入。

"文化大革命"开始后，在标举平等主义价值取向的教育革命运动中，中国的重点大学制度也受到批判，重点大学制度被废止。原来确定的64所重点大学几乎都下放给地方管理，重点大学的榜样示范作用也随之瓦解。教育革命中涌现出的"七二一大学"、"朝阳农学院"等新生事物成为了新的典型，这些新的示范性大学正是在颠覆精英主义的理念与制度中脱颖而出的。

第三节　改革开放后中国高等教育制度化精英主义的发展

改革开放后，高等教育制度化精英主义在新的发展环境下再度兴起，并且随着赶超型发展战略目标的上移而不断得到强化，其形式也有重要的变化，对30年来中国大学制度的变迁产生了重要影响。

一、20 世纪 80 年代高等教育制度化精英主义的重建

（一）以建设"两个中心"为目标的重点大学制度

"文化大革命"结束后，被"革命性教育模式"解构了的制度化精英主义再度兴起，重点大学制度得到恢复。不过，这一制度设计的目标发生了重要变化。1977年7月29日，邓小平在听取教育部工作汇报时指示："要抓一批重点大学。重点大学既是办教育的中心，又是办科研的中心。"[①]1977年8月8日，邓小平在全国科学和教育工作座谈会上指出："在

---

① 转引自张健：《中国教育年鉴》（1949—1981），中国大百科全书出版社1984年版，第334页。

大专院校中先集中力量办好一批重点院校。重点院校除了教育部要有以外，各省、市、自治区和各个业务部门也要有一点。"①1977年9月19日，邓小平在同教育部主要负责人谈话时指出："重点大学搞多少，谁管，体制怎么定？我看，重点大学教育部要管起来。教育部直属重点大学，双重领导，以教育部为主。教育部要直接抓好几个学校，搞点示范。"②

1978年1月《人民教育》发表评论文章指出："办好一批重点学校，是提高教育质量、早出人才、多出人才、快出人才的一项强有力的措施，是实现四个现代化，特别是科学技术现代化的迫切需要，是教育革命的当务之急。办好一批重点学校，也是我们国家人力、物力、财力等各方面的具体条件决定了的。"③1978年5月《人民教育》再次发表评论文章指出："重点大学担负提高教育质量的责任，对同类高等学校各项工作起着骨干和示范的作用；一般高等学校，特别是电视、广播大学、夜大学、函授教育，则担负着普及任务。"④

1978年2月17日，国务院转发教育部《关于恢复和办好全国重点高等学校的报告》。报告对恢复和办好全国重点高校的意义作了如下的表述："在'文化大革命'期间，'四人帮'集团对教育战线的干扰与破坏十分严重，表现在高等教育尤其突出，致使高等学校的培养能力和教育质量大幅度下降，造成教育事业与社会主义革命和建设严重不相适应的状况。恢复和办好全国重点高等学校是一项战略性措施，对于推动教育战线的整顿工作，迅速提高高等教育的水平，尽快改变教育事业与社会主义革命和建设严重不相适应的状况，是完全必要的。办好全国重点高等学校是时代赋予我们的使命，关系到四化建设，因此请各级党委，各省、市、自治区，国务院各部委，对办好全国重点高校给予足够的重视，并在具体工作中给予

---

① 《邓小平文选》第二卷，人民出版社1994年版，第54页。
② 《邓小平文选》第二卷，人民出版社1994年版，第69页。
③ 编辑部：《必须办好一批重点学校》，《人民教育》1978年第1期。
④ 参见教育理论组：《按照教育工作的客观规律来办高等教育》，《人民教育》1978年第5期。

积极支持。"①

　　这次研究确定全国重点高校的原则是：（1）现有师资、设备、校舍等办学条件较好，能够较快地扩大培养能力，提高教育质量、开展科学研究工作；（2）体现无产阶级教育事业的社会主义方向和独立自主、自力更生、艰苦奋斗、勤俭建国的方针；（3）加强薄弱环节和薄弱地区，加速边疆少数民族地区高等教育事业的建设。②

　　根据上述原则，除了恢复在办的原有重点大学的身份外，增列下面29所大学为全国重点大学：云南大学、西北大学、湘潭大学、新疆大学、内蒙古大学、广东化工学院、长沙工学院、南京航空学院、西北电讯工程学院、华东工程学院、哈尔滨船舶工程学院、重庆建筑工程学院、河北电力学院、大庆石油学院、阜新煤矿学院、东北重型机械学院、湖南大学、镇江农业机械学院、西北轻工业学院、湖北建筑工业学院、长春地质学院、南京气象学院、武汉测绘学院、山东海洋学院、江西共产主义劳动大学、大寨农学院、四川医学院、西南政法学院、中央民族学院。③ 这次新增重点大学中出现了地方院校。

　　教育部在《关于恢复和办好全国重点高等学校的报告》的附件《关于恢复和办好全国重点大学的意见》中指出：当前急需在普遍进行整顿的同时，加强领导，集中力量，抓紧恢复和办好一批全国重点高校。力争在较短的时间内，使这些院校尽快培养出又红又专的高质量的各种人才，尽快拿出具有较高水平的科学研究成果，不断总结办学经验，在建立一个充分体现毛主席的无产阶级教育革命路线，适合我国情况，适应社会主义经济基础的无产阶级教育制度方面，在向科学技术现代化进军的伟大革命群众运动中，发挥骨干作用。在教育革命的实践中，全国重点高等学校要带动一般院校共同前进；一般院校要推动全国重点高校向更高的水平发展。重点带一般，一般促提高，加速高等教育的发展。根据社会主义革命和建设

① 参见《中国教育年鉴》，中国大百科全书出版社1984年版，第334—335页。
② 参见同上书，第804页。
③ 参见同上书，第334—335页。

的需要及国民经济的可能条件，逐步扩大全国重点学校的范围。

1978 年中央恢复了中国人民大学等 4 所重点高校。1978 年 10 月，国务院决定成都工学院更名为成都科技大学，并增补为全国重点大学。1979 年 9 月 4 日，经国务院批准，教育部和农业部联合发出通知，确定西北农学院、西南农学院、华中农学院、华南农学院为全国重点大学。到 1981 年为止，全国共确定重点大学 96 所，占当时全国高校总数的（704 所）的 13.6%。具体见表 4—2、表 4—3。

表 4—2：1981 年全国重点大学的类型及按照主管部门的分布情况

主管部门 学校类型	教育部	中央业务部门	省级政府	总计
综合大学	12		5	17
理工科院校	12	42		54
师范院校	2			2
农林院校		7	2	9
医药院校		6		6
外语院校	1	2		3
政法财经院校		2		2
艺术院校		1		1
体育院校		1		1
民族院校		1		1
重点高校总数	27	62	7	96
全国高校总数	38	226	440	704

资料来源：根据《中国教育年鉴（1949—1981）》（中国大百科全书出版社 1984 年版）第 335—336 有关数据整理。

改革开放初期重点大学制度的重建，主要是对 20 世纪 60 年代重点大学制度的恢复。在新增加重点高校时，除了考虑学校的实力外，政治因素也起到了重要作用。比如，大寨农学院是 1975 年从山西农学院分出一部分力量举办的，而 1978 年就成为了全国重点大学。这和当时"农业学大寨"的政治背景有着直接的关系。1978 年 10 月发布的《全国重点高等学校暂行工作条例》中关于高等学校思想政治工作任务中专门提到"认真学

大寨"。张健在 1984 年出版的《中国教育年鉴》中曾专门指出："1978 年
2 月第一批确定全国重点高等学校 88 所。其中，把不具备重点学校条件
的大寨农学院提为重点院校。"①1979 年大寨农学院并入山西农学院（同年
改为山西农业大学）。因此，1979 年年底新确定的 96 所重点大学中没有
大寨农学院，也没有山西农业大学。但是，这个"遗产"至今还为山西农
业大学所津津乐道。笔者在 2008 年 11 月在山西农业大学校园网学校概况
中看到这样的说法："山西农业大学是山西省唯一的全国重点大学"。

表 4—3：1981 年全国 96 所重点大学按地区分布情况

华北地区 （27 所）	北京	天津	河北	山西	内蒙	
	22	2	1	1	1	
华东地区 （24 所）	江苏	上海	山东	安徽	浙江	福建
	9	8	3	2	1	1
华中地区 （11 所）	湖北	湖南	江西	河南		
	7	3	1	0		
东北地区 （12 所）	辽宁	黑龙江	吉林			
	5	4	3			
西南地区 （10 所）	四川	云南	贵州	西藏		
	9	1	0	0		
西北地区 （8 所）	陕西	甘肃	新疆	宁夏	青海	
	6	1	1	0	0	
华南地区 （4 所）	广东	广西				
	4	0				

资料来源：根据《中国年鉴》（新华出版社 1986 年版）第 509—510 页有关数据整理。

其他类似的情况还有湘潭大学。2008 年 11 月，湘潭大学校园网中学
校简介是如此描述的："湘潭大学成立于 1958 年，是毛泽东主席亲自倡办，
亲笔题写校名，亲切嘱托一定要办好的一所省部共建的综合性全国重点大
学……在邓小平、华国锋、李先念等中央领导同志的直接关怀下，1978
年国务院批准湘潭大学为全国重点大学"。在这所大学的历史沿革中，我

---

① 《中国教育年鉴》（1949—1981），中国大百科全书出版社 1984 年版，第 92 页。

们可以看到，1978 年时，湘潭大学只有 11 个专业，其中大部分是新开设的，图书馆藏书只有 28 万册，基本上是 1975—1978 年其他高校赠送的。在校生只有 900 名。可见，湘潭大学的之所以能在 704 所大学中跻身重点大学，其背后的政治原因不能忽视。

改革开放之初的这几次重点大学增选，也考虑到了学校类型和地区分布的均衡等因素，北京地区重点大学和工科院校重点大学的数量有所下降。

在重点大学制度的重建过程中，也有人对这项制度提出了改进意见。比如 1980 年，暨南大学第一副校长（1979 年以前为中国科技大学副校长）的李云扬撰文指出："重点大学的成立这么多年来，我们需要总结经验，得出改进办法来。重点大学不是靠教育部批准的，而是各大学的长期自力更生、艰苦奋斗，在不断前进中逐步形成而得到公认的。这样的大学在教学与科研上，它们都有高水平的成果；在师资培训和人才训练上都有成功的经验，而且不断地出现一批批高水平的人才；学校领导不断有所创新，而且带动附近的大学，别的学校学习它后，有所前进；学术论文得到国际学术界的公认，是有水平的，可以发表到世界一流的杂志上与别国的学者进行交流；所培养出来的人才分配到各条战线以后，能在工作中起骨干作用，成为那个部门的骨干分子和先进分子；能运用自己的长处帮助解决附近兄弟院校的师资、仪器不足和水平过低的问题，能与他们合作，带动他们前进，真正起到带头作用。"[1]

在全国重点大学制度重建的过程中，一些中央业务部门和省市人民政府也规定了本行业和本地区重点建设的学校。还有一些教育部直属高校虽然没有被列入全国重点大学，但是也往往作为同类院校的榜样，起着全国重点大学的作用。1981 年全国有师范院校 186 所，其中教育部直属师范院校 6 所。[2] 根据当时高等师范教育的制度设计，这 6 所教育部直属师范大学是其他师范学院的模范和榜样，起到带头作用，而这 6 所师范大学只

---

① 李云扬：《高等教育的几个问题》，《教育研究》1980 年第 5 期。
② 参见教育部：《中华人民共和国家教育成就》，人民教育出版社 1985 年版，第 51 页。

有 2 所是全国重点大学。1980 年 6 月召开的新中国成立以来第四次全国师范教育工作会议上提出，这 6 所院校要在教学质量、科学研究、三项基本建设、合理确定人员编制、提高效率、搞好科学管理等方面，走在其他高校前面，提供经验，起示范作用。6 所院校的毕业生应具有较高的素量，能够在中等学校发挥骨干作用。[①]1985 年铁道部召开了全路教育工作会议，提出要把铁道部所属的"西南交大和北方交大在 1990 年以前一定要办成全国第一流的大学"。会议文件指出："两校应当成为铁路高校的骨干力量。但是，两校的发展与其他 9 所铁路高校密切相关，因为 11 所院校都在一口锅里吃饭，制订两校规划，势必涉及其他 9 校的利益。为了让这两所学校成为全国第一流的大学，其他 9 校要采取实际措施来支持两校办学，尤其在建校标准、设备投资、出国进修、动用外汇等方面，暂时都要适当的让一让。"[②]

改革开放后恢复和新遴选的重点大学被赋予了新的使命，就是发挥大学的整体功能，努力建设成为邓小平所说的"两个中心"。1980 年时任教育部长的蒋南翔指出："重点大学的主要任务是把学校建设成为教育中心和科研中心。"[③]1985 年《中共中央关于教育体制改革的决定》中提出：为了增强科学研究的能力，培养高质量的专门人才，要根据同行评议、择优扶植的原则，有计划地建设一批重点学科。重点学科比较集中的学校，将自然形成既是教育中心，又是科研中心。

（二）以"超越世界先进水平"为目标的高等教育"国家重点建设项目"

重点大学制度的恢复，得到了重点大学领导和师生们的拥护。但是由于国家总体教育经费不足，国家对重点高等学校的投入仍然不能满足重点大学建设任务的需要。1983 年 5 月中旬，教育部在武汉召开全国高等教育工作会议，与会的南京大学名誉校长匡亚明、浙江大学名誉校长刘丹、天津大学名誉校长李曙森、大连工学院名誉院长屈伯川这四位老教育家，

---

① 参见高沂:《办好师范教育，提高师资水平，为四化建设培养人才作出贡献》,《教育研究》1981 年第 4 期。

② 教友:《关于办两所铁路重点大学的浅见》,《人民铁道》1986 年 3 月 28 日。

③ 蒋南翔:《科教战线需要解决的几个问题》,《教学研究》1980 年第 9 期。

在听取教育部长何东昌《关于调整改革和加速发展高等教育的若干问题》的报告后，共同讨论并起草了一份给中共中央书记处的建议书，建议书题为《关于将50所左右高等学校列为国家重大建设项目的建议》。其要点如下：

（1）目前我国教育经费太少，智力投资和经济建设投资不成比例，不相适应，高等学校多年来一直处于房屋少、条件差、教学科研活动和师生生活不够稳定的状态，发展提高都有困难。

（2）重点建设50所大学不仅是我国20世纪90年代高等教育进一步发展的基础，更将是我国在科技文化领域中赶超世界水平、加速社会主义高度物质文明和精神文明建设的骨干力量。

（3）从全国700余所高等院校中选出50所左右基础较好、师资力量较强、教学质量和科学研究水平较高、规模较大的院校，作为高等教育建设的战略重点，列为国家的重点建设项目，除正常的教育经费外，5年内每所高校另增加重点投资1个亿。这样做，一方面符合国务院关于像抓重点经济建设项目一样抓教育建设的指示精神；另一方面，作为智力投资的总效益是长远的，其意义是难以估量的。对于若干所高校的重点投资所创造出的价值，绝不是任何一个重点经济建设项目所能比拟的。[①]

1983年5月19日，匡亚明专门给邓小平写信，再次请求中央能够像抓重点经济建设那样，选定顺应现代科学技术与高教发展趋势的50所左右高等学校，列入国家重点建设项目，集中投资，争取1990年以前建设成为高水平的多科性、综合性大学的建议，从根本上改变现在各大学经常不安定状态，建立稳定的教学和科研秩序，以带动整个高教战线稳步发展，培养以后10年以至2001年以后长期间经济建设和文化建设所需要的各类高级人才。

中央书记处和国务院经过研究，部分采纳了四位老教育家的建议，1984年4月2日，国务院批复同意教育部和国家计委《关于将10所高等

---

① 参见《匡亚明教育文选》，南京大学出版社2001年版，第282—285页。这个建议书的要点曾以《建议加速建设一批重点大学》为名发表在1983年6月9日《中国教育报》上。

学校列入国家重点建设项目的请示报告》，该报告指出：重点建设北京大学等 10 所高等学校是贯彻中央关于把教育列入国民经济发展战略重点的一项重要措施，各有关部门和 10 所大学所在的省、直辖市的人民政府应当把这 10 所大学的建设当做一件大事来抓，对学校扩建用地、规划、设计、施工力量、物质供应等，要按国家重点建设项目和加速建设的要求，给予认真支持和妥善安排。对这 10 所高等院校的投资要纳入年度计划和"七五"规划。整个"七五"期间，国家共安排专项资金 5 亿元，作为北京大学、清华大学、复旦大学、上海交通大学、西安交通大学、中国科技大学和北京医科大学 7 所高校加速建设之用，列入国家重点建设项目。北京师范大学、中国人民大学、北京农业大学的加速建设投资，分别由有关部门在经管投资中调节解决。1984 年 9 月和 1985 年 1 月经国务院批准，哈尔滨工业大学、国防科技大学、北京航空航天大学、北京理工大学、西北工业大学这 5 所对我国国防工业有着重要意义的院校也被列入国家重点建设项目。这些被列入国家重点建设项目的高校当时被称为"重中之重大学"。

"七五"期间，所谓"重中之重大学"共有 15 所，但是提出这项新制度建议的四位老教育家所在的学校都没有被列入国家重点项目。在南京大学，由于学校没有被列入首批重点建设项目，出现了校园内"人心浮动、议论纷纷"的情况，并在 1984 年 5 月引起了"校内的一场风波"。[1] 当时还有其他很多重点高校和南京大学一样，也都想进入"重中之重"的层次。这些高校的领导老师一方面对"重中之重"大学的遴选原则与方法提出质疑，另一方面也要求国家增加重点建设院校的数量。

1984 年 8 月，经国务院批准，教育部正式发出了《关于在北京大学等二十二所高等院校试办研究生院的通知》。这 22 所首先试办研究生院的高校是：北京大学、中国人民大学、清华大学、北京理工大学、北京航空航天大学、北京农业大学、北京医科大学、北京师范大学、北京科技大学、天津大学、南开大学、哈尔滨工业大学、吉林大学、复旦大学、上海

---

[1]　参见王德滋、龚放、冒荣：《南京大学百年史》，南京大学出版社 2002 年版，第 432—434 页。

交通大学、上海医科大学、浙江大学、南京大学、武汉大学、华中理工大学、国防科学技术大学、西安交通大学。① 1986 年 4 月，经国务院批准，国家教委发布《关于同意中山大学等十所院校试办研究生院的通知》，全国增加 10 所研究生院：中山大学、东南大学、同济大学、东北大学、大连理工大学、厦门大学、华东师范大学、中国地质大学、中国协和医科大学、西北工业大学。这种制度安排，一方面为设立研究生院的高校开展博士和硕士层次人才培养创造了更为优越的条件，另一方面也在全国重点大学体系中再次重新分出一个层级。目前一些设有研究生院的大学仍然非常珍视这份荣誉，并在各种材料中大肆宣传。

1990 年 9 月 18 日，南京大学校长曲钦川、浙江大学校长路甬祥等联名给李鹏总理写信，建议"在七五基础上，八五期间继续完成对原有几所重点大学的重点投资，并且再增加几所高校列为国家重点建设项目"，提出要"重点建设二三十所跻身科技前沿、具有中国特色和较强国际竞争力的高等学校"。② 这一设想得到国家相关政策的支持。国家计委同意在"八五"期间对北京大学、清华大学、复旦大学、西安交通大学、上海交通大学、人民大学、北京师范大学、南京大学、浙江大学、南开大学、天津大学实行经费倾斜，资助重点建设。

二、20 世纪 90 年代后高等教育制度化精英主义新的制度安排

进入 20 世纪 90 年代以后，中国高等教育面临着新的形势和任务。一方面，世界新技术革命给中国的现代化建设提出了新的挑战，这要求高等学校在科技创新方面要发挥更大的作用；另一方面，随着计划经济体制向市场经济体制转变，高等教育系统的体制改革和结构调整迫在眉睫。由于国家整体高等教育资源有限，加上实施赶超型发展战略等因素的影响，新

① 参见中国年鉴编辑部：《中国年鉴》，新华出版社 1985 年版，第 468 页。
② 参见龚放：《建设"重中之重"——中国高等教育发展的一个战略选择》，《高等教育研究》1992 年第 3 期。

中国成立后长期盛行的高等教育制度化精英主义还在继续发挥作用，而且还有愈演愈烈的趋势。

为了同时完成重点建设和推进体制改革这两项任务，国家的教育政策有意将重点投入和改革联系在一起，对改革步伐大、成效显著的学校给予更多的资源。这种情况下，原有的重点大学制度已经不适应新的高等教育系统改革的需要，面临着新的改革。高等教育制度化精英主义也出现了新的制度安排。

（一）以"达到或接近发达国家同类学科水平"为目标的"211工程"项目建设

"211工程"是中国20世纪90年代初开始酝酿和实施的高等教育重点建设项目。"211工程"的含义被中国政府解释为"面向21世纪，重点建设100所左右的高等学校和一批重点学科"。被列入"211工程"重点项目的学校，将从中央财政专项中获得一定数额的发展建设经费，而高校的主管部门和所在的地区也要给予相应的资金配套。从这个意义上讲，"211工程"项目酝酿和实施，其实是中央教育行政部门、中央业务部门和地方政府加强合作的过程。从项目实施10年来的情况看，"211工程"无疑是新中国成立以来国家在高等教育领域里进行的规模最大的重点建设项目。

1. "211工程"酝酿和实施的基本过程

1991年4月，《中华人民共和国国民经济十年规划和第八个五年计划纲要》中提出："有重点地办好一批大学。加强一批重点学科点的建设，使其在科学技术水平上就达到或接近发达国家同类学科的水平。"1991年7月27日，国家教委向国务院上报了《关于重点建设好一批重点大学和重点学科的报告》，提出要在2000年前后建设100所左右的重点高等学校（简称"211计划"），目的在于使这100所左右的重点高等学校要在2010年或者更长一段时间内，在学术水平和教育质量上要"能与国际上一些著名大学相比拟"。1993年1月12日，《国务院批转国家教委关于加快改革和积极发展普通高等教育意见的通知》中提出：发展高等教育必须把提高教育质量放在突出的地位。有条件的省、自治区、直辖市和国务院有关部门着重办好一两所代表本地区、本行业先进水平的高等学校和一批重点学科、专业。在此基础上，国家教委会同国务院有关综合部门有计划地选择其中一批代表国家水平的高等学校和学科、专业，列入国务院已原则批准的"211 工程"计划，分期滚动实施。按照要求，对于列入"211 工程"计划的高等学校和学科、专业，中央（包括各有关部门）和地方两级教育部门，要采取适当的特殊政策，进一步扩大这些学校的办学自主权。力争到 21 世纪初，我国有一批高等学校和学科、专业进入世界先进行列，在教育质量、科研水平和学校管理等方面能与国际著名大学相比拟。1993 年 2 月 13 日《中国教育改革和发展纲要》中提出："要集中中央和地方等各方面的力量办好 100 所左右的重点大学和一批重点学科、专业"。1993 年 7 月，国家教委发布了《关于重点建设一批高等学校和重点学科点的若干意见》，其中将《中国教育改革和发展纲要》中提出的"集中力量办好 100 所重点大学"重新表述为"重点建设 100 所大学"。这一表述的转变反映了国家高等教育重点建设思路的转变，60 年代初期成型的重点大学制度开始被新的制度安排所取代。1994 年 7 月 3 日，在国务院《关于〈中国教育改革和发展纲要〉的实施意见》中更为明确的提出："实施'211 工程'。面向 21 世纪，分期分批重点建设 100 所左右的高等学校和一批重点学科，使其到 2000 年在教育质量、科学研究、管理水平及办学效益等方面有较大提高，在教育改革方面有明显进展。争取有若干所高等学校在 21 世纪初接近或达到国际一流大学的学术水平"。"为实施'211 工程'，需要设立专项基金。这项经费中央和地方、部门要做统筹安排。1994 年中央财政拨出 3 亿元专款，作为启动资金，以后逐年增加。省级政府和其他有关中央部门也要根据实际需要，作出安排。"

1995 年 10 月 8 日，经国务院批准，国家计委、国家教委、财政部联合发布《关于印发〈"211 工程"总体建设规划〉的通知》（计社会 [1995] 2081 号）。该文件明确规定了"211 工程"总体建设目标及任务、工程建设的主要内容。1996 年 3 月 22 日，为加强工程建设的统筹规划和领导，国务院成立"211 工程"部际协调小组。在部际协调小组的第一次会议上发布的报告指出："211 工程"实施以来到会议召开为止，国家计委、财政部和国家教委共同部署编制的可行性研究报告的学校 32 所，其中拟安排中央专项补贴的 15 所，由主管部门和地方出资建设的学校 17 所，涉及 19 个部委和 2 个省市。会议通过了"九五"期间中央计划给予专项资金资助的 33 所高校名单。

2002 年 9 月 2 日，经国务院批准，国家计委、教育部、财政部发布《关于"十五"期间加强"211 工程"项目建设的若干意见》（计社会 [2002] 1505 号）。其中指出，为应对知识经济和新技术革命的巨大挑战，加快推进社会主义现代化建设步伐，国家决定"十五"期间加强"211 工程"建设，将其作为国家重点建设项目纳入国民经济和社会发展第十个五年计划。建设资金采取国家、部门、地方和高等学校共同筹集的方式解决，其中中央安排专项资金 60 亿元。

2008 年 1 月 16 日，国务院总理温家宝主持召开国务院常务会议，听取高等教育"211 工程"建设工作汇报。会议指出：面向 21 世纪、重点建设 100 所左右高等学校和一批重点学科的"211 工程"实施以来，经过十多年的努力，"211 工程"学校人才培养质量不断提高，学科建设取得明显成效，创新能力得到提升，一些学科接近国际先进水平，产生了一大批有影响的成果，我国高等教育整体实力显著增强。会议同意进行"211 工程"三期建设，要求认真总结经验，明确目标，统筹兼顾，加快高水平大学和重点学科建设，带动我国高等教育整体发展。

"九五"期间，"211 工程"在 99 所高校中实施建设，主要安排了 602 个重点学科和两个全国高等教育公共服务体系建设项目。"十五"期间，"211 工程"在 107 所大学中实施建设，主要安排了 821 个重点学科和 3 个全国高等教育公共服务体系建设项目，并加强了师资队伍建设。"十一五"期间，"211 工程"将在 112 所大学中实施，其中中央计划安排专项资金 100 亿元。截至 2009 年全国有 112 所大学被正式列为"211 工程"大学（见表 4—4）①。在这 112 所"211 工程"大学中，北京地区的高校 23 所，教育部直属高校 75 所。

---

① 资料来源于教育部官方网站 2009 年的相关数据。由于若干所"211 工程"大学进行了合并，因此官方曾经确定的"211 工程"大学的数量要稍多于 112 所。

表4—4：全国"211工程"大学名单（2009年）

省市	学校
北京（23所）	北京大学、中国人民大学、清华大学、北京交通大学、北京工业大学、北京航空航天大学、北京理工大学、北京科技大学、北京化工大学、北京邮电大学、中国农业大学、北京林业大学、北京中医药大学、北京师范大学、北京外国语大学、中国传媒大学、中央财经大学、对外经济贸易大学、北京体育大学、中央音乐学院、中央民族大学、中国政法大学、华北电力大学
江苏（11所）	南京大学、苏州大学、东南大学、南京航空航天大学、南京理工大学、中国矿业大学、河海大学、江南大学、南京农业大学、中国药科大学、南京师范大学
上海（10所）	复旦大学、同济大学、上海交通大学、华东理工大学、东华大学、华东师范大学、上海外国语大学、上海财经大学、上海大学、第二军医大学
陕西（8所）	西北大学、西安交通大学、西北工业大学、西安电子科技大学、长安大学、西北农林科技大学、陕西师范大学、第四军医大学
湖北（7所）	武汉大学、华中科技大学、中国地质大学、武汉理工大学、华中农业大学、华中师范大学、中南财经政法大学
湖南（4所）	中南大学、湖南师范大学、国防科技大学、湖南大学
四川（4所）	四川大学、西南交通大学、电子科技大学、四川农业大学
广东（4所）	中山大学、暨南大学、华南理工大学、华南师范大学
黑龙江（4所）	哈尔滨工业大学、哈尔滨工程大学、东北农业大学、东北林业大学
辽宁（4所）	东北大学、大连理工大学、辽宁大学、大连海事大学
重庆（3所）	重庆大学、西南大学、西南财经大学
天津（3所）	南开大学、天津大学、天津医科大学
山东（3所）	山东大学、中国海洋大学、中国石油大学
吉林（3所）	吉林大学、东北师范大学、延边大学
安徽（3所）	安徽大学、中国科技大学、合肥工业大学
新疆（2所）	新疆大学、石河子大学
福建（2所）	厦门大学、福州大学
甘肃（1所）	兰州大学
河北（1所）	河北工业大学
山西（1所）	太原理工大学
浙江（1所）	浙江大学
河南（1所）	郑州大学

省市	学校
江西（1 所）	南昌大学
广西（1 所）	广西大学
云南（1 所）	云南大学
青海（1 所）	青海大学
贵州（1 所）	贵州大学
宁夏（1 所）	银川大学
西藏（1 所）	西藏大学
海南（1 所）	海南大学

2．"211 工程"建设的具体内容

"211 工程"一期和二期的建设内容包括重点学科、公共服务体系和学校整体条件建设三部分。这三者之间的关系是学校整体条件建设是基础；重点学科建设是核心，是体现教学科研水平的重要标志，是带动学校整体水平提高的有效途径；高等教育公共服务体系以重点建设的学校为依托，按照资源共享、服务全国的原则，从整体上加强我国高等教育基础设施建设，提高高等学校的办学水平和效益。"211 工程"一期和二期建设共计完成投资 368.26 亿元，其中中央专项资金 78.42 亿元，部门配套资金 60.49 亿元，地方政府配套资金 85 亿元，学校自筹资金 144.35 亿元。在资金的使用安排上，用于重点学科建设的经费为 165.41 亿元，用于公共服务体系建设的经费为 71.05 亿元，用于师资队伍建设的经费为 24.09 亿元，用于基础设施建设的经费为 107.71 亿元（见表 4—5）[1]。

表 4—5："211 工程"建设资金使用情况

（单位：亿元）

	合计	学科建设	公共服务体系	师资队伍	基础设施
九五	196.08	67.54	36.35	—	92.19
十五	172.18	97.87	34.70	24.09	15.52
总计	368.26	165.41	71.05	24.09	107.71

---

[1]　参见 http : //www.moe.edu.cn/edoas/website18/05/info1207014998988805.htm。

在前两期建设中，学科建设使用经费占 45%，公共服务体系建设使用经费占 19%。师资队伍建设使用经费占 7%，基础设施建设使用经费占 29%。2007 年开始的"211 工程"三期建设，中央专项投资将在 100 亿元人民币。[①] 项目建设的内容有所调整，除了继续加强重点学科建设和高校公共服务体系建设外，还提出要"突出创新人才和队伍建设，提高教师队伍水平，着力提高人才培养质量，努力造就一批学术领军人物"。

下面以西安交通大学"211 工程"项目三期建设的基本思路为例，说明国家重点建设项目具体的内容。该案例选自国家教育部官方网站。[②]

西安交通大学"211 工程"项目三期建设的主要内容

学校"211 工程"三期将以队伍建设为核心，强化重点学科建设，提高承担国家重大科技任务和服务于区域经济建设的能力，积极提升学校的整体办学实力和核心竞争力，增强学校的国际影响力和国际竞争力，力争 5 个左右学科进入国际先进水平行列，并通过重点学科建设，带动基础学科、高新技术与工程学科、哲学社会科学学科发展，培育出 1—2 个具有竞争力的新兴交叉学科，为实现建设世界知名高水平大学奠定坚实基础。

在重点学科建设方面，围绕着学校总体目标，学校将以国家重点学科为单位规划学科建设与发展目标，将队伍建设作为建设世界一流水平学科的根本，通过引进国际知名学者和优秀拔尖人才、培养学术领军人物与带头人、凝聚创新科研团队、建立相应配套支撑条件，逐步建设一支具有国际影响的学术队伍，实现建设国际先进水平学科的目标；围绕国际学科前沿、国家重大需求和区域经济发展，强化学科整合与交叉，培育和建设若干个新兴交叉学科或学科群；加强国家重点学科培育学科、基础学科的建设，扶植哲学社会科学学科的发展。

在创新人才培养与队伍建设方面，着力强化队伍建设的国

---

① 参见 http://www.moe.gov.cn/edoas/website18/62/info1206495153143362.htm。

② 参见 http://www.moe.edu.cn/edoas/website18/level3.jsp?tablename=2340&infoid=121307618242216。

际化，以领军人物引进、培养和团队建设为核心，通过实施引进和培养领军人才的"卓越计划"，结合国家人才支持计划，强化重点学科队伍建设；以汇聚和培养一批高水平的学术骨干为重点，加强高新技术与工程学科、新兴交叉学科、人文社会科学学科建设；结合学科教学科研的需要，加强专业技术队伍建设；加强高层次创新人才的人文环境与创新能力培养条件建设，加强研究生特别是博士生的国际化培养，加强与国外一流大学联合培养研究生的力度。

（二）以创办"世界一流大学和知名高水平大学"为目标的"985工程"

1. "985工程"的缘起

20世纪90年代末提出"985工程"，是中央政府在20世纪90年代末启动的高等教育重点发展计划，其制度设计理念与1984年前后年后确定"重中之重大学"既有相同之处也有不同之处。相同的地方在于两者都是在承认现行制度化精英体系的同时，选择少部分精英学校，给它们提供比其他精英学校更多的资源，以便完成国家赋予的特殊使命。两者的区别在于，80年代初期"重中之重"的思想来自几位来自民间的大学校长，而"985工程"理念的设计者则是党和国家最高领导人。1998年5月4日，时任中共中央总书记、国家主席江泽民在北京大学100周年校庆的讲话中指出："为了实现现代化，我国要有若干所具有世界先进水平的一流大学。这样的大学，应该是培养造就高素质的创造性人才的摇篮，应该是认识未知世界、探求客观真理、为人类解决面临的重大课题提供科学依据的前沿，应该是知识创新、推动科学技术成果向现实生产力转化的重要力量，应该是民族优秀文化与世界先进文明成果交流借鉴的桥梁。"①

江泽民的讲话实际上开启了中国高等教育发展的一个新的方向，即建设世界一流大学。1998年12月24日，教育部发布《面向21世纪教育振兴行动计划》指出：建设世界一流大学，具有重要战略意义。要相对集中

---

① 《江泽民文选》第二卷，人民出版社2006年版，第123页。

国家优先财力，争取在 10—20 年时间里若干所大学和一批重点学科进入世界一流水平。

1999 年年初，时任教育部长的陈至立将北大和清华的校长找来，向他们宣布建设世界一流大学项目，北大和清华在 3 年内将得到中央专项拨款 18 亿元，"985 工程"开始正式启动。[①] 清华大学被确认为"985 工程"重点建设项目后，旋即提出了新的发展目标：

"清华大学要努力成为培养高素质、创造性骨干人才的摇篮；成为国家可持续发展的知识创新和技术创新的重要中心；成为推动科技成果转化为生产力和高新技术产业的孵化基地；成为国际科教文化交流的重要桥梁和窗口。力争在 2011（建校 100 周年）年成为综合性、研究型、开放式的世界一流大学。"[②]

2004 年，《教育部、财政部关于继续实施"985 工程"的意见》（教重 [2004] 1 号）中再一次提出：世界一流大学是一个国家科学文化和教育发展水平的标志。中国要实现现代化、增强国际竞争力，就必须要建设世界一流大学和一批国际知名的高水平研究型大学。建设世界一流大学，也是振奋民族精神和提高民族凝聚力的需要。建设世界一流大学，也是推动我国高等教育整体水平跃升，实现跨越式发展的重要举措，是实施科教兴国战略和人才强国战略的重要组成部分。建设世界一流大学，对于认识世界、探求真理、解决人类面临的重大课题，对于我国培养和造就高层次创造性人才，构筑国家创新体系，促进中华民族优秀文化与世界先进文明成果的相互交流和借鉴，实现全面建设小康社会的宏伟目标，把我国建成现代化强国，实现中华民族的伟大复兴，具有不可替代的重要作用。

2．"985"工程建设的历程

在北京大学和清华大学得到国家专项建设经费，开始了向世界一流大学进军的同时，其他一些有条件的大学也开始积极谋划争取被增列为新一

---

① 参见《为建设高等教育强国奠定基础——访中国高等教育学会会长、教育部原副部长周远清》，《中国教育报》2008 年 12 月 3 日。

② 王大中：《抓住历史机遇，建设世界一流大学》，《中国高等教育》1999 年第 4 期。

轮的"重中之重"。和"211工程"重点建设的做法相似,"985工程"项目也采取了共建的形式,以调动学校所在地人民政府和中央其他部门举办高等教育的积极性,增加高等教育的投入,1999年7月到11月间教育部通过与高校主管部门和地方共建的形式,对中国科技大学等7所院校给予专项经费资助(见表4—6)。这7所大学当时建设的目标是国内一流、国际知名高水平大学。

表4—6:1999年首批进入"985工程"名单

学校名称	当时的发展目标	资助经费数量(亿)和来源				共建协议签署时间
		中央	部委	省市	总额	
北京大学	世界一流大学	18			18	1999.01
清华大学	世界一流大学	18			18	1999.01
浙江大学	国际知名高水平大学	7		7	14	1999.11
南京大学	国际知名高水平大学	6		6	12	1999.07
复旦大学	国际知名高水平大学	6		6	12	1999.07
上海交通大学	国际知名高水平大学	6		6	12	1999.07
中国科技大学	国际知名高水平大学	3	3	3	9	1999.07
西安交通大学	国际知名高水平大学	6		3	9	1999.09
哈尔滨工业大学	国际知名高水平大学	3	3	4	10	1999.11

进入21世纪后,通过共建的形式进入"985"工程的大学陆续增加,共建单位除了省和中央业务部门外,一些中心城市也加入了共建的队伍。比如东北大学和大连理工大学的共建单位除了教育部和辽宁省,还包括两所大学所在的沈阳和大连这两座行政副省级的城市,三方共同出资资助1所大学。到2006为止,全国共有"985工程"高校39所(见表4—7)[①]。

表4—7:"985工程"大学名单及分布情况(2006年)

地区	学校(39所)	数量
北京	北京大学、清华大学、中国人民大学、北京航空航天大学、北京理工大学、中国农业大学、中央民族大学	8

---

① 参见 http://news.xinhuanet.com/edu/2008—04/17/content_7996863.htm。

地区	学校（39 所）	数量
上海	复旦大学、上海交通大学、同济大学、华东师范大学	4
陕西	西安交通大学、西北工业大学、西北农林科技大学	3
湖南	中南大学、湖南大学、国防科技大学	3
天津	南开大学、天津大学	2
广东	中山大学、华南理工大学	2
江苏	南京大学、东南大学	2
辽宁	东北大学、大连理工大学	2
山东	山东大学、中国海洋大学	2
湖北	武汉大学、华中科技大学	2
四川	四川大学、电子科技大学	2
重庆	重庆大学	1
浙江	浙江大学	1
黑龙江	哈尔滨工业大学	1
吉林	吉林大学	1
安徽	中国科技大学	1
福建	厦门大学	1
甘肃	兰州大学	1

3. "985 工程"建设的具体任务

根据 2004 年《教育部、财政部关于继续实施"985 工程"的意见》中的相关内容分析，"985 工程"建设的具体任务如下：

（1）机制创新。按照世界一流大学建设的要求，改革现行的管理体制和运行机制，以适应世界一流大学建设的需要。加快人事制度改革，建立以竞争、流动为核心的人事管理机制、人才评价机制和科学合理的分配激励机制，形成有利于优秀人才脱颖而出，吸引和稳定拔尖人才，充分发挥聪明才智的氛围。突破以传统学科界限为基础的科研管理与学科组织模式，建立有利于创新、交叉、开放和共享的运行机制，以适应现代科学发展综合化趋势。建立以投资效益为核心的公开、公平、公正的绩效考核和评价机制。

（2）队伍建设。提供优越的研究条件和配套保障条件，面向国内外招聘具有国际先进水平的学术带头人、优秀学术骨干和大学高级管理人才，重视有潜力的中青年骨干的培养和深造，通过提高水平、营造氛围、严格培养等多种途径吸引优秀青年人才，形成一支以博士生和博士后为生力军的创新力量，加快建设一支具有世界一流大学水平的教师队伍、管理队伍和技术支撑队伍。

（3）平台建设。以国际科技前沿和国家现代化建设重大需求为导向，以学科建设规划为指导，围绕国家重大基础研究、战略高技术研究和重大科技计划，整合、建设一批高水平的"985工程"科技创新平台，与国家实验室、国家重点实验室、国家工程研究中心、国家工程技术研究中心等国家创新平台建设计划有机衔接。在平台建设中，要加大学科结构调整力度，拓展学科发展空间，促进学科交叉，推进资源共享，组建高水平学术团队，建立开放、共享、竞争、高效的管理和运行机制，建设、改善平台的教学、科研条件和基础设施。通过平台建设，大力提高所建高校的创新能力和解决国民经济建设中的重大科技问题的能力，增强承担国家重大任务、开展高水平国际合作的竞争实力，促进学科优化和交叉，形成一批重大科技成果和世界一流学科，在国家创新体系建设中发挥重要作用。围绕国家、区域社会发展、经济建设中的重大问题，建设一批跨学科、具有创新性、交叉性、开放性的"985工程"哲学社会科学创新基地。推动人文社会科学与自然科学、工程技术等的交叉、互渗与融合，孕育和催生新的学科研究领域和研究方法，形成一批能够解决具有全局性、战略性、前瞻性的重大理论及现实问题，为党和政府决策咨询服务、为社会主义现代化建设服务、为建设社会主义物质文明、政治文明和精神文明服务的国家级哲学社会科学中心。

（4）条件支撑。加快建设公共资源与仪器设备共享平台，建设配置合理、设施完备的教学科研用房。加强教学科研信息化、数字化环境建设，构建基于现代教育理论和教育技术的教学科研环境。使所建高校的图书馆、电子资源库和自动化程度在整体上接近或达到国际先进水平。继续改善所建高校的教学科研基础设施。

（5）国际交流与合作。建设有利于国际学术交流与合作研究的环境，聘请世界著名学者来校讲学、合作研究，与世界一流水平的大学或学术机构开展实质性合作，建立高层次人才联合培养及研究基地，开展高水平的国际合作科研项目，召开高水平的国际学术会议，加大吸引外国留学生来华留学的力度，推动我国高等教育国际化进程。

下面我们以上海交通大学为案例，具体说明"985工程"建设的具体情况。

上海交通大学"985工程"二期建设完成情况①

上海交通大学"985工程"二期建设坚持以科学发展观为统领，以战略规划为先导，抢抓发展机遇，聚焦内涵建设，全面完成了建设任务，瞄准"综合性、研究型、国际化"世界一流大学的建设目标，实现了跨越式发展，在建设过程中，确定了以下"六个主战略"。

以人才强校作为学校发展的主战略。上海交通大学遵循高等教育发展规律，坚持以人为本，以发展为第一要务，围绕创建世界一流大学的目标，加强用人机制改革和生态环境建设，改善和提高师资队伍的结构与水平，努力构建由若干跻身于世界学术高峰的学术大师、一批活跃在国家重大战略需求领域的领军专家、一大批活跃在国际学术最前沿的青年才俊组成的师资人才金字塔。着力建设与世界一流大学相适应的骨干管理队伍、专职科研队伍和工程实验技术队伍。始终坚持以人为本的理念，把人才作为最重要的战略资源，把人才强校作为学校发展主战略，海纳百川，广揽英才。倡导"人人都是人才，人人都能成才"，以发展目标激励人，以共同愿景凝聚人，激发全校师生的创新创业活力和持续发展动力。学校全职在校工作的两院院士达到32名；973首席科学家15人次；5名海外知名教授入选国家"千人计划"；长江学者特聘（讲座）教授64名；国家杰出青年基金获得者55名。

以交叉融合作为学科发展的主战略。上海交通大学对理学、工学、生命医学和人文社科实行分类指导，促进现有学科间的

---

① http：//www.moe.edu.cn/edoas/website18/level3.jsp?tablename=2246&infid=1242351590640634。

交叉融合与协调发展。瞄准国家战略需求和国际科学前沿，以资源整合为突破口，打破学院壁垒，加强交叉学科特区建设，组建高水平交叉学科团队，构建多样化的交叉学科研究体系，培育新的学科生长点，形成未来竞争优势。加强多学科的系统集成，实现优势叠加，提升传统强势学科，解决经济社会发展的重大问题和行业共性关键技术难题，培养复合型人才。坚持"有所为，有所不为"的原则，选准强势学科和未来优势学科，使一批重点学科和研究基地率先跨入世界先进行列。上海交通大学机械工程、临床医学、船舶与海洋工程3个一级学科全国排名第一，23个一级学科进入国内前10位，物理、化学、材料、工程、临床医学、计算机科学6个学科领域发表的国际论文被引总数进入世界研究机构前1%。

以国际化作为整体水平提升的主战略。上海交通大学借鉴国外先进的教育理念，深化拓展与世界一流大学、一流研究机构的合作交流，大力推动管理、师资和人才培养的国际化。借鉴国际一流的学术标准和程序，提升学术水平和创新能力。广泛吸纳海外一流人才，积极招收国际博士后，加大力度支持教师海外进修，鼓励教师走上国际学术舞台，提高教师国际学术对话能力。积极开展高水平国际问题研究，为政府决策咨询提供智力支持。上海交通大学与一百多所海外著名大学建立战略合作伙伴关系，成立上海交大——密西根联合学院，与佐治亚理工学院共建中美物流研究院，在临床医学法语班的基础上成立中法医学部，与MIT合作开展"中国制造业领袖"项目，率先开展与国际对接的院系中长期评估，实施本科生海外游学计划，实施博士生国外访学计划。

以产学研结合作为服务社会的主战略。上海交通大学把培养一流人才、创造一流成果和提供一流的社会服务三大功能紧密结合，坚持与中国骨干企业共发展，与中国未来产业紧密结合，服务国家创新体系建设。做好服务社会的全国布局和战略规划，充分发挥高层次人才聚集和多学科综合等优势，为服务国家战略目标、服务上海"四个率先"、"四个中心"和世博会建设作出重要贡献。制定产学研合作专项规划和行动方案，瞄准产业共性技术和关键技术，以学科群、人才群和信息群对接产业群。通过科研成果向外转移、辐射，积极研究解决企业发展中的科技问题，带动并提升学校科研和人才培养水平。上海交大整合校内外优质资源，对接国家重大科技专项，以新的体制机制建立核科学与工程学院、航空航天学院、能源研究院等。开辟学科特区，以高起点、国际化的办学模式创办上海高级金融学院。成立新农村发展研究院，服务社会主义新农村建设。成立跨学科的人文艺术研究院，服务国家形象与文化创新发展战略。与宝钢、中海油、中国商飞等20多家大型国企建立产学研战略联盟，积极推进"三区联动"，在科技合作、人才培养、和谐社区建设等方面取得重要进展。

以文化建设作为提升软实力的主战略。上海交通大学以创新文化建设为主线，全面提升学校的文化软实力，大力弘扬"求真务实、敢为人先、努力拼搏、与日俱进"的交大精神，完善学术文化和制度文化，充分发挥文化的凝聚、引领和辐射作用，为加快建设世界一流大学提供重要的精神动力和文化支撑，在文化领域作出交大独特的贡献。着力构建有利于创新的制度文化，形成尊重知识、崇尚科学，推崇探索、宽容失败，鼓励竞争、倡导合作的创新氛围。大力倡导潜心学术、甘于寂寞、"十年磨一剑"的精神，坚持求真务实、严谨自律的治学态度和学术风气，在为国家、学校发展作出贡献的同时，实现个人的全面发展。

以现代大学制度作为学校管理的主战略。上海交通大学深入研究现代大学制度，深刻理解研究型大学的内涵，构建有组织的重大科研、交叉科学研究和自由探索式研究相结合的科技创新体系；将研究活动贯穿于学生学习生活的全过程，培养创造性人才；实现科技创新与学科发展、人才培养、队伍建设的互动发展，加快研究型大学建设的进程。树立管理也是生产力的理念，根据研究型大学多目标的特征，建立适应世界一流大学建设需要的现代大学管理制度，以制度创新促进教育创新和科技创新。加强依法治校、科学管理；强化学术决策，保障专家治学；完善领导体制，规范管理程序。

第四节　改革开放以来制度化精英主义对中国高等教育的影响

改革开放以来的制度化精英主义，一方面继承了新中国成立之初和60 年代重点大学制度的遗产，另一方面也在新的制度环境下发生了变异。这项世界独一无二的制度，对中国大学现代化进程的影响十分明显。有些影响是积极的，也有些影响是消极的，而更多的影响目前还难以下结论，有待进一步观察。制度化精英主义对中国改革开放以来高等教育系统的影响表现在如下几个方面：

一、高等教育系统的分化

（一）院校功能的分化

西方高等教育专家霍尔西指出："在工业化形成时期，大学的主要功能一直是精英的地位分化和从低阶层中吸收一些学生。时至今日，大学开始成为新型社会的经济基础的一部分，大学开始成为既是研究组织，又是教育机构。也正是因为如此，许多国家都把科学研究与高等教育的联系，视为制定教育政策必须考虑的基本关系。"[1]中华人民共和国成立以后很长

---

① ［美］伯顿·克拉克：《高等教育新论——多学科的研究》，王承绪等译，浙江教育出版社 2001 年版，第 209 页。

一段时间里，大学的科研功能没有得到应有的发挥。大学主要被视为培养高级专门人才的机构，大学的科研职能在很大程度上转移给了政府专门化的科研机构。1961年颁布的《教育部直属高等学校暂行工作条例（草案)》中就曾明确指出，高等学校以教学为主，要防止科学研究过多的现象。

改革开放后重建和不断发展的重点大学制度，从根本上改变了大学教学和科研分离的状况，大学的科研工作受到重视。一些重点大学，如华中工学院（现华中科技大学）甚至提出了"科研第一，教学第二"的办学方针。1985年《中共中央关于教育体制改革的决定》中提出，根据同行评议、择优扶植的原则，有计划地建设一批重点学科。重点学科比较集中的学校，将自然形成既是教育中心，又是科学研究中心。由于不同院校有着不同的学科基础和社会功能，在处理教学和科研关系上不同院校必然有所区别，从此中国大学系统分层办学的概念开始出现。1986年国务院副总理兼国家教育委员会主任李鹏谈到：中国高等学校在发展过程中要逐步形成三种基本的类型：一是少数教学和科研力量都比较充实的学校，除了培养本科生外，还要培养硕士生和博士生，逐步形成教育中心和科研中心，以培养高层次人才；二是大部分学校，要以本科教育为主，同时也要围绕提高教学质量开展科研和学术活动，多搞一些应用科学研究，开展科技服务；三是各类专科学校，应以教学为主，除了使学生具有一定的专业知识外，还要让学生掌握一定的专业技能。高等教育必须根据社会需要，以合理的比例进行各类层次人才的培养，每个学校都应按自己所担负的任务，发挥各自的优势，不断提高教学质量，办出特色，成为各种类型的高水平的学校。①

从高等教育发展的实际看，改革开放以来重点大学制度的重建和发展，对高等教育系统功能的分化起到了非常重要的推动作用。少数精英大学成为了真正的教育和科研两个中心。

以"211工程"大学为例，2008年全国共有普通高等学校1700多所，"211工程"学校仅占其中的6%，却承担了全国4/5博士生、2/3硕士生、

① 参见中国年鉴编辑部：《中国年鉴》，新华出版社1987年版，第513—510页。

1/2 留学生和 1/3 本科生的培养任务，拥有 85% 的国家重点学科和 96% 的国家重点实验室，占有 70% 科研经费。[①]"211 工程"大学建有 134 个国家重点实验室，82.5 个国家工程中心，127 个教育部人文社会科学重点研究基地，281.5 个教育部重点实验室，54 个教育部工程中心在"211 工程"建设中得到充实、改善和提升。其正在筹建的 5 个国家实验室中，有 3.5 个在高校，且全部是"211 工程"学校。[②]

以首批进入"985 工程"建设的九所高校为例，虽然其数量还不足全国普通高校总数的 1%，但却拥有雄厚的师资力量和许多重点教学和科研基地。到 2002 年，九校共有中国科学院院士 118 人，占全国高校总数的 49%，中国工程院院士 69 人，占高校总数的 32%，长江特聘教授占高校总数的一半以上，杰出青年基金获得者超过 60%，教育部"跨世纪优秀人才"近 40%。2003 年，在全国高校百名教学名师评选中，九校有 25 人入选，在高校精品课程评选中，入选 45 门，占总数的 30%。九校共有 295 个国家重点学科，占总数 964 个的 30.6%，51 个依托高校的国家重点实验室，占总数 101 个的 50.5%，13 个依托高校的国家工程中心，占总数 44 个的 29.5%，43 个教育部重点实验室，占总数 135 个的 31.9%。另外，2002 年，国际最具影响的三个检索系统 SCI、EI、ISTP 共收录中国科技工作者的国际科技论文 77395 篇，其中九校有 18462 篇，占全国总数的 23.8%；SCI 论文 8471 篇，占 20.8%；EI 论文 6653 篇占 28.6%；ISTP 论文 3338 篇，占 24.9%。九校还出了一批重大的科技成果，在 2003 年国家科学技术奖评选中，共获国家自然科学奖 8 项，占全国总数的 42.1%；技术发明奖 3 项，占全国总数的 15.8%；获科技进步奖 24 项，占总数的 11.2%。教育部科技委评选出的 2003 年高校科技十大进展中，九校有 5 项。

（二）院校地位的分化

在高等教育系统中，包含有大量的不同类型和不同使命的院校。由于

---

① 参见 http://www.moe.gov.cn/edoas/website18/52/info1206428612278252.htm。

② 参见 http://www.moe.edu.cn/edoas/website18/03/info1207014154058803.htm。

不同院校占有资源的能力不同，它们在系统中的地位也不尽相同，有的具有广泛和重要的影响，有的则默默无闻。美国高等教育专家马丁·特罗认为："在西方工业社会中高等院校的分层反映出两种不同的分层原则，一种分层原则是以各院校相互竞争为基础，即各个院校通过市场上竞争获得有助于提高学术名望的条件，如学术声誉、著名教授、研究经费、捐赠等，从而提高院校的地位。另外一个分层的原则是，院校的等级是由政府分配给各院校和高等教育各部门的职能、权利、特权和资源决定的。其分配方式是政府政策和其他措施的反映，而政府正是通过这些政策和措施来控制由其提供经费的院校的学术地位和生死存亡的。在欧洲一些由国家投资的高等教育系统中，主要是由政府出面主导分层；而美国则通过学术市场竞争和政府政策两个方面进行分层。"[1]

　　改革开放以来，中国高等教育系统中开始出现了明显的院校地位分化和分层的现象。但是，中国高等教育系统内院校地位的分化与欧洲和北美都不尽相同，反映出社会转型期中国社会结构的独特性质。一方面，高等教育制度化精英主义主导下的重点大学制度主要依靠政府的政策来运作；另一方面院校的传统历史地位、市场和其他外部力量也直接决定着中国大学地位的分层。不过，这几种影响因素所起的作用不尽相同。院校的传统地位几乎成为常量，市场和其他社会力量起到的作用和政府的作用相比，还比较弱小。

　　政府主导大学分层的做法是：在资源配置上，政府明确规定精英大学的垄断地位，或者给予较高的份额。在政策上，给予精英大学优先录取学生的权力、专业学科设置上的自主权等。比如，2005年中华人民共和国国家专家局和教育部决定联合实施"高等学校学科创新引智计划"，计划在"十一五"期间从世界排名前100位的大学或世界排名前20名的学科或研究机构的优势学科队伍中，引进、汇聚1000余名海外学术大师、学术骨干。按照两个部门的要求，"高等学校学科创新引智计划"以高校现有重点科研基地为依托，以重点学科为突破口，其引进人才应纳入"985

---

[1] ［美］伯顿·克拉克：《高等教育新论——多学科的研究》，王承绪等译，浙江教育出版社2001年版，第169页。

工程"人才建设的规划之中。"高等学校学科创新引智计划"项目经费由国家外国专家局与教育部按 1∶1 比例共同筹措，其中教育部支持经费在各高校"985 工程"建设经费中列支。①

由于制度化精英主义长期主导中国大学的资源配置和学术声望，它的影响力已经超出了高等教育系统，直接左右着社会系统的判断标准。比如，2008 年 9 月中共浙江省委决定开展竞争性选拔干部工作，部分职位面向全国公开选拔，其中有本科高校副职领导干部职位 10 个，这些岗位包括浙江师范大学副校长、宁波大学副校长、浙江理工大学副校长、杭州电子科技大学副校长、浙江工商大学副校长、中国计量学院副院长、浙江中医药大学副校长、浙江财经学院副院长、嘉兴学院副院长、浙江传媒学院副院长。按照浙江省委文件上的说法，这样做的目的是"进一步吸纳优秀领导人才，加强领导班子建设"。按照报考条件，候选人必须具备如下条件：担任全国"211 工程"高校中层副职领导职务 4 年以上；全日制普通高校大学本科以上学历，具有正高级专业技术职务，年龄在 50 周岁以下。年龄在 40 周岁以下，具有研究生学历和副高级以上专业技术职务的也可报考。② 应当说，这些条件中除了"211 工程"大学中层干部这项条件以外，其他条件都普通得不能再普通。此外，在征兵、招聘、落户、升学等活动中，"211 工程"大学的毕业生都具有某种程度的特权。

可以说，改革开放以后盛行的制度化精英主义，已经在高等教育系统内部和外部产生了深刻的影响，导致大学地位的高度分化，形成多个层级的大学金字塔结构。目前中国大学金字塔结构如下：

第一层级：北京大学和清华大学。

第二层级："985 工程"大学中的 31 所"副部级大学"（校长和党委书记由中央直接任命，享受副部级待遇）。

第三层级：以上 31 所大学以外的另外 8 所"985 工程"大学。

---

① 参见《关于将"高等学校学科创新引智计划"项目经费纳入"985 工程"建设规划的通知》（教重办 ［2005］ 2 号）。

② 参见 http://news.zjlo.com.cn/05news-index/system/2008/09/04/009907350.shtml。

第四层级：中央教育部和其他部门直属的"211工程"大学。

第五层级：入选"211工程"的地方大学。

第六层级：中央部委直属院校和具有博士点地方大学。

第七层级：具有硕士点的地方大学。

第八层级：省属和市属没有硕士点的本科院校。

第九层级：专科层次的普通高等职业院校。

这些复杂的层级结构，构成了中国高等教育的独特景观。一方面，各个层级之间等级鲜明、壁垒森严、难以逾越；另一方面，由于上层结构享有甚至垄断更多的资源，也时刻引诱着底部成员滋生向上漂移的愿望，并且时刻等待重新洗牌的机会。

（三）学术群体的分化

从传统意义上讲，大学教师群体是典型的学术共同体，他们的价值取向和行为方式直接受制于学术共同体内部的规范。科学共同体"有自己的结构，有自己的规则，有自己的权威，这些权威通过自己的成员按照普遍承认与接受的原则而发生作用，并不需要强迫"[1]。著名科学社会学家科尔兄弟在《科学的社会分层》一书中指出："在科学中，承认是财产的功能等价物，要求承认是科学家不可剥夺的权利。"[2]在科学哲学家库恩看来，对学者及其科学业绩的承认只能由科学共同体内部的"同行评估"作出，任何外在的权威都不能评判科学的业绩和决定科学家的角色。

高等教育制度化精英主义，不仅导致院校功能和地位的分化、分层，而且也直接影响着大学教师的身份与地位。20世纪80年代中期以后，制度化精英主义发生了重要的变化，重点学科建设成为重点大学制度的一个核心内容。制度化精英主义支配下建立起来的重点学科制度，使中国大学的学术活动形成等级制的结构。受到制度保护的部分学术群体比没有得到制度保护的群体更容易获得学术资源，这种身份优势借助"马太效应"的

---

[1] 李正凤等：《试论"学"术国际化的根据、载体及当代特点与趋势》，《自然辩证法研究》2003年第3期。

[2] J. R. Cole, J. S. Cole. *Social Stratification in Science*, University of Chicago Press, 1973, p.45.

放大功能，不断得到强化，最终导致大学学术群体的分化和分层，形成大学教师群体的金字塔结构。精英主义对教师群体的影响，主要表现在学科梯队的形成和建设过程中，一个学科梯队构成了典型的金字塔的等级结构。处于金字塔结构顶端的是"学科带头人"，学科带头人负责整个学科的规划和管理。学科带头人是学校、学校主管部门和教育部等机构按照一定的条件遴选和任命的。在学科带头人下面是学科各方向带头人，一个学科一般有 3 个左右的研究方向，相应的也就配置 3 个左右的方向带头人，负责各学科方向的规划和建设。在方向带头人下面还有若干学科成员，他们主要的任务是承担学科的科研和教学工作。在这个等级结构中，不同等级的人占有的学术资源是不相同的，资源的多寡是从上到下依次排列的，顶层的学科带头人享有最多的学术资源。这些资源的种类繁多，包括研究经费、行政职务、各类荣誉称号、工资以外的津贴等。各种资源在利用过程中往往可以起到相互支撑的作用，比如有行政职务的人，也更容易荣誉称号，而荣誉称号往往也和经费、津贴等资源挂钩。

　　这里以教育部 2004 年 6 月发布的《高等学校"高层次创造性人才计划"实施方案》（教人［2004］4 号）来具体说明制度化精英主义是如何影响中国大学群体的分化和分层的。按照上述文件，实施"高等学校高层次创造性人才计划"的目的是：(1) 构建定位明确、层次清晰、衔接紧密，促进优秀人才可持续发展的培养和支持体系；(2) 培养和汇聚一批具有国际领先水平的学科带头人、一大批具有创新能力和发展潜力的青年学术带头人和学术骨干，带动高等学校教师队伍整体素质的提升；(3) 积极探索以重点学科、创新平台、重点科研基地为依托，以学科带头人为核心，围绕重大项目凝聚学术队伍的人才组织模式，形成一批优秀创新团队，促进学科交叉融合和集成发展；(4) 支持优秀人才在关键领域取得重大标志性成果，提高高等学校的人才培养质量、创新能力和核心竞争力，为全面建设小康社会提供强大的人才支持和重要的知识贡献。

　　文件规定"高层次创造性人才计划"主要包括三个层次的人才培养与支持体系：第一层次着眼于吸引、遴选和造就一批具有国际领先水平的学科带头人，形成一批优秀创新团队，重点实施"长江学者和创新团队发展计划"。第二层次着眼于培养、支持一大批学术基础扎实、具有突出的创新能力和发展潜力的优秀学术带头人，重点实施"新世纪优秀人才支持计划"。第三层次着眼于培养数以万计的青年骨干教师，带动教师队伍整体素质的提升，主要由高等学校组织实施"青年骨干教师培养计划"。现将各计划的主要内容介绍如下：

1. "长江学者和创新团队发展计划"

紧紧围绕国家重点科研领域、重点学科发展方向、重点科技创新平台或科研基地设置长江学者特聘教授岗位，由高等学校面向海内外公开招聘在国际学术界有一定影响，具有创新性构想和战略性思维，能带领本学科跟踪国际科学前沿并赶超国际先进水平的学科带头人，开展原创性、重大理论与实践问题研究和关键领域攻关，力争取得重大标志性成果。同时，聘请国外知名学者担任长江学者讲座教授，短期回国进行合作研究。每年聘任特聘教授和讲座教授各 100 名，聘期三年。教育部在聘期内给予特聘教授每年 10 万元的奖金，讲座教授每月 1.5 万元奖金。长江学者特聘教授每年必须在受聘高等学校工作 9 个月以上。高等学校必须为聘任的特聘教授配套必要的科研经费，其中，自然科学特聘教授科研配套经费不低于 200 万元，人文社会科学特聘教授科研配套经费不低于 50 万元。以"985 工程"科技创新平台、重点科研基地为依托，对以两院院士、长江学者特聘教授等拔尖创新人才为核心、从事国家重点发展领域或国际重大科学与技术前沿研究的优秀创新团队给予重点资助，充分发挥优秀人才的团队效应，提升高等学校的创新能力和竞争实力，推动高水平大学和重点学科建设。每年遴选支持 60 个创新团队，资助期限为三年，每个创新团队资助经费合计 300 万元。实施"985工程"重点建设项目高等学校的入选团队，其支持经费由所在高等学校"985 工程"建设经费中统一安排；其他高等学校的入选团队，其支持经费由教育部和所在高等学校按 1∶1 比例共同资助。在资助期内，遴选部分创新团队成员赴国外高水平大学进行合作研究。

2. "新世纪优秀人才支持计划"

对具有较高学术水平、突出的创新能力和发展潜力的优秀青年学术带头人给予资助，支持其开展创新性研究工作，承担国家重大科研任务，为培养他们成为优秀学科带头人搭建台阶、创造条件。每年遴选支持 1000名左右自然科学和人文社会科学领域的优秀青年学术带头人，资助期限为3 年。资助经费总额为自然科学类每人 50 万元，人文社会科学类每人 20万元。实施"985 工程"重点建设项目高等学校的入选者，其支持经费由所在学校"985 工程"建设经费中统一安排；其他高等学校入选者的支持经费由教育部和所在学校按 1：1 比例共同资助。在资助期内，选派部分入选者赴国外高水平大学进行合作研究。

3."青年骨干教师培养计划"

高等学校要在全面提高教师整体素质的基础上，制订青年骨干教师专门培养计划，鼓励和支持青年骨干教师在职提升学位层次、及早参与科研工作、进入国内外高水平大学和重点科研基地研修学习、开展经常性的学术交流活动，鼓励符合条件的青年教师承担学生思想政治等工作，不断提高学术水平、创新能力和组织协调能力。为推动高等学校实施"青年骨干教师培养计划"，教育部将实施"高等学校青年骨干教师在职学位提升项目"、"高等学校全国优秀博士学位论文作者资助项目"、"留学回国人员科研启动基金项目"、"高等学校青年骨干教师出国研修项目"、"高等学校青年骨干教师国内访问学者项目"、"高等学校青年骨干教师高级研修班"等，每年重点培养 10000 名左右青年骨干教师。

《高等学校"高层次创造性人才计划"实施方案》明确提出，"高层次创造性人才计划"要与"985 工程"、"211 工程"、"高等学校科技创新计划"、"高等学校哲学社会科学繁荣计划"、"研究生教育创新计划"等密切配合，整体实施。"985 工程"建设经费要把对人才工作的投入作为重要组成部分，"211 工程"建设经费也要有一定的比例用于人才队伍建设。以"985 工程"科技创新平台和哲学社会科学创新基地、重点科研基地或重大科研项目为载体，以学科带头人为核心，构建和扶持一批结构合理、优势互补、团结协作、具有凝聚力和战斗力的创新团队和学术梯队。

截止到 2005 年，"211 工程"学校累计共有 2340 名年轻学者入选教育部"新世纪优秀人才计划"；有 764 位高校教师获得"国家自然科学杰出青年基金"资助，占全国的 56%；有 63 个团队入选国家基金委创新研究群体，占全国的 54%；871 人入选教育部"长江学者奖励计划"特聘教授；112 个团队入选教育部"长江学者和创新团队发展计划"。

二、高等教育系统的竞争

高等教育系统内部的各个机构由于声誉和获取资源的能力不同，客观上必然存在系统内部的分层。如前所述，高等教育分层有两个基本途径，一是政府控制院校地位的升降，二是市场决定院校地位的移动。一般而言，市场机制主导大学分层的高等教育系统更具有活力，系统内的各院校也更具备较强的竞争力，也更适宜于高等教育全球化发展的需要。由市场竞争决定院校分层的典型例子是美国的高等教育系统，在美国没有特设的中央机构控制高等教育学校的层次和类型结构，所有的高等教育机构都在一个庞大的学术市场中为争取学生、教师和经费而进行竞争，而竞争的基础就是院校的声誉。声誉好的学校逐渐成为名牌学校，声誉差的学校只有处于学术市场的边缘。市场规则对美国高等教育分层的影响就如同市场对经济生活的影响一样。[①]

新中国成立后，我国的高等教育分层始终是政府在起作用。随着改革开放的深入，人们开始对这种政府控制下形成的重点大学制度提出质疑。原华中工学院院长朱九思曾指出："现在的重点大学都是指定的，不是在竞争中形成的，因此不利于调动各方面的积极性。高等教育要引进市场机制，改变重点大学的'终身制'，改为'评选制'。过若干年评选一次，哪个大学教学、科研水平高，培养的学生质量好，对国家的贡献大，就可以评上重点大学，就增拨经费。确立重点大学是这样，确立各个大学的重点学科也要这样。"[②]

如果说 20 世纪 80 年代中国的重点大学制度还保持着"文化大革命"

[①] 参见徐小洲：《当代欧美高教结构改革研究》，内蒙古大学出版社 1997 年版，第 178 页。

[②] 朱九思：《竞争与转化》，华中科技大学出版社 2001 年版，第 87 页。

前制度化精英主义的典型特征，那么进入 90 年代后实施的"211 工程"和"985 工程"等制度化精英主义新的制度安排，已经是政府的力量和市场的力量共同作用的产物了。朱九思教授所提出的改变重点大学终身制和引入市场机制的想法在一定程度上得到了落实。新的重点大学制度中，竞争机制的作用体现在精英身份的确立、精英身份的保持、精英群体内部资源的分配等多方面。2002 年，陈至立在教育部《2002 年度教育工作会议上的讲话》中指出：我们要请参加共建的省市一起，对各个建设学校进行评估，建立科学的评价体系，适当引入竞争机制。① 许美德教授也曾评论说："与过去从上面决定'重点'大学并给予其高水平资助的做法不同，在 211 工程项目上，政府鼓励大学通过竞争获得精英地位。"②

笔者认为，传统的制度化精英主义之所以发生改变，主要出自以下三方面的原因：一是随着市场经济体制的建立和完善，政府在制定高等教育公共政策的过程中必须考虑到适当引入市场机制，否则政策的合法性就会遭到普遍的质疑；二是在政府机构的改革过程中，行业办学的体制逐渐解体，地方政府在高等教育事务方面有了更大的权力、责任和义务，这调动了地方发展高等教育的积极性，也客观上造成了地方间的竞争；三是在市场经济条件下，不仅政府手中有资源，市场和社会其他领域同样也有高等教育资源，这必然导致院校间在这些领域里发生竞争。而在政府职能转变中，大学从政府那里获得了一定程度的办学自主权，为各个大学通过制度创新和技术创新的方式提高竞争力创造了条件。概括地说，制度化精英主义引发的高等教育系统的竞争反映在如下三个方面：

1. 地区间的竞争

经济学家张五常认为，中国改革开放以后经济发展之所以如此之快，主要的原因是不同地区间竞争引发的动力。笔者以为，这一观点非

---

① 参见 Http：//www.moe.gov.cn/edoas/website18/63/info6863.htm。

② ［加］许美德、查强：《追求世界一流：面向全球化和国际化的中国大学》，林荣日译，《复旦教育论坛》2005 年第 3 期。

常符合中国改革发展的实际情况。我们经常可以观察到，不同地区间经常为了招商引资和延揽人才发生各种"大战"。地区间的竞争之所以会出现，主要有两方面的原因：一是中央对地方政府工作绩效进行定期考核，而考核的结果往往是地方首长升迁的依据；二是在分税制的体制下地方经济发展和地方的利益直接相关。这些导致竞争的因素也出现在高等教育系统之中。在国家实施科教兴国和教育优先发展战略的情况下，地方高等教育的发展也是地方重要的利益所在。地方高等教育事业发展也成为地方政府政绩的重要组成部分，它可以起到拉动地方经济和提升所在地城市形象的作用；而地区间高等教育竞争最典型的表现就是地方政府积极推动所在地的高校进入"211工程"和"985工程"重点建设。譬如，2004年12月5日，青海省人民政府和教育部签署了共建青海大学的协议。青海省省长杨传堂指出：省政府将按照教育部的要求和协议规定，进一步加大对青海大学在政策和资金方面的支持力度，为青海大学的改革和发展创造良好条件，尽快使青海大学实现博士点零的突破，跻身国家"211工程"百所院校行列，力争将青海大学建成实力较强、特色鲜明、在西部乃至国内外都有一定影响的综合型大学。①

地方政府不仅积极支持地方高校向上流动，而且也通过共建等形式，对中央部委直属高校给予经费、土地和政策上的支持，一些过去只有地方高校享受的待遇，也同样给予部委属大学。1993年国务院副总理李岚清提出：应借助"211工程"鼓励各地区、各部门联合办学，共创"211工程"。② 从"211工程"和"985工程"建设实施的情况看，建设经费包括中央专项、学校所在地政府支持和学校自筹三个方面。在"九五"和"十五"期间共有25所地方高校入选"211工程"，大约占全部"211工程"高校的1/4，但是地方政府对"211工程"大学的专项投入已经超过中央专项和主管部门的投资（见表4—8）。③

---

① 参见教育部网站（http://www.moe.edu.cn/edoas/website18/22/info13022.htm）。

② 摘自《"211工程"大事记》，见教育部官方网站。

③ 参见 http://www.moe.edu.cn/edoas/website18/05/info1207014998988805.htm。

表4—8："211 工程"建设投资完成情况

(单位：亿元)

	合计		中央专项		主管部门		地方政府		学校自筹	
	计划数	完成数	计划数	完成数	计划数	完成数	计划数	完成数	计划数	完成数
九五	174.93	196.08	27.55	27.55	52.53	52.53	43.42	43.42	52.68	72.58
十五	184.74	172.18	60.00	50.87	9.09	7.96	50.51	41.58	67.20	71.77
总计	359.67	368.26	87.55	78.42	61.62	60.49	93.93	85.00	119.88	144.35

注：以上数据统计截至 2005 年年底。因 2005 年资金下拨晚，资金使用需要一个周期，故"十五"计划数大于实际完成数。

到目前为止，进入"985 工程"重点建设的高校全部是中央部委直属高校，没有一所是地方性大学，但是地方政府依然投入了大量的资源参与建设。在 1999—2002 年的 3 年中，仅经济欠发达的中西部地区 9 个省份就为中央部委所属 13 所高校提供了 35.7 亿元的专项建设资金，几乎和中央专项一样多，这其中还不包括提供土地和其他一些优惠政策（见表4—9）。

表4—9：1999—2002 年中西部省份在"985 工程"共建中的投入情况

地区	省份	学校	投入资金及来源（资金单位：亿）		
			教育部	主管部门	地方政府
中部地区	湖北	武汉大学	3		3
		华中科技大学	3		2
	湖南	湖南大学	2		2
		中南大学	2		2
	吉林	吉林大学	4		3
	黑龙江	哈尔滨工业大学	3	3	4
	安徽	中国科技大学	3	3	3
	四川	四川大学	4		3.2
		电子科技大学	2		1.6
西部地区	重庆	重庆大学	3		2.4
	陕西	西安交通大学	6		3
		西北工业大学	3	3	3
	甘肃	兰州大学	3		1.5

注：位于西部陕西省的西北农林科技大学在 2004 年成为"985 工程"大学，由教育部与农业部、

水利部、国家林业局、中国科学院和陕西省共建。共建经费情况不详。位于中部湖南省的国防科技大学在 2004 年成为"985 工程"大学，共建经费情况不详。

2. 院校间的竞争

为了在精英系统的遴选中有足够的实力，很多大学开始学习美国大学的做法，四处"挖人"。为达到引进高水平学术人才的目的，很多高校都为引进的人才提供高工资待遇、优越的住房条件和工作条件。除了引进人才之外，为了能够进入精英系统，各大学也有意识地通过制度创新来提高综合实力。例如，1996 年郑州大学被河南省确立为争取进入"211 工程"的首选院校后，学校党委书记戴羌平指出：在向"211 工程"奋进的征途中，有许多工作要做，我们深感担子沉重，责任重大，任重道远。要积极深化机构改革，通过改革逐步建立起适应社会主义市场经济需要的运行机制。以机构、人事、分配制度改革为突破口，通过机构的合并调整、人员的精简压缩以及分配上的奖优罚劣，增强基层单位的办学活力，激发广大教工的办学经济性。①

3. 学者群体间的竞争

中国高等教育在追求学术卓越的过程中，逐步认识到要想建设一流的大学和一流的学科首先需要有一流的学者，而一流的学者的成长和发挥作用必须引进竞争机制。《教育部、财政府关于继续实施"985 工程"建设项目的意见》（教重［2001］1 号）中提出：

加快人事制度改革，建立以竞争、流动为核心的人事管理机制、人才评价机制和科学合理的分配激励机制，形成有利于优秀人才脱颖而出，吸引和稳定拔尖人才，充分发挥聪明才智的氛围。

这种精神很快就在各大学中得到落实，其中典型的例子是北京大学在 2003 年 6 月出台了《北京大学教师聘任和职务晋升制度改革方案》（征求意见稿）。这一改革方案中提出：创建一流大学的关键是人才，建设一支

---

① 参见戴羌平：《团结和带领一班人向着"211 工程"的宏伟目标而前进》，《郑州大学学报》（哲学社会科学版）1996 年第 5 期。

优秀的教师队伍的关键是科学合理的人事制度。为提高我校教师队伍的活力和竞争力，必须改革和完善现行的人事管理制度。

北大新提出的教师聘任和晋升制度的核心有两条：一是"实行合同聘任制、分级流动制和引入外部竞争机制"，二是"实行学科的末尾淘汰制"。这两项新的制度安排规定：学校讲师和副教授岗位的教员都有定期合同，在合同期内最多只能有两次申请晋升的机会，不能晋升的将不再续约；副教授一旦晋升为正教授，则将获得长期教职（类似国外的终身教职）。对教学和科研业绩长期表现不佳的教学科研单位，学校将对其采取限期整改、重组或解散的措施；而在被解散单位工作的教员，无论有无长期教职，都得中断合约，但有些教员可能被重新聘任。这里，"业绩长期表现不佳"的标准是该单位在国内大学的相对地位，如某学科教研室长期排名在国内 10 名之后，将可能被解散。解散后，学校可能建立新的教研室，在此情况下，原来的一些教员有重新被聘任的机会，但不保证一定被聘任。

关于北大这次改革，曾在国内高等教育界引起了一场激烈的争论，目前这项改革的进展情况也没有人能够说得清楚。[①] 但是，北大的教师聘任制和职务晋升制改革方案的出台，无疑是中国大学学者群体间竞争加剧的一个信号。为了激励学术人员，目前几乎所有的大学都设立了名目繁多的教师岗位，不同岗位的人员享受不同的津贴和其他待遇，教师从低层次岗位向高层次岗位流动的标准主要是学术成果，学校定期对各岗位成员进行绩效评估，并将其作为升级和降级的依据。这种新的精英主义的制度设计，从根本上解构了大学教师原有的角色行为，优胜劣汰的市场法则成为主导大学教师思维方式和行为方式的重要因素。大学教师群体的金字塔结构，也因为持续不断的竞争而处于不稳定的状态，处于顶部的人竭力想保持住自己的优势身份，而底层结构的人为了实现向上层流动的目标，也在辛勤的劳作。

---

① 笔者曾就此问题请教过北京大学的一位教授，他的说法是不知道是否在实行。

三、高等教育系统的"向上漂移"

高等教育系统的"向上漂移",指的是系统底层结构的院校向上层结构流动的过程,其中也包括处于系统边缘的院校向中心流动的过程。院校从次级结构向上级结构的流动与从边缘向中心流动,两者既有联系也有区别。比如,在高等教育欠发达的国家中,即使是最好的大学,在世界高等教育体系中仍然处于边缘的地位。两种不同形式的高等教育"向上漂移"的现象,在近现代高等教育发展中十分普遍。比如,美国教育家博耶曾描述过这样一种现象:第二次世界大战以后,美国高等教育开始从"精英教育"向"大众教育"转变。但是正当高等教育的任务多样化的时候,美国大学的学术却朝着单一化的方向发展。原因在于一支新型博士生大军占领了全国各地的大学,决心复制他们亲自经历的研究模式。这样做的结果是美国高等教育在 20 世纪 60 年代出现了社会学家戴维·李斯曼所谓的"向上漂移"的现象。①

笔者认为,判断高等教育系统内部是否发生了"向上漂移",应该依据三个方面的标准:一是系统内是否出现了向上流动的愿望,如果底层或边缘的院校在目标定位上体现了"向上漂移"的愿望,我们就可以判断系统中发生了"向上漂移"的现象;二是系统内是否出现了"向上漂移"的制度安排和行为模式;三是系统内底层或边缘院校是否实现了向上流动或向中心转移的目标。改革开放以来中国高等教育系统在三个方面出现了"向上漂移"的现象:

1. 办学目标的"向上漂移"

按照"985 工程"最初的设计,入选大学要分为三个梯队。第一梯队是北京大学和清华大学,其办学目标是世界一流大学;第二梯队有 9 所大学,包括浙江大学、南京大学、复旦大学、上海交通大学、中国科技大

---

① 参见 [美] 欧内斯特·博耶:《关于教育改革的演讲》,涂艳国、方彤译,教育科学出版社 2002 年版,第 72 页。

学、西安交通大学、哈尔滨工业大学、北京理工大学、北京师范大学，其办学目标是国内一流、世界知名高水平研究大学；第三梯队，其他入选"985 工程"的大学，其办学目标是国内外知名高水平大学。这种新的目标设计，反映了国家发展战略和大学自身发展战略两方面的需要，也是中国大学有计划、有系统地努力从世界高等教育系统的边缘向中心转移的开始。笔者通过查看各大学网站上学校简介的内容发现，经过 10 年左右的时间，第二梯队大学的建设目标都发生了变化，全部都以建设世界一流大学为目标。

"211 工程"项目的实施，同样也起到了这样的作用。以苏州大学为例，苏州大学是 1997 年进入"211 工程"行列的省属大学。"九五"期间规划的目标是"成为在国内外有较大影响的综合性大学"，到了"十五"期间规划目标调整为"成为全国一流的综合性大学"，"十一五"期间规划目标再度调整为"成为具有学科、区域和国际化特色的国内一流、国际知名高水平大学"。[①]

在国家重点建设学校的引领下，几乎所有的大学在办学目标上都有"向上漂移"的倾向。

2. 学校层级的"向上漂移"

改革开放以来制度化精英主义的流行不是偶然的，而是因为其基本制度理念和新创设的制度安排上比较符合中国特殊的国情和发展战略。改革开放以来高等教育系统新的制度化精英主义对系统中的顶层部分发生了积极的影响，导致这部分系统在结构和功能上发生变化，从而在整体上出现了学校层级的"向上漂移"。学校层级的"向上漂移"首先表现在精英型大学研究生教育的迅速发展。比如，1995—2005 年这 10 年间，进入"211 工程"的大学本科生数增长了 2.54 倍，而硕士研究生数则增长了 6.16 倍，博士研究生增长了 6.53 倍（见表 4—10）。

这里以苏州大学为例说明高等教育机构在获得精英身份后，学校层级迅速向上漂移的情况（见表 4—11）。

---

① 参见周川：《"211 工程"与地方高校的发展》，《江苏高教》2008 年第 1 期。

表4—10："211工程"大学1995—2005年不同类型的学生增长情况

年度 学生类型	1995年	2005年
本科生	62.15万	157.95万
硕士生	7.89万	48.58万
博士生	2.19万	14.30万

表4—11：苏州大学入选"211工程"后10年时间学校层级"向上漂移"的情况

年度 项目	1996年	2006年
专业学院数	12	23
博士点数	5	72
一级学科博士点数	0	6
博士后流动站数	1	6
硕士点数	36	196
一级学科硕士点	0	24
本科专业数	58	96
国家重点学科数	0	2
省级重点学科数	15	18
博士生数量	54	904

资料来源：周川：《"211工程"与地方高校的发展》，《江苏高教》2008年第1期。

    制度化精英主义所带来的中国大学层级上的"向上漂移"，还表现在中国大学开始从国际高等教育系统的边缘逐渐向中心移动。通过重点建设，中国大学特别是以建成世界一流大学为目标的学校，整体实力得到提高，缩小了与世界一流大学的差距。国内一份研究报告比较了中国28所设有研究生院的大学和美国大学联盟（AAU）大学的相关办学指标，结果发现，经过"211工程"和"985工程"10年的建设，中国28所大学和美国大学联盟大学的差距，特别是在科学研究能力和高层次人才培养方面的差距已经在迅速缩小，见表4—12。[1]

---

[1] 参见教育部网（http：//www.moe.edu.cn/edoas/website18/18/info1207019898982818.htm）。

　　制度化精英主义还直接影响着社会对大学的评价，如果一所大学为精英系统所接受，则该所大学立刻发生了层级上的向上漂移，这种现象虽然有些令人称奇，但是却真实地发生在中国大学制度的变革过程中。例如，海南大学（由原华南热带农业大学和原海南大学合并成而成）2008 年进入"211 工程"大学的行列，而在其加入精英系统后不到一年时间，海南大学就发生了"质"的变化。据海南大学校长李建保介绍说：

　　2009 年夏天海南大学首次以"211 工程"高校名义招生，反响超过预期。与 2008 年相比，在第一批录取的省份由 6 个增加到 29 个；录取新生中，考分成绩超过本科第一批线的人数由 1896 人猛增至 4007 人。以往海南大学毕业生就业率基本位列全国平均水平，而 2009 年刚毕业的学生，毕业生初次就业率就达到 80.6%，超出全国平均水平 12 个百分点，许多往年仅在"211 工程"高校范围内录用毕业生的知名企业，2009 年也第一次将海南大学毕业生列入招聘行列，从而提高了该校毕业生的就业层次。①

表 4—12：中国 28 所大学与美国大学联盟（AAU）有关指标平均值的对比

指标	1995 年			2005 年		
	28 所学校	AAU 学校	比例	28 所学校	AAU 学校	比例
在校生人数（人）	10443	18719	1：1.8	30426	21516	1：0.7
研究生与本科生比例	0.24：1	0.26：1	——	0.36：1	0.26：1	——
授予博士学位人数（人）	68	381	1：5.6	452	362	1：0.8
专任教师数（人）	1459	1384	1：0.9	2206	1548	1：0.7
科研总经费（亿美元）	0.09	2.11	1：23.4	0.64	3.96	1：6.2
纵向科研经费（亿美元）	0.04	1.36	1：34	0.39	2.65	1：6.8
SCI 论文发表数（篇）	180	2714	1：15.1	1172	4162	1：3.6

---

① 参见《海南日报》2009 年 9 月 5 日。

指标	1995 年			2005 年		
	28 所学校	AAU 学校	比例	28 所学校	AAU 学校	比例
SCI 论文被引次数（次）	126	6514	1∶51.7	1543	9509	1∶6.2

注：1. 数据来源于教育部教育事业年度统计，SCI 统计数据来源于 SCI。

  2. 科研经费按 8∶1 折算成美元。

3. 在中国高等教育系统内出现了多元巨型大学

多元巨型大学（Mulitiversitiy）是克拉克·克尔在考察美国高等教育大众化时代大学规模和结构的基础上提出的一个关于大学的新概念。多元巨型大学的典型特征是办学规模庞大、多校区办学，这样的大学具有多样化的社会功能，承担着更多的社会责任。改革开放之初，中国大学的规模普遍很小，而精英系统的规模则更小。20 世纪 90 年代以后，这种情况开始改变，具有中国特点的巨型大学也开始出现。这一方面和中国高等教育加快大众化的脚步有关，另一方面也和中国高等教育制度化精英主义的政策导向有着直接的关系。1998 年，教育部长陈至立提出："211 工程"应成为高等教育改革的"催化工程"。要通过"211 工程"的建设，推动部门与地方的共建和多种形式的联合办学，促进院校调整和合并。①

由于"211 工程"和"985 工程"在评审时，对于诸如博士点、教授数、院士数、专业数、学生数、投入数、固定资产、成果数等有较高的要求，这就直接导致了中国大学系统内以扩大规模为目标的合并行动。比如，1994 年 5 月上海地方高校为了争取进入"211 工程"大学行列，原上海工业大学、上海科技大学、上海大学、上海高等科技专科学校四校合并，组建为新的上海大学。2000 年位于武汉市的华中理工大学（教育部直属的"211 工程"大学）和同济医科大学（卫生部直属的"211 工程"大学），完成实质性合并，校名变更为华中科技大学，目的就是为了争取从整体上进入"985 工程"。同年，武汉水利电力学院（国家电力公司主

---

① 参见陈至立：《努力实现"211 工程"的预定目标》，《中国高等教育》1998 年第 5 期。

管的"211 工程"大学）、武汉测绘科技大学（国家测绘总局主管的全国重点大学）、湖北医科大学并入武汉大学（教育部直属"211 工程大学"），其目的同样也是从整体上进入"985 工程"。

这方面比较典型的案例是位于长春的新吉林大学的组建。新吉林大学由 6 所大学合并组成，合并前这 6 所大学分别隶属于中央 6 个部委，都是办学历史较长，并且具有较强实力的学校，其中 3 所全国重点大学、2 所"211 工程"大学。2000 年前后，这 6 所大学合并在了一起，形成了典型的中国式的巨型大学。合并情况具体见表 4—13。

表 4—13：新吉林大学组建的情况

合并的学校	原主管部门	特殊地位	合并时间
吉林大学	教育部	1960 年确定为全国重点大学、1984 年设研究生院、1995 年通过"211 工程"预审	2000 年
吉林工业大学	机械工业部	1960 年确定为全国重点大学、1995 年通过"211 工程"预审	2000 年
长春科技大学	国土资源部	1978 年确定为全国重点大学	2000 年
白求恩医科大学	卫生部	办学历史较长，学科实力较强	2000 年
长春邮电学院	信息产业部	长春邮电学院是东北地区唯一的一所信息通信类工科高等学校	2000 年
解放军军需大学	解放军总后勤部	学校是经国务院学位委员会批准的首批博士、硕士学位授权单位	2004 年

下面是吉林大学校园网上关于该校的介绍：

吉林大学学科门类齐全，涵盖了哲学、经济学、法学、教育学、文学、历史学、理学、工学、农学、医学、管理学、军事学等全部 12 大学科门类。有本科专业 122 个，一级学科博士学位授权点 28 个，硕士学位授权点 285 个，博士学位授权点 195 个，博士后科研流动站 37 个；有一级学科国家重点学科 4 个（覆盖 17 个二级学科），二级学科国家重点学科 15 个，国家重点（培育）学科 4 个。学校师资力量雄厚，有教师 6369 人，其中教授 1484 人。学校拥有 221 个具有现代化研究手段的实验室，其中教育部人文社会科学重点研究基地 6 个，"985 工程"二期建设哲学社会科学创新基地 5 个，"985 工程"二期建设科技创新平台 8 个，国家工程实验室 1 个，国家重点实验室 6 个，教育部重点实验室 9 个，其他部委重点实验室 14 个。在校全日制学生 59412 人，其中博士生、硕士生 19080 人，留学生 1332 人，另有成人教育学生 20233 人。学校现有前卫校区、南岭校区、新民校区、朝阳校区、南湖校区等 6 个校区8 个校园。①

由于新吉林大学校园面积很大，并且分布在城市的不同位置，因此民间流传这样的说法："美丽的长春坐落在吉林大学的校园里"。

四、高等教育系统的趋同

改革开放以来，中国高等教育在出现了系统分化的同时，也存在着明显的系统趋同现象。对于高等教育系统趋同的现象，美国学者瑞兹曼作了如下形象的描述："学院和大学相互模仿、趋同如同蛇的尾巴最终要遵循蛇的舌头的路径，处于底层和中层的组织模仿处于顶层位置的组织的行为，趋同的结果是组织之间的形式和特征差异越发模糊。"② 关于系统内部出现趋同的原因，新制度主义学者作了如下的解释："趋同现象起源于组织面临的制度环境，其中有三个方面的机制导致了组织的趋同或组织形式、组织行为的趋同性。第一是强迫性机制，即组织必须遵守政府制定的法律，否则就会受到惩罚；第二是模仿机制，即各个组织模仿成功组织的行为和做法；第三是社会规范机制，即社会规范包含着共享的观念、共享的思维，它诱使或迫使组织采取与其一致的形式和做法，以获得合法性，

---

① Cf. Riesman David. *the Academic Procession : Constraint and Variety in American Higher Education.* Lincoln : University of Nebraska Press,1956.

② DiMaggio Paul J & Walter W Powell. The Iron Cage Revisited : Institutional Isomorphism and Collective Rationality in Organization Fields. *American Sociological Review*,1983（48）：60.

得到社会的承认"。①

高等教育系统的趋同现象，并非中国特有的现象，在世界高等教育的发展历程中也较为普遍。马丁·特罗指出：高等教育的竞争一方面越来越导致多样化，另一方面又越来越导致统一性，这确实有些自相矛盾。一方面，由于高等教育部门内部的院校在市场竞争中取得的成果不同，同时由于地位较低的高等院校和高等教育部门在同其他院校竞争时为了在市场上获得优势所运用的'边际差别'的不同，就使这些院校的地位变革越来越多样化了。另一方面，高等院校的相互竞争，以及地位较低的院校对地位较高的院校的模仿，整个高等教育系统的差别又趋于缩小，向着名牌大学的特点和风格发展。高等院校的竞争促使第二流和第三流院校、新院校和新的高等教育部门逐渐向尖子院校的学术形式和风格、课程和办学标准方向发展，这种现象随处可见。②

就中国高等教育系统而言，制度化精英主义的制度设计和安排，是导致高等教育系统出现趋同现象的重要原因。

1."重点带动一般"的大学发展战略导致了系统的趋同

中国特色的重点大学制度之所以能够长期存在下去，一个非常重要的原因是政府的宣传策略和政策导向。客观而言，大学系统分化和分层是一种客观现象，但是分化和分层的合法性应该是自然的选择，特别是院校自身努力的结果。制度化精英主义主导下的大学分化和分层，主要是政府意志的产物，因此它的合法性如何被确认就成为了一个问题。为了说服遴选中的失败者和没有资格参加比赛者接受这一现实，国家历次的重点大学遴选都反复强调遴选的目的是"重点带动一般"，通过重点院校的引导示范作用，促进高等教育的整体发展。这种宣传策略和政策导向，一方面让非精英大学接受了现实的结果，另一方面也给它们发出了错误的信号，就是精英的今天就是我们的明天。1994年，在《教育研究》组织的一次关于

---

① [美]伯顿·克拉克：《高等教育新论——多学科研究》，王承绪等译，浙江教育出版社2002年版，第145页。

② 参见洪芳：《"211"工程理论问题研讨会综述》，《教育研究》1994年第1期。

"211 工程"建设的研讨会上,一名负责人提出:"211 工程"要重点建设的 100 所高校和 800 个左右的重点学科点,将是我国国家、行业或地区高等教育的"发展极"和"增长点",它们将在师资培养、学科建设、教学改革和科研开发方面,为其他高校提供支持和帮助;在管理体制、办学体制、投资体制、科研体制、后勤保障体制的等多方面积累经验,为其他高校提供示范,为建设具有中国特色的社会主义高等教育体系,并在国际上占有相应的位置,起到先导作用。①

陕西省学位办在介绍本省重点学科建设的经验报告中讲到:陕西省委,一方面为全力支持 6 所进入"211 工程"的高校搞好建设,另一方面也要发挥他们的经验和"传、帮、带"的作用,及时推广他们在学科建设上的好经验,积极鼓励、支持其他高校从自身实际出发,学习、借鉴"211 工程"建设高校的做法,在学科建设中创造出自身的特色。② 笔者以为,正是政府的政策导向,致使高等教育系统趋同现象的发生。人民大学校长纪宝成教授曾经这样评论说:现在的大学,喊出的口号都一样,"综合性、研究型、开放式",重点大学都这么提;连校训都差不多,"求实、严谨、创新",无非这几个词;很多学校盲目攀比,追求"高、大、全",中专改大专、大专改大学,大学有了本科招硕士,有了硕士招博士,有了博士办博士后流动站;所有的"学院"都要改名变成"大学";所有的大学都是知名大学,都向学术型转变。千校一面的趋同化现象令人担忧。政府、社会的导向,以及各种有失偏颇的评价体系加剧了这种现象的演化,社会评价就在向"高、大、全"引导,而非鼓励大学办出特色、办出层次。

2. 以精英大学为基准的评价标准导致了系统的趋同

在中国对大学评价的各个主体中,政府是最重要的角色。政府评价对于社会而言属于内部评价,对于大学而言则属于外部评价。社会评价对大学的影响是长期的,而政府评价的影响则立竿见影。在中央和地方教育行

---

① 参见陕西省学位委员会办公室:《抓"211 工程"促重点学科建设》,《学位与研究生教育》2002 年第 12 期。

② 参见丰捷:《高等学校要努力办出特色——中外大学校长论坛综述》,《中国教育报》2004 年 8 月 5 日。

政部门组织的对大学的各类评估中，一个共性的问题就是以精英大学为基准评价所有的大学。这里举两个例子来说明这一现象：

其一是教育部组织实施的"本科教学工作水平评估"。这项工作始于1993年，当时的评估工作分为合格评估、优秀评估和随机性水平评估三种形式。2002年6月开始，教育部决定将三种评估合而为一。2003年8月20日，教育部提出，要用5年左右的时间，对我国所有普通高等学校教学工作进行一次全面的评估，并形成5年一轮的教学评估制度。按照官方的说法，这项工作是教育部依据《高等教育法》，为进一步加强国家对高等学校教学工作的宏观管理与指导，促使各级教育主管部门重视和支持高等学校的教学工作，促进学校自觉按照教育规律不断明确办学指导思想、改善办学条件、加强教学基本建设、强化教学管理、深化教学改革、全面提高我国高等学校本科教学水平、教育质量和办学效益而采取的一项重要举措。从实际操作看，这项评估工作没有充分考虑到当时全国六百多所普通本科院校的办学差异。评估方案的制定者除了政府官员外，主要是精英大学的领导和学者，对全国所有的普通高等学校都使用同一套评估方案，参与评估的专家几乎都是来自"985工程"和"211工程"的高校。

其二是教育部"国家级精品课程"的评选。教育部《2003—2007年教育振兴行动计划》中提出，要实施《高等学校教学质量和教学改革工程》，而"国家级精品课程"就是该工程的一个重要组成部分。2003年，共评选国家级精品课127门，其中绝大多数都来自精英型大学（见表4—14）。

表4—14：2003年教育部首次审批的国家级精品课程的分布情况

学校类型	"985工程"大学	"211工程"大学	教育部直属大学	省属大学
精品课数量 （127门）	85	31	2	9

资料来源：根据《中国教育报》2004年2月11日公布的"国家级精品课"名单整理。

通过表4—14，我们可以看出，当时39所"985工程"大学，获得国家级精品课的数量高达71%，而2004年中国的本科院校有624所。2004

年教育部副部长吴启迪说：精品课程建设是高校提升教学质量的重要体现，精品课程更是一种荣誉，是教师的也是学校的；它更是一种境界，我们千万要珍惜；而学习精品课程是学生的一次机遇，借鉴精品课程是教师的一次机遇，千万不要错过。根据教育部的计划，国家精品课程连续评审 5 年，最终评出 1500 门，全部上网。[①] 这项制度设计，其初衷在于提高本科教学质量，但是客观上却可能导致院校教学模式趋同。

---

① 参见丰捷：《5 年内数千门精品课程将上网》，《光明日报》2004 年 2 月 26 日。

参考文献

(按著者字母顺序)

一、中文部分

1．别顿荣：《中美大学学术管理》，华中理工大学出版社 1999 年版。

2．陈学飞：《中国高等教育研究 50 年（1949—1999)》，教育科学出版社 1999 年版。

3．陈彬：《知识经济与大学办学模式改革研究》，华中师范大学出版社 2002 年版。

4．崔玉平：《高等教育制度创新的经济学分析》，北京师范大学出版社 2002 年版。

5．蔡克勇：《20 世纪的中国高等教育（体制卷)》，高等教育出版社 2003 年版。

6．曹淑江：《教育制度和教育组织的经济学分析》，北京师范大学出版社 2004 年版。

7．褚宏启：《教育现代化的路径》，教育科学出版社 2000 年版。

8．[日] 大塚丰：《现代中国高等教育的形成》，北京师范大学出版社 1998 年版。

9．甘阳、李猛：《中国大学改革之道》，上海人民出版社 2004 年版。

10．高奇：《中国高等教育思想史》，人民教育出版社 2001 年版。

11．郝维谦、龙正中：《高等教育史》（中华人民共和国教育史专题丛书)，海南出版社 2000 年版。

12．睦衣凡：《大学校长的教育理念与治校》，人民教育出版社 2001 年版。

13．胡建华：《现代中国大学制度的原点》，南京师范大学出版社 2001 年版。

14．胡建雄等：《学科组织创新——高等学校院系等学科结构的改革研究》，浙江大学出版社 2001 年版。

15．教育部中外大学校长论坛领导小组：《中外大学校长论坛文集》第二辑，中国人民大学出版社 2004 年版。

16．金耀基：《金耀基自选集》，上海教育出版社 2002 年版。

17．[德] 柯武刚：《制度经济学——社会秩序与公共政策》，商务印书馆 2002 年版。

18．[美] 罗伯特·伯恩鲍姆：《大学运行模式——大学组织与领导的控制系统》，中国海洋大学出版社 2003 年版。

19．刘精明：《转型期中国社会教育》，辽宁教育出版社 2004 年版。

20．刘琅：《大学的精神》，中国友谊出版公司 2004 年版。

21．[加] 露丝·海荷：《东西方大学与文化》，湖北教育出版社 1996 年版。

22．卢晓中：《当代世界的高等教育理念及对中国的影响》，上海教育出版社 2001 年版。

23．鲁鹏：《制度与发展关系的研究》，人民出版社 2002 年版。

24．李路路、李汉林：《中国的单位组织：资源、权力与交换》，浙江人民出版社 2000 年版。

25．马万华：《从伯克利到北大清华——中美公立研究型大学建设与运行》，教育科学出版社 2004 年版。

26．马陆亭：《高等学校的分层与管理》，广东教育出版社 2004 年版。

27．闵维方：《高等教育运行机制研究》，人民教育出版社 2002 年版。

28．潘懋元：《中国高等教育百年》，广东高等教育出版社 2003 年版。

29．潘懋元：《多学科观点的高等教育研究》，上海教育出版社 2001

年版。

30．朴雪涛：《重建中国精英高等教育》，黑龙江人民出版社 2002 年版。

31．朴雪涛：《知识制度视野中的大学发展》，人民出版社 2007 年版。

32．潘伟杰：《制度变迁与政府规制研究》，上海三联书店 2005 年版。

33．田正平、商丽浩：《中国高等教育百年史论》，人民教育出版社 2006 年版。

34．田正平：《国际视野中的高等教育》，浙江大学出版社 2002 年版。

35．陶东风：《社会转型与当代知识分子》，上海三联书店 1999 年版。

36．涂又光：《中国高等教育史论》，湖北教育出版社 1997 年版。

37．曲士培：《中国大学教育发展史》，北京大学出版社 2006 年版。

38．孙柏瑛：《当代地方治理》，中国人民大学出版社 2004 年版。

39．孙立平：《失衡：断裂社会的运作逻辑》，社会科学文献出版社 2004 年版。

40．孙立平：《现代化与社会转型》，北京大学出版社 2005 年版。

41．孙立平：《转型与断裂：改革以来中国社会结构的变迁》，清华大学出版社 2004 年版。

42．王宁：《全球化与文化：西方与中国》，北京大学出版社 2002 年版。

43．王逢振：《现代性、后现代性与全球化》，中国人民大学出版社 2004 年版。

44．王战军：《中国研究型大学建设与发展》，高等教育出版社 2003 年版。

45．吴声功：《服务型政府的构建》，社会科学文献出版社 2006 年版。

46．熊志翔等：《高等教育制度创新论坛》，广东高等教育出版社 2002 年版。

47．谢安邦：《中国高等教育研究新进展》，华东师范大学出版社 2003 年版。

48．［加］许美德：《中国大学（1989—1995）：一个文化冲突的世纪》，教育科学出版社 2000 年版。

49．姚启和、文辅相：《90 年代中国教育改革大潮丛书》高等教育卷，北京师范大学出版社 2002 年版。

50．俞可平：《治理与善治》，社会科学文献出版社 2000 年版。

51．阎光才：《识读大学——组织文化的视角》，教育科学出版社 2002 年版。

52．杨东平：《大学精神》，文汇出版社 2003 年版。

53．杨东平：《大学之道》，文汇出版社 2003 年版。

54．杨之岭等：《中国高等教育》，北京师范大学出版社 1987 年版。

55．张德祥：《高等教育社会学》，高等教育出版社 2002 年版。

56．张博树：《重建中国私立大学：理念、现实与前景》，教育科学出版社 2003 年版。

57．张应强：《高等教育现代化的反思与建构》，黑龙江教育出版社 2000 年版。

58．张应强：《文化视野中的高等教育》，南京师范大学出版社 1999 年版。

59．张维迎：《大学的逻辑》，北京大学出版社 2004 年版。

60．张慧洁：《中外大学组织的变革》，复旦大学出版社 2005 年版。

61．周奉年等：《中国高等教育运行机制研究》，广东高等教育出版社 1994 年版。

62．周远清：《迈向新世纪的高等教育》，高等教育出版社 2003 年版。

63．中国高教学会高教管理专业委员会：《中国高等教育管理：现实与理想》，中国海洋大学出版社 2003 年版。

二、英文部分

1．Alexander Casella. Recent Development in China's Recruitment System. *The China Quarterly*. No.62 （Jun.,1975），pp.297–301.

2．Ase Gornitzka. Towards Professionalisation ？ Restructuring of Administrative Work force in Universities. *Higher Education* (2004), pp.455–471.

3．C.Montgomery Broaded. (1983) . (Higher Education Policy Changes and Stratification in China.) *The China Quarterly* 93 (Mar) .

4．Deborah Davis-Friedman. A Century of Educational Reform in China *History of Education Quarterly*, Vol.26, No.2 (Summer,1986), pp. 243–248.

5．DU Rui Qing (1992) .*Chinese Higher Education : A Decade of Reform and Development 1978–1988*. Basingstoke & London : Macmillan.

6．Elizabeth J. Derry. Research Conditions at Nanjing University, *Modern China*, Vol.6, No.3 (Jul.,1980), pp. 357–360.

7．Guo Jian. Resisting Modernity in Contemporary China : The Cultural Revolution and Postmodernism. *Modern China*, Vol.25, No.3 (Jul.,1999), pp. 343–376.

8．Ivar Bleiklie. Organizing Higher Education in a Knowledge Society. *Higher Education* (2005), pp. 49–59.

9．Julia Kwong. In Pursuit of Efficiency : Scientific Management in Chinese Higher Education. *Modern China*, Vol.13, No.13 (Apr.,1987), pp. 226–256.

10．Marianne Bastid. Chinese Educational Policies in the 1980s and Economic Development. *The China Quarterly*. No.98 (Jun.,1984), pp. 189–219.

11．Marianne Bastid. Economic Necessity and Political Ideals in Educational Reform During the Cultural Revolution. *The China Quarterly*. No.42 (Apr–Jun.,1970), pp. 16–45.

12．Malcolm Warner. The 'Long March' of Chinese Management Education,1978–1984. *The China Quarterly*. No.106 (Jun.,1986), pp. 326–342.

13．Michel Bonnin. The Intellectual and the State : Social Dynamics of Intellectual Autonomy during the Post-Mao Era. *The China Quarterly*. No.137, Special Issue : The Individual and State in China (Sep.,1991), pp. 569–593.

14．Michael Shattock. Re-Balancing Modern Concepts of University

Governance. *Higher Education Quarterly*, Vol.56, No.3 （July.,2002）, pp. 235–244.

15．Philic C.C. Huang. Theory and the Study of Modern Chinese History : Four Traps and a Questions.*Modern China,* Vol.24, No.2 （Apr.,1998） ,pp. 183–208.

16．Paniel Alpert. Performance and Paralysis : The Organizational Context of the American Research University. *The Journal of Higher Education*, Vol.56, No.3 （May–Jun.,1985）, pp. 241–281.

17．Ruth Hayhoe . （1996）. China's University 1895–1995 : A century of Cultural Conflict. New york & London : Garland.publishing,lnc.

18．Richard H. Solomon. Educational Themes in China's Changing Culture. *The China Quarterly*. No.229 （Apr.–Jun.,1965）, pp. 154–170.

19．Robert McCormick. The Radio and Television Universities and the Development of Higher Education in China. *The China Quarterly*. No.105 （Mar.,1986）, pp. 72–94.

20．Robert McCormick. Revolution in Education Committees *The China Quarterly*. No.57 （Jan.–Mar.,1974）, pp. 133–139.

21．Ruth E. S. Hayhoe. China's Higher Curricular Reform in Historical Perspective. *The China Quarterly*. No.110 （Jun.,1979）, pp. 196–230.

22．R.J. Conroy. The Role of the Higher Education Sector in China's Research and Development System. *The China Quarterly*. No.117 （Mar.,1989）, pp. 38–70.

23．Rene Goldman. Peking University Today. *The China Quarterly*. No.7 （Jun.–Sep.,1961）, pp. 101–111.

24．Shiping Hua. One Servant, Two Masters : The dilemma of Chinese Establishment Intellectuals. *Modern China,* Vol.20, No.1 （Jan.,1980）, pp. 92–121.

25．Suzanne Pepper. China's University : New Experiments in Socialist Democracy and Administrative Reform– A Research Report. *Modern China,*

Vol.8, No.2（Apr.,1982），pp. 147-204.

26．Suzanne Pepper. Chinese Education after Mao：Two Steps Forward, Two Steps Back and Begin Again？ *The China Quarterly*. No.81（Mar.,1980）, pp. 1-65.

27．Stanley Rosen.（1985）. Re-centralization, Decentralization, and Rationalization：Deng XiaoPing's Bifurcated Educational Policy. *Modern China* 11（3）.

28．Stanley Rosen. Obstacles to Education Reform in China. *Modern China*, Vol.8, No.1（Jan.,1982）, pp.3-40.

29．Xiao Nancao.（1991）. Policy-making on the improvement of university personnel in China under the national reform environment. *Studies in Higher Education* 16（2）.

后　记

　　本书是在我博士后出站报告的基础上修改完成的，从设计到最终完成和出版，大约经历了 6 年左右的时间。本书同时也是全国教育科学规划 2007 年度国家一般课题"现代性与大学"及教育部人文社会科学课题"改革开放以来大学制度的变迁"的最终结题成果。

　　2005 年 11 月，我向著名教育史专家田正平教授提出申请，想进入浙江大学教育学院从事博士后研究工作。田先生在考察了我的情况后，同意做我的博士后合作导师。田先生根据我以往的学术基础（我的博士论文是关于大学制度变迁的理论性研究），让我研究改革开放以来中国大学制度的变迁，并在研究方法和研究思路上给了我非常具体的指导。2005 年 12 月，我到牛津大学进行短期访学，期间我有意识地收集了关于中国高等教育改革发展的英文文献，这对我拓展思路起到了很好的作用。2006 年 3 月，我正式办理进站手续，成为浙江大学教育学院的一名博士后人员。2007 年 4 月，我完成了博士后研究的开题报告，并就这一选题分别申请到了全国教育科学"十一五"规划 2007 年度国家一般课题、教育部人文社科项目和第 41 批全国博士后科学基金项目。2008 年 7 月到 2009 年 7 月，我受国家留学基金委的委派，到位于夏威夷的美国东西方中心做访问学者，这期间我利用东西方中心和夏威夷大学充裕的中英文文献和比较空闲的时间，完成了这项研究的主体部分。2009 年 12 月，我从浙江大学教育学博士后流动站出站，研究报告得到参加答辩会专家的一致肯定和鼓励。

　　本书的出版，是我十余年从事高等教育研究的一个新的阶段和新的起点。2002 年左右，我选择大学制度作为主要的研究方向，并在 2007 年出版了《知识制度视野中的大学发展》(博士论文)一书。此后的5年时间里,我主要从知识和制度相互关系的角度,分析大学制度变迁的一些基本理论问题,比如大学制度变迁的动力机制、大学制度变迁的样态、大学危机的制度性根源、大学制度创新的成本等问题。可以说,这部书实际上是在前一本书的基础上完成的,我自觉地利用前期研究的基本理论问题来解释和分析中国改革开放三十多年来大学制度变迁,研究的视角包括知识社会学、制度经济学、社会历史学等,主要是从现代性发育的角度考察中国特殊的大学制度形成的过程、体现出的特征、存在的问题和未来改革的方向等。这里还要特别说明的是,本书文献资料截至2010年年初,2010年7月发布的《国家中长期教育改革与发展规划纲要》(2010—2020)本书没有涉及。一方面,我想在以后新的专题研究中进行深入分析,另一方面《国家中长期教育改革和发展规划纲要》的文本和高等教育发展的实际之间必然存在差异,我们不能将规划作为真实的历史来研究。

本书的完成得到许多人的支持。首先要感谢我的博士后合作导师田正平先生,没有田先生为我定下的研究方向和选题,没有他在研究视角和研究内容上的具体指导,没有他的鼓励和催促,我是无法完成这项研究的。要感谢参加我开题报告会和答辩会的专家,他们是浙江大学的肖朗教授、顾建民教授、浙江省教育研究院院长方展画教授、浙江农林大学党委书记宣勇教授。这几位专家帮助我找到了很多原有设计和初稿中的不足,并提出了很多好的修改建议。华东师范大学高教所原所长薛天祥教授、大连理工大学党委书记张德祥教授是本人博士后出站报告的外审专家,两位学术前辈的肯定对我是一种新的鞭策。感谢华中科技大学的文辅相教授和张应强教授,他们在百忙之中给我写了博士后进站的专家推荐信。还要感谢厦门大学邬大光教授和别敦荣教授、北京大学施晓光教授、南京师范大学胡建华教授、中国教育科学研究院曾天山副院长、《教育研究》总编高宝立先生、辽宁省教育厅常务副厅长周浩波教授、辽宁教育研究院刘国瑞院长、辽宁师范大学张桂春教授,他们在课题论证和研究过程中都曾经给予我很大的帮助。我也要感谢我在美国东西方中心的合作研究者、夏威夷大学的前校长皮特先生。我还要感谢浙江大学教育学院陈红玉老师、刘薇师妹，我研究报告的完成以及本书的最终写就，也是他们帮助和支持的结果。我也要郑重感谢本书的责任编辑李之美老师，没有她精心的指导和大力的支持，也不会有本书的问世。

朴雪涛

2012 年 6 月